JN298297

IS
建築設計テキスト

医療施設

市ケ谷出版社

IS 建築設計テキスト

医療施設

はじめに

1　IS建築設計テキスト発行の意図

この『IS建築設計テキスト』発行の意図は，二つあります。

まず，学生・若手設計者を対象に，各種建築物の建築計画を学習するときの教材として，計画の基礎知識と設計の進め方をわかりやすく示したことです。建築設計の前提となる数多い計画条件の中で，特に基礎・基本となる一般的で主要な内容が示されています。

もう一つの意図は，設計の第1段階である基本計画の学習のための参考資料となることです。建築学を初めて学び，設計製図（デザイン）の学習を希望している方を対象に，建築計画の基礎知識をふまえた基本計画のトレーニングをしていただくため，いろいろな情報を提供することを試みています。

大学や専修学校で設計製図の課題が出され，エスキースを行い図面としてまとめる学習は，ここでいう基本計画の段階と考えてよいでしょう。そして建築設計の基礎知識，設計の思考方法・表現技術などを十分に学習し，トレーニングのために活用して下さい。

2　テキスト内容

まず，建築士の資格を取得しようとするときの「建築計画」と「建築設計製図」に関して，十分に対応出来る内容を含めてあります。知識に心を注ぐことから正しい判断（知恵）が生まれ，技術に精神を集中することで技が磨かれ，そこに建築の設計が完成すると考えています。

さらに，建築デザインの一般的教養を高め，最新の情報を提供する意図をもって編修されています。知恵と技を総合するトレーニングに役立てていただければ編修者一同大きな喜びであります。

3　執筆者・編修アドバイザー

本書の執筆には，大学の先生方と設計・計画業務にたずさわっておられる設計者に参加してもらいました。設計されている方々には最新の情報をわかりやすく解説していただき，大学の建築学科で教鞭をとっておられる先生には学校教育で求められている内容とその範囲についてご教示をいただき，執筆していただきました。このテキストを使用する側に立った意見を頂戴したいと考えたからです。

本書が有効に利用されることを願っております。

　　　　　　　　　　　　　　　　　　　　　　　　　　　　　　　　市ヶ谷出版社

監修にあたって

　世の中には,学校に代表される教育「施設」,病院に代表される医療「施設」といった「施設」が存在します。これらの「施設」は,もともと「住居」の中で行われていた日常的な行為・活動を,社会が複雑化するに従って専門的に独立した場所で,効率的に実施することを目的として発生したものです。

　したがって,「施設」の前におかれる言葉は,その施設が果たすべき役割・機能を示しています。教育施設ならば「教育」が,医療施設であれば「医療」が役割・機能となります。

　本書は「医療施設」について,まとめたものです。かつて,さまざまな「施設」の建築計画・設計のノウハウをシリーズとして発行した時期がありました。年月を経て,これらのシリーズの中で,現時点であらめて新刊本として発行する意義がある「施設」がいくつか存在します。そのひとつが「医療施設」です。

　なぜでしょうか？

　「医療施設」は,他の建物に比べて,格段に計画・設計が難しいとされています。

　まず,院内業務の理解が要求されます。医学・看護学など専門領域の内容をある程度知らねばなりません。組織・運営も複雑で,病院管理の知識も必要です。医療機器や建築設備の技術水準も高度なものになります。これが病院建築は優れて「機能的」な建築と呼ばれる所以なのです。

　しかし,計画・設計上最も難しい点はほかにあります。通常,「医療施設」の設計条件や詳細な要求項目は,管理・運営する職員から得ることになります。医療施設の中心的な利用者である患者は,直接意見を聴くことができない不特定多数であり,最も弱い立場にあります。計画・設計に関与する場合には,特定多数の職員とのコミュニケーションを通しながら,常に不特定多数の患者の立場を代弁する必要があります。そうすることによって初めて「医療施設」が Total Institution（全制的施設）に陥ることを回避できます。

　本書では,このような視座に立って全体を編修しています。

　監修者・著者が定期的に会合を開き,執筆の基本的な方針・分担を考えました。原理的なことから実務的なことへと全体の記述が構成されています。そして実例紹介を通して内容を具体的に確認できるように意図しました。

　超高齢（スーパー・エイジド）社会を迎えたわが国では,人生の長さ（LOL: Length Of Life）より,人生の質（QOL: Quality Of Life）が重要視されています。質の高い人生には,心身の健康を保つことが必須であり,その実現には,優れた「医療施設」が大いに寄与することになると思います。

　これからの超高齢社会の「医療施設」に対して,本書がその向上の一助になることを祈ります。

　平成 26 年 9 月

長澤　泰

「医療施設」執筆にあたって

1 はじめに

　1961年からスタートした国民皆保険制度に支えられ，世界でもトップクラスの長寿国となった日本は，世界が今まで経験したことのない「超高齢社会」への対応を迫られています。国民の健康を守る医療施設の役割は，いっそう重要性を増すと同時に，将来を見据えた医療供給のあり方を理解して計画を進める必要があります。

　患者さんを含む来院者は，子供からお年寄りまで，実に多彩であり，また病院スタッフ，維持管理スタッフなど，さまざまな専門領域の人々が医療施設内で活動しています。今後はますます施設を利用する人々すべてに対して「良い関係」であり続けられる医療施設が望まれます。

2 本書の特徴

　医療施設は，機能が複雑で専門性が高い知識を要求されるため，その計画・設計にあたっては，ある程度の時間をかけた実際の訓練が必要です。本書では，医療施設を少しでも早く理解し，計画・設計にあたって何が課題となるのかを知ってもらうことが大切と判断し，できるだけ多くの事例，データなどを用意しました。

　初めに，日本における医療施設の在り方と医療制度について概略の解説を行い，計画・設計にあたる前に，背景として知っておいてもらいたい事項の解説を行っています。施設計画については全体から部分へ説明を展開しています。具体的実例による理解の促進も大切であると考えました。

　また，「コラム」欄では，1ページに一つの話題（トピック）を用意し，知識に幅をもたせていただきたいと考えました。時間が過ぎて経験が深まれば，同じ解説や図表からでも得られる情報量や考え付くヒントは増加します。全体を通して読んだ後には，参照したい解説に直接入れるよう目次を作成してあります。計画・設計者だけではなく施設管理者や病院スタッフの方々にも活用していただければ幸いです。

3 本書の構成

　本書は，大きく4章に分けて医療施設の計画・設計に関する解説を，最後に事例の紹介を行っています。

1章「医療と医療施設を知る」では，事前知識として日本の医療制度などの解説

2章「全体計画」では施設全体の規模設定，機能配置計画（ゾーニング），動線計画などの解説

3章「部門計画」では病棟・外来・診療・供給・管理の各部門について解説

4章「医療施設が配慮しなければならない環境問題」では地球環境への負荷軽減を念頭に

おいた設備計画やライフサイクルの捉え方，災害時対応などについて解説
「**事例**」　できるだけ多くの事例の紹介を試みました。

4　おわりに

　本書の執筆にあたり，大学の先生方には監修および編修委員として執筆や校正作業をはじめ貴重なご意見をいただきましたこと，また，事例の掲載許可や設計図書・写真などの情報提供にご協力いただいた運営事業者，設計事務所，ゼネコン各社の皆様方に紙面をお借りして心より感謝とお礼を申し上げます。

　平成 26 年 9 月

小松　正樹

編修執筆委員の構成

[監修者]	長澤　泰（工学院大学　副学長，建築学部　学部長）
[編修主査]	小松正樹（清水建設　顧問）
[編修・執筆委員]	山下哲郎・筧　淳夫（以上　工学院大学　建築学部教授）
	馬場祐輔，山谷雅史，新井　貴，木村敏夫，榎並和人，古井利和
	（以上　清水建設）
[執筆委員]	中山茂樹（千葉大学大学院　建築・都市科学　教授）
	柳　　宇（工学院大学建築学部　教授）
	中田康将，板谷善晃，河原崎澄子，鳥山亜紀，堀　伸光，大石　茂
	中島仁志，後藤真吾，小倉賢人，有田康正，大塚照夫，小泉　拡
	（以上　清水建設）
[コラム執筆委員]	石橋達勇（北海大学教授），宇田　淳（広島国際大学教授）
	岡本和彦（東洋大学教授），小菅瑠香（神戸芸術工科大学助手）
	小林健一（国立保健医療科学院上席主任研究官），
	竹宮健司（首都大学東京教授）
協力，資料提供	（50 音順，敬称略）
	石本設計事務所，伊藤喜三郎建築研究所，共同建築設計事務所
	久米設計，清水建設，竹中工務店，日建設計，日本設計，山下設計

目次

1章 医療と医療施設を知る

1・1 医療施設とは …………2
1 病院の始まり
2 病院の将来

1・2 医療施設をどこに配置するか …4
1 医療施設と地域の関係
2 医療施設とその利用
3 震災発生による診療圏の拡がり
4 都市部の医療施設の配置
5 疎住地域の医療

1・3 医療施設を取り巻く制度 …7
1 日本の医療制度の特徴
2 病院と病床の概要
3 医療計画
4 機能分化・強化と連携
5 日本の医療の課題
コラム 精神病棟

1・4 医療施設の特色と設計の進め方…11
1 医療施設の宿命
2 医療施設における空間と運営上の特異性
3 病院の不思議
4 医療施設における特殊な設計プロセス

1・5 環境・設備 …………17
1 医療環境の特徴
2 医療環境の実態
3 医療環境改善のための対策

1・6 事業計画とスケジール …22
1 事業計画
2 計画手順とスケジュール

2章 全体計画

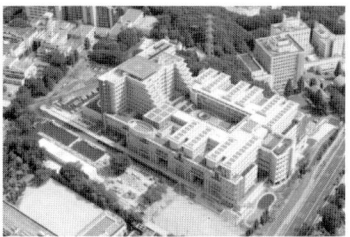

2・1 全体計画 …………28
1 はじめに
2 病院づくりに求められる基本認識

2・2 立地の調査・分析………30
1 病院を建てられる場所，建てられない場所
2 敷地特性の調査・分析・評価

2・3 規模設定 …………32
1 規模設定のポイント
2 部門の面積配分

2・4 敷地利用計画とゾーニング計画…34
1 敷地利用計画のポイント
2 ゾーニング計画のポイント

2・5 断面計画 …………37
1 手術室
2 水を使用する部屋
3 機械室（熱源機械室，電気室，発電機室など）

2・6 動線計画 …………40
1 動線計画のポイント
2 外部からのアプローチ
3 廊下・ホール(水平動線)
4 階段・エレベーターなど（垂直動線）
5 搬送計画のポイント

2・7 構造計画 …………42
1 構造計画のポイント
2 病院特有の構造計画
3 地震に対する備え
4 既存病院に対する地震対策

2・8 設備計画 …………46
1 設備計画のポイント
2 病院特有の設備計画
3 衛生設備計画のポイント
4 空調計画のポイント
5 電気設備計画のポイント
6 情報通信設備のポイント

3章 部門計画

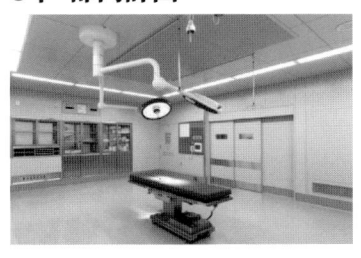

3・1 病棟部門 …………58
1 病棟部門の特徴
2 病棟部門の計画
3 病室の設計
   コラム 病棟の個室化を考える
4 スタッフステーションの設計
   コラム 看護拠点の分散
5 スタッフ諸室の設計
6 特殊な病棟
   コラム ホスピス

3・2 外来部門 …………76
1 外来部門の特徴
2 外来部門の計画
   コラム 外来患者呼出しページングシステム
3 各室の設計
   コラム 災害・テロ・パンデミック対応

3・3 診療部門 …………86
1 診療部門の特徴
2 手術部の計画
3 画像診断部の計画
4 放射線治療部の計画
5 核医学検査部の計画
6 内視鏡検査部の計画
7 リハビリテーション部の計画
8 化学療法部の計画
9 血液浄化部（人口透析部）
10 分娩部の計画
11 生理機能検査部の計画
12 臨床検査部（検体検査部）の計画
   コラム 物流・薬剤

3・4 供給部門………………108
1 供給部門の特徴
2 薬剤部の計画
3 中央材料滅菌部の計画
4 給食部の計画
   コラム セントラルキッチン
5 物品管理部・中央倉庫の計画
6 機械室・電気室の計画

3・5 管理部門………………118
1 管理部門の特徴
2 管理関係諸室の計画
3 事務関係諸室の計画
4 情報関連諸室の計画
5 その他の諸室
6 患者利便・福祉厚生関係諸室の計画
   コラム 医療の情報化

4章 医療施設が配慮しなければならない環境問題

4・1 快適な環境づくり……128
1 患者・家族にとって快適で安全な環境づくり
2 スタッフにとって快適な職場環境づくり

4・2 病院のBCP ……………132
1 病院のBCP
   コラム 災害

4・3 地球環境への配慮……137
1 省エネルギー対策
2 地球環境への負荷軽減
   コラム CASBEE

4・4 ライフサイクル………142
1 ライフサイクル計画
2 リニューアル計画

5章 事例集

事例一覧 …………152

01 足利赤十字病院 …………156
02 東京都立多摩総合医療センター・
   多摩小児総合医療センター…162
03 伊勢赤十字病院 …………168
04 公立阿伎留医療センター …172
05 古河赤十字病院 …………178
06 榊原記念病院 ……………182
07 船橋市立リハビリテーション病院…186
08 朝倉医師会病院 …………190
09 村立東海病院 ……………194
10 宮城県立こども病院 ……198
11 聖路加産科クリニック……202
12 千里リハビリテーション病院…206
13 康正会病院 ………………210

1章
医療と医療施設を知る

- 1・1　医療施設とは……………………………………2
- 1・2　医療施設をどこに配置するか………………4
- 1・3　医療施設を取り巻く制度……………………7
- 1・4　医療施設の特色と設計の進め方……………11
- 1・5　環境・設備（エネルギー・光・熱・音）……17
- 1・6　事業計画とスケジュール……………………22

Johannes Beerblock. View of the Sick Ward of St. John's Hospital 1778 Bruges, Belgium

中世の病院の風景

1・1 医療施設とは

1. 病院の始まり

「施設」には，そこを利用する人々（利用者）と管理・運営する人々（管理者）がいる。

住居ではこの両者は同じ人々だが，管理者が別に存在することが「施設」の特徴である。

1961年，I.ゴフマンは，Total Institution（全制的施設）という表現を用いて，ある種の「施設」の危うさを指摘した。そこでは管理者が利用者を完全にコントロールしており，利用者の日常生活が管理者の下に，同じ時刻に同じ場所で一斉に行われる所である。つまり，管理・運営効率を最優先にした所とも言える。

ゴフマンは，かくなる状況の「施設」では，果たすべき役割・機能が，かえって阻害されると主張した。さまざまな「施設」計画において，利用者の立場から考えることを建築計画学は一貫して中心に据えてきた。言い換えれば，「施設」をTotal Institutionにしないことに配慮したわけである。

現代社会でわれわれが病院という名で呼んでいる医療施設を正しく理解するためには，医療の場の歴史的な背景と世界の中での地理的な位置づけを知らなければならない。

(1) 歴史的視点

過去の医療の場は自宅であった。家族が看護・介護を担い，余裕がある家庭では医師の往診や看護師による住み込みあるいは訪問看護を受けていた。病院は，面倒を見る家族がいない境遇の病人を宗教的・福祉的観点から受け入れ，多くの人がそこで一生を終えた。*[文1] つまり，中世の病院は患者の死に場所であり，伝染病罹患者を含めて，人々を「隔離」して社会保全を図る施設であった。

19世紀の英国にF.ナイチンゲール（1820～1910年）が現れてから，療養環境に格段の向上が見られ[文2]，病院医療の素地が築かれた（図1・1）。この頃から麻酔手術成功（モートン・1846年），破傷風菌発見（コッホ・1878年），X線発見（レントゲン・1895年）などに象徴される近代西洋医学の飛躍的進展が始まった。それから半世紀を要して，ストレプトマイシン（ワクスマン・1944年）が開発され結核を克服し，病院が病気の診療（診断・治療）の場として確立した。つまり，20世紀半ばになって初めて「病院」は病気を治す場所として人々から認められたのである。

第二次世界大戦後の病院は，機能的・効率的な建物を目指して，放射線・手術・検査・滅菌・給食などの機能集約（中央化）が行われ，医療・工学技術の急速な進歩に対応した建築計画理論や病院管理を追求して，高機能化と巨大化の道を歩んだ。20世紀末には，身体修理工場といったような形態になった[文3]。

*注 （文1）は，参考・引用文献を表す (p.26)。

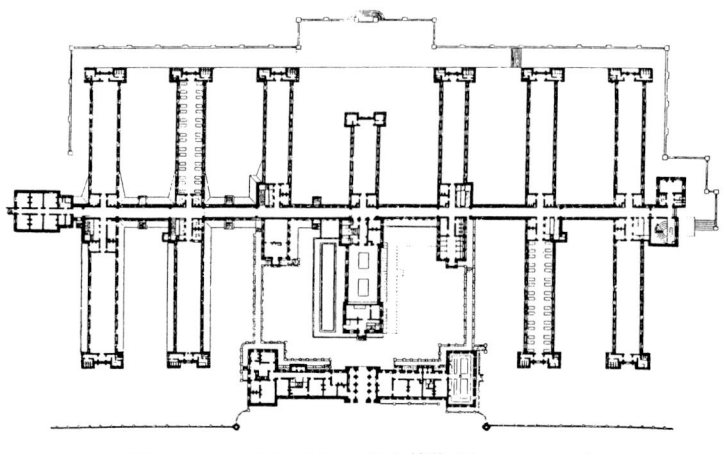

図1・1 ナイチンゲール病院[文2]（英国，1864）

(2) 地理的視点

医療のあり方は，地域固有の背景下でさまざまに変化する。日本も長い歴史と島国という地理的条件の中で固有の特性を育み，特に戦後の50年間に世界有数の平和国家・経済国家として認められるようになった。しかし，先進国の中で日本の医療制度はやや特殊な位置にある。

日本は1961年の国民皆保険制度の導入後，病院建設が無計画に進められ，人口が日本の2倍半の米国，半分の英国に比べると，病院病床数は格段に多い（図1・2）。

医師や看護師の数も単位人口あたりではほぼ同じであるが，病院病床数に対しては大変少ない値になる（図1・3）。

国民医療費ではGDPに対して英国とはほぼ同じであるが米国の半分の割合である。つまり，比較的安価に病院医療の供給がなされていることになる。ただし，米国では個人負担の医療保険制度，英国では税金による国営医療制度という社会制度の背景を常に考えておかなければならない。

2．病院の将来

20世紀に求められた「病院」は，そもそも「病んだ家」であり，そこでは病気は治らない。「健康な家」つまり「健院」にして，「癒しの環境」が患者の治癒を促す。病気対象の「病院」建築から健康対象の「健院」建築へ移行すべきだという発想が21世紀の世界には求められる[文4]。この発想の発端は，患者にとって病院は病気なので仕方なく訪れる場所であり，大規模で効率的な病院ではスタッフの能率向上が優先されていると感じたことにある。近頃では「患者中心」とか「癒しの環境」の整備が論議され始めた。

医学界では証拠に基づく医療（EBM：Evidence Based Medicine）が論議されているが，建築では第二次世界大戦以来，証拠に基づく設計（EBD：Evidence Based Design）が行われてきた。しかし，これからの病院計画・設計では機能的側面を解くだけでは不十分である。患者やスタッフが「使いやすい」だけでなく，「使い心地のよい」環境を模索しなければならない。

今日の西洋医学は，自然科学に基づく診断と治療という病気への対応法を取っており，これが地球全体の共通認識であるが，例えば，このような医療サービスが十分でない開発途上国では，きれいな飲み水と食料の供給，衛生的環境の整備のほうが病気の治療には有効である。

これまでのような病気からの回復だけを扱うシックケアという考え方ではなく，健康を保つことを考えるヘルスケアにまで視野を広げれば，そこには病気や老化に対して自然科学の医学・医療とは異なる視点からとらえた社会科学の医学・医療が必要であることは明白である[文5]。

地球的な人的交流や情報のネットワーク時代となる21世紀の医療施設は，恐らくわれわれの知る20世紀型の独立単体的な「病院」建築ではなく，さまざまな機能と形態をもった「健院」のネットワークへと向かうことが予想される。

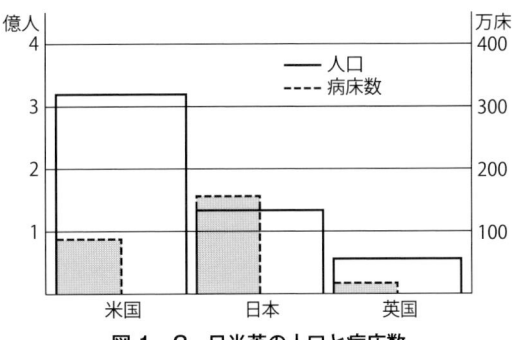

図1・2　日米英の人口と病床数

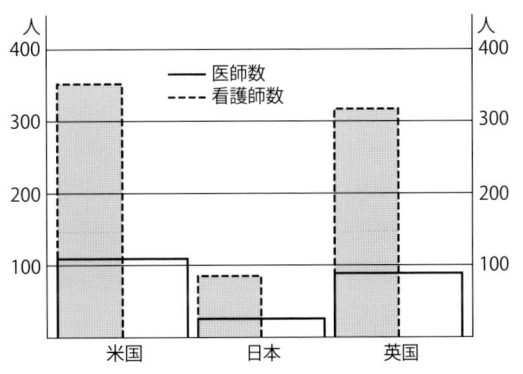

図1・3　日米英の病床100当たりの医師・看護師数

1・2 医療施設をどこに配置するか

どんな地域に住んでいても，安心して質の高い医療を受けられる環境を作るためには，計画的に医療施設を配置する必要がある。そのために，どんな機能の病院を，どこに，どれだけの大きさで，作るのかを考えなければならない。

その検討方法について，吉武泰水は，図1・4の関係を示している[文6]。すなわち，ある地域人口に対して発生する患者数は予測可能で，その人口と患者数の関係は比例する（もちろん，医学の進歩で患者数は減って欲しいのだが）。また発生患者数が予測できれば，その患者数に見合う病床数も予測可能で，同様に，病床数が決まれば，それに見合う建築の面積も想定でき，更に坪単価などという具合に，面積に見合う建設費も算定できる，という内容である。

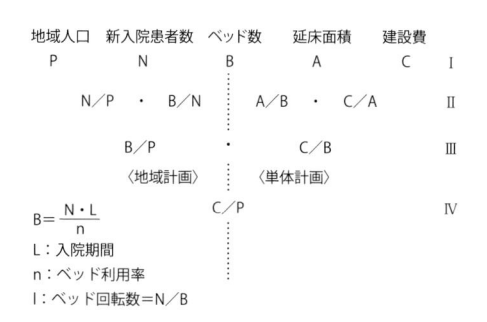

地域人口	新入院患者数	ベッド数	延床面積	建設費	
P	N	B	A	C	I
	N/P ・	B/N	A/B ・	C/A	II
		B/P ・		C/B	III
		〈地域計画〉	〈単体計画〉		

$$B = \frac{N \cdot L}{n} \qquad \text{IV}$$

L：入院期間
n：ベッド利用率
I：ベッド回転数＝N/B

図1・4　病床数に関わる各種の要素

1．医療施設と地域の関係

医療施設を計画するにあたり，まず「地域」を定めることになるが，建築計画の領域では，この地域のことを圏域と呼んでいて，施設側から見て，その施設を利用する患者の居住地の地理的拡がりを「利用圏域」とし，逆に住民の側から見て，日常的に利用する種々の施設の地理的拡がりを「生活圏域」としている。

医療施設の地域的計画を考える際に用いられる「診療圏（域）」という概念は，「その施設を含んだその地域の医療施設群によってその地域の全住民の医療需要をもれなく満足」[文7]させ得る地理的拡がりの限界という，いわば理論上の利用圏域を指していて，一般的には診療圏≒利用圏として使われている。また入院患者と外来患者では，その居住地の拡がりは異なるので，外来診療圏あるいは入院診療圏などのように，区別して用いられている。一方，これらとは別に，（1～3次）医療圏という概念もあるが，これは行政区画（県境や市町村境界線）のようなもので，制度上の境界を表した地理的拡がりであり，上記で示した診療圏（域）や利用圏（域）とは異なる。

2．医療施設とその利用

一般に，病院を利用するには，施設からの距離が遠くなるほど不便になるし，また利用する移動手段は，その距離に応じて異なってくる[文8]。規模計画において（地域）利用率は，その施設を中心とした半径 r 圏地域の人口に対する利用者数で定義されるが，この r が大きくなる（施設から遠くなる）ほど，利用者数は減少し，利用率が小さくなる[文9]。実際には鉄道の沿線上では利用率が高くなるなど，地理的条件に影響されて，正円で広がることはない。

医療施設の場合，さらに，その施設の専門性の高さによって，利用率（受診率）の低減の度合いは異なる。すなわち，重粒子線治療施設やPETセンターなどは，利用率がその施設からの距離に影響を受けることは少ない，ということになる。逆に考えると，高額の専門性の高い医療機器を購入する場合，その診療圏域を広域に設定するか，あるいは病気以外の利用，つまり予防医療の名目（MRIによる脳ドックやPET健診等）で利用率を上げることを考える必要がある，ということになる。

1章　医療と医療施設を知る

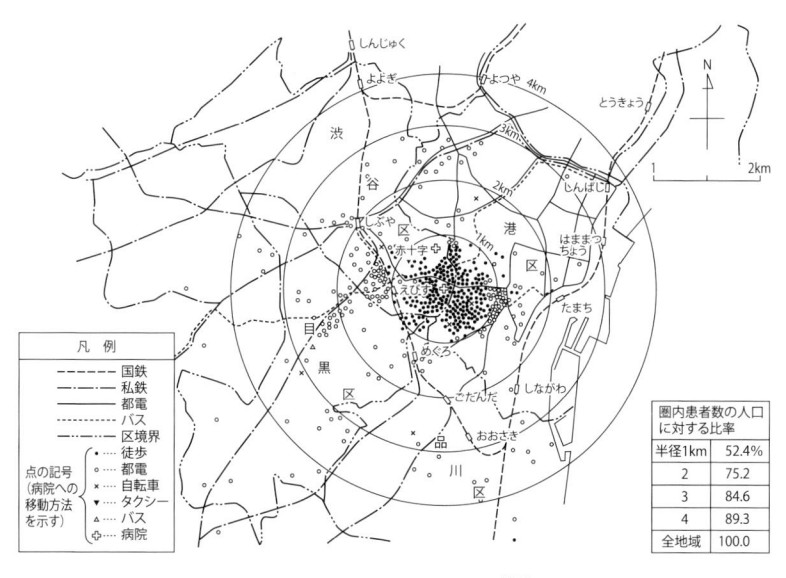

図1・5　施設からの距離 (文8)

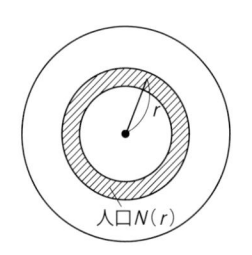

圏内患者数の人口に対する比率	
半径1km	52.4%
2	75.2
3	84.6
4	89.3
全地域	100.0

図1・6　利用圏の半径と人口 (文9)

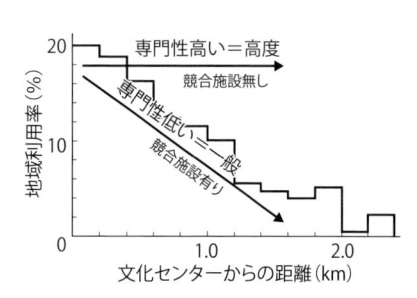

図1・7　K文化センターにおける図書館登録者の距離による変化 (文10)

3．震災発生による診療圏の拡がり

大きな震災が発生した場合，この診療圏の拡がりはどのようになるのだろうか。

理論的には，被災患者は交通手段に頼ることができないので，徒歩で来院することになり，診療圏の拡がりは，小学校などと同様に最近隣選択モデルに従い，ボロノイ領域となる (文10)。

筆者等が行った阪神淡路大震災時の被災患者の居住地分布を調査した研究でも，このことは実証的に明らかになった (文11)。この結果が意味するところは，平常時において診療圏が広く患者数も多い大規模病院は，震災時には診療圏が相当狭くなり患者数も少ないが，逆に平常時において，診療圏が比較的狭く患者数も少ない小規模病院は，

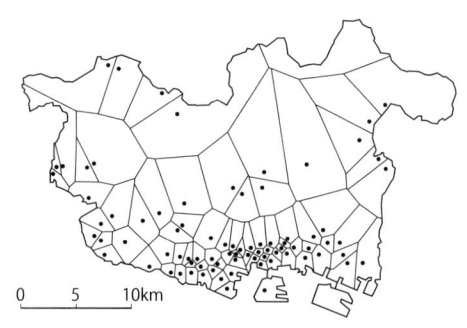

図1・8　ボロノイ線図 (文10)
（K市における病院の位置）

大規模病院に流れていた患者も加わって，震災時には患者数が多くなる，ということである。つまり，こうした小規模の病院に対して，震災時の対応策を講じることこそが必要，ということである。

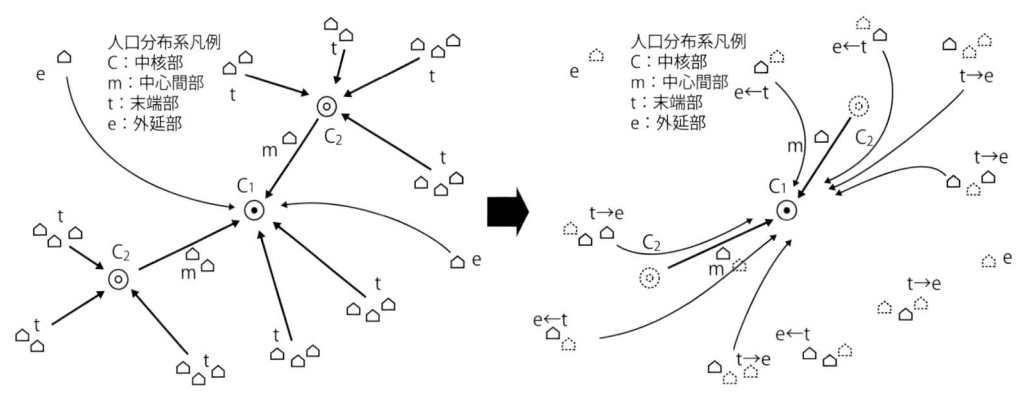

図 1・9　居住住調査の分布 (文12)

4．都市部の医療施設の配置

都市部は人口密度が高いから，医療施設を配置する場合，それぞれの機能分担に応じて，大都市部には規模の大きな拠点病院を，またその周辺の中心地域に中・小規模の医療施設を，それぞれの地域中心部に敷地を想定すればよいのだが，いわゆる過疎地域では，そもそも人口が少ないために経営に見合う患者数が確保できない。これは福祉施設や生活支援施設においても同様であり，今後人口減少が進むわが国の大きな課題でもある。

筆者等の調査では，過疎地においては，1次，2次といった階層的な受療行動ではなく，患者が一足飛びに3次の段階の病院を利用していることが明らかになり，これまでのような階層的配置計画が適用できないことが予想される結果となった（図1・9）。

5．疎住地域の医療

疎住地域の医療については，主として，病院を有床あるいは無床診療所へと転換することで対応しているが，加えて，病院病床を老健施設や特定施設の病床で代替している地域も多い。

人口過疎地域の医療施設の実態を，『脳血管疾患などに見られる「双六上がり型医療」の着地点，あるいは高血圧症などに見られる「循環型医療」の在宅側拠点として見るべきだろう』という (文13)。

こうした理解を元に考えを整理するならば，人口過疎地域に設けられるべき医療施設は，そこでの利用実態が示すように，医療施設でもあり福祉施設でもあり，また居住施設でもある，という姿ではなかろうか。逆にいえば，医療や福祉の機能が充実した居住施設が求められているのではないか，という考えである。

こうした想定を実現したのが，「ケアタウン小平」とその上階に作られた「いっぷく荘」という複合施設である。前者は，1階に置かれた診療所とデイサービス・訪問介護サービス・食事サービスの機能群であり，後者は2・3階に置かれている賃貸住宅である。つまり療養空間は住宅として提供され，医療と介護等の福祉サービスは，この住宅への訪問で行われる，という具合である。

建築的（物理的）な見方をすれば，住居と施設の移動距離が極限まで短くなった，それらの複合体という姿である。こうした小規模施設のスタッフの確保は，中核施設・組織が必要か否かには議論もあるだろうが，いずれにせよ，施設群を統合した広域連合での経営を前提としながら行われ，住居については，年金生活に対応できるような家賃設定の公営住宅が前提になるのだろう。ある意味では，医療施設という概念を解体することになるが，地域人口の粗密に関わらず，住民がその置かれた環境の中で，平等に医療や福祉のサービスを受けられる環境作りのヒントになるのではなかろうか。

1・3 医療施設を取り巻く制度

1. 日本の医療制度の特徴

「患者は日本中のどこの病院においても，保険を使って少ない自己負担で医療を受けることができる。」これが戦後築いてきた世界でもまれな極めて優れたわが国の医療制度である。

国外の医療制度を見ると，まずは診療所レベルの医療機関で診察を受け，必要に応じてよりレベルの高い病院に紹介されて，専門的な診察を受けたり，入院して治療を受けることとなる。

しかし，日本では「フリーアクセス」といわれるように，基本的にどのような患者でも診療所から大学病院まで，同じように受診することができる制度が作られており，高度・専門的な医療サービスにアクセスしやすい体制が作られている。また，「国民皆保険」のもと，国民すべてが等しく医療保険制度でカバーされており，3割以内の自己負担で医療を受けることができる体制が保証されている。

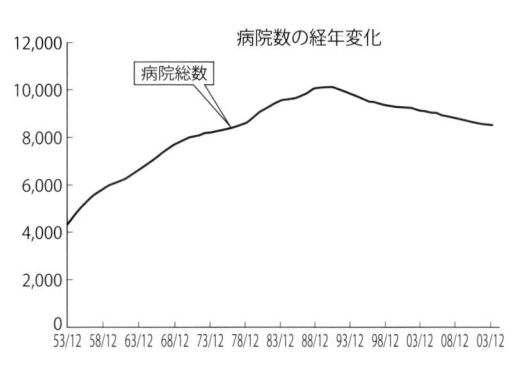

図1・10　病院数の経年変化

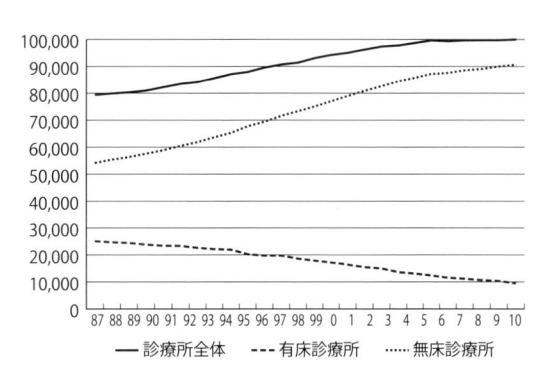

図1・11　診療所数の経年変化

2. 病院と病床の概要

医療サービスを提供する施設としては，主に病院と診療所がある。医療法では20床以上の病床を有している医療機関が病院であり，19床以下の場合を診療所と定義している。その病院の数は1990年9月の10,096病院をピークとして減少し続けている（図1・10）。診療所の場合，入院施設がない診療所を無床診療所，1～19床の病床を有している診療所を有床診療所と呼び，無床診療所は増加しているが，有床診療所は減少し続けている（図1・11）。

病院の中には，高度の医療を提供し，高度の医療技術の開発および研修を行う「特定機能病院」や，紹介患者に対する医療の提供や医療機器の共同利用の実施，救急医療の提供など地域医療の確保を図る「地域医療支援病院」といった役割の病院がある。

患者が入院する病床は，主として疾病により「精神病床」，「感染症病床」，「結核病床」に分かれて

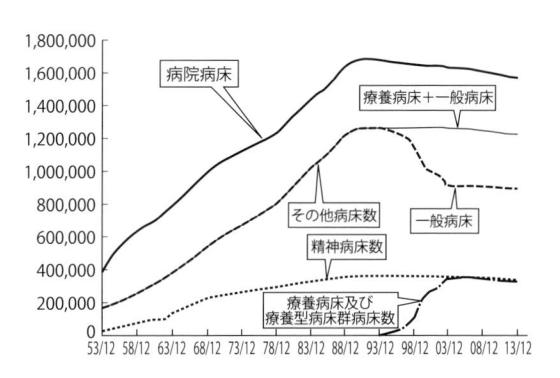

図1・12　病床数の経年変化

おり，それに加えて長期に入院する慢性期疾患の患者を対象とする「療養病床」と，その他の「一般病床」の5つに区分されている。いずれの病床も近年減少し続けている（図1・12）。

3. 医療計画

1985年の第1次医療法改正により，都道府県は地域の実情に応じて，医療提供体制を確保するために医療計画を策定することとなっている。この医療計画の中で，わが国で問題となっている病気として5疾病（がん，脳卒中，急性心筋梗塞，糖尿病，精神疾患）を，また整備すべき医療体制として5事業（救急医療，災害時における医療，へき地の医療，周産期医療，小児救急医療を含む小児医療）を取り上げて，機能の分担と業務の連携体制が定められている。また，当該地域に整備する際の基準となる病床数（基準病床数）を病床の種類別に定めているので，病院の病床数を変動させる際には参照する必要がある。

4. 機能分化・強化と連携

第二次世界大戦後およそ50年間にわたって，自治体病院を中心とした「総合病院」と呼ばれる急性期医療施設と，民間病院を中心とした「老人病院」と呼ばれる病院の整備がなされてきた。はじめから2つのタイプがあったわけではなく，1973年の老人医療費無料化以降に高齢入院患者を長期にわたって入院させる老人病院が生まれてきたのである。

その後，1992年の第2次医療法改正で，前述した大学病院を中心とした特定機能病院や，高齢者の長期入院患者を対象とした療養型病床群が位置づけられてから，法律や診療報酬で病院，病棟単位で医療機能の専門分化が行われてきている。

現在はいわゆる急性期医療施設のほかに，回復期リハビリテーション病棟や2014年度から新設された地域包括ケア病棟などを中心とする亜急性期医療施設，そして医療保険や介護保険の対象となっている療養病床の慢性期医療施設に分けられる。

今後は急性期医療施設の中から，より医療資源を集中・強化した高度急性期医療施設を分化させようとの議論もあり，医療施設の再編は今後も続いて行くものと思われる。すなわち，医療施設の整備計画においては，その病院がどのような役割を担う病院であるのかを，計画段階で明確にする必要があるとともに，将来における変容にもある程度の対応ができるように考慮する必要がある。

5. 日本の医療の課題

前述のようにわが国では，フリーアクセスを保証しているために大病院の外来に患者が集中している。古くから「3時間待ちの3分診療」と形容されるような外来の混雑が今でも見られている。このような状況に対するために外来診療の予約制を実施しているが，それでも集中化する患者に対して十分な効果が生じていない事例も少なくない。今後とも外来受診の適正化と外来空間計画の関連には注意が必要である。

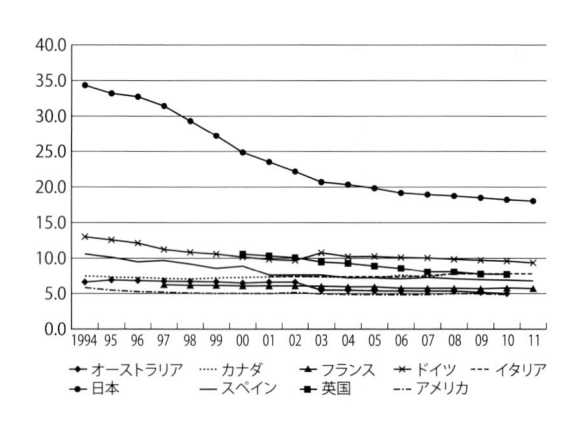

図1・13　諸外国の病院との平均在院日数の比較

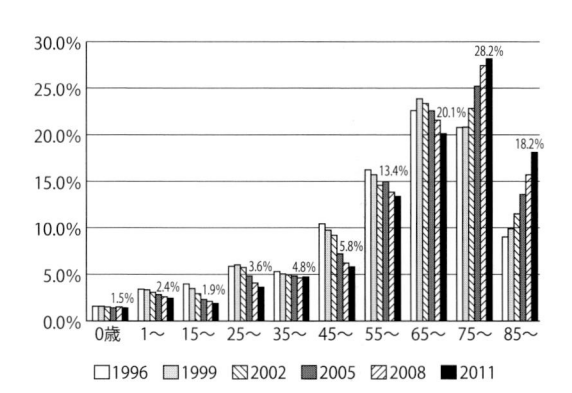

図1・14　一般病床に入院している患者の年齢の経年変化

また，以前から入院患者の平均在院日数が諸外国に比較して極めて長いことが指摘されている（図1・13）。各国における病院の役割が違っていることや，近年日本の急性期医療施設の平均在院日数が漸次短縮されていること，また統計値で示される一般病床の平均在院日数が急性期医療施設の平均在院日数を表していないことなどから，単純には比較できないが，今後もう一段と平均在院日数が短くなることは容易に予想できる。平均在院日数の短縮は，入院している患者が相対的に重症化することを意味しており，治療空間としての医療施設計画に大きく影響を与えるものと考えられる。

　一方で，高齢者を中心として医療を提供している療養病床ではなく，一般病床に入院している患者の高齢化も極めて著しい（図1・14）。病棟に入院している患者の平均年齢が75歳を超えている病棟は珍しくなく，今や急性期医療施設の入院患者像は高齢者施設のそれに近いものがある。急性期医療施設の計画においては，認知症や環境移行にともなう問題行動の発現，認知能力の衰え，動作能力の低下などといった高齢者ケアに対応した環境整備が求められている。

　さて，わが国の長きにわたる経済状況の低迷は，医療の世界にも深く影響を与えている。病院の主要な収入源は医療費として保険から支給される診療報酬であるが，その伸び率が少ないために設備投資にまわすことできる財源に限りが生じている。同時に貧困が患者にも影響を与えており，保険料を支払うことができないために無保険者となっている国民が200万人を超えている。

　前述したわが国の医療の骨格であった「国民皆保険」の看板を降ろさなければならないのだろうか。一方で，医療費の縮減を目的として保険診療と自費診療を合わせた混合診療も議論されている。また病院の機能分化が進む中で，それぞれの病院の役割が決まってくるために，大規模病院の外来では初診の際に選定療養費として，一定金額を自費で支払うなど，もう一つの看板の「フリーアクセス」も将来どのようになるか不明になってきている。

　医療施設はこのような政策リスクを抱えており，運営主体の意図だけで決めることができない側面がある。施設計画においても医療施設を取り巻く制度を十分に理解する必要がある。

コラム 精 神 病 棟

岡本和彦（東洋大学）

はじめに

これまで厚生労働省は国が重点的に取り組む病気としてがん，脳卒中，急性心筋梗塞，糖尿病を「四大疾病」として指定していたが，2011年に精神疾患を加えて「五大疾病」とした。WHOの国際疾病分類によると，精神疾患には認知症，アルコール・薬物中毒，統合失調症，気分障害（うつ病，躁病），神経症，人格障害，知的障害などが含まれ，日本での患者数は323万人と推計されている。平成20年度の厚生労働省患者調査によれば，この数字は五大疾病患者の中で最も多く，その重要さとは裏腹に対応が遅れてきたことをうかがわせる。

精神病院の位置づけ

医療法では病床を一般病床，療養病床，結核病床，感染症病床，精神病床に区分しており，精神疾患患者が他の病気の患者から暗に「区別」されていることを示している。歴史的にも日本の精神病院は郊外へ展開し，中での生活をうかがい知ることは難しかったが，患者数の多さや五大疾病への認定を考えると，その療養環境についてオープンな議論が必要であることは明らかである。

以前からわが国は人口に対する精神病床が多い点が問題視されているが，米国でも1960年代までは数千床という巨大な精神病院で収容を目的とした処遇がなされていた。多くの先進国では右肩下がりに精神病床を減らしているが，地域の受け皿を整備しない限り精神病床だけを減らすことに意味はない。

患者像の変化

先に述べたWHOの国際疾病分類は，日本の精神病院にいる入院患者像と大きく異なる部分がある。アルツハイマー型認知症の患者は既に特別養護老人ホームやグループホームといった家庭的な雰囲気の中で，生活に主眼を置いた処遇がなされているし，知的障害は専門の施設で生活するのが一般的である。したがって，現在の精神病棟は大部分が統合失調症の入院患者が占め，残りは気分障害，神経症の患者で構成されているのだが，精神疾患患者の高齢化が進むせいか，認知症患者が再び増えている。外来も以前は統合失調症の患者が多くを占めていたが，近年はうつ病に代表される気分障害が主流になりつつある。

精神病に限らず，病気は症状の分類や診断の基準の変化によって患者数が変化するため，本当に統合失調症患者が減少しているか，あるいは気分障害が増えているかは不明である。精神科・神経科・心療内科を標榜する診療所の数が近年急増しているため，外来にかかりやすくなった可能性もある。

病棟管理の変化

入院患者はこれまで症状の重さで分類され，重度の患者は閉鎖病棟，症状が和らぐにつれて開放病棟へと部屋替えが行われていた。この閉鎖・開放に男女を掛け合わせた4種類の病棟が典型的な精神病院の病棟構成だった。しかし，重度の統合失調症で行動が暴力的な患者と，重度のうつ病でストレスに非常に弱い患者が同じ閉鎖病棟に入る悪影響が指摘され，病棟を疾病別に分ける考え方が浸透し始めている。

建築の変化

病室についても多床室から個室への流れに傾きつつある。これまでは主に事故防止の観点から個室の建築は避けられてきたが，現在では多くの病棟の一部に個室が設けられ，全個室の病棟も登場している。多床室も一般病院で流行している個室的多床室の採用が増えている。保護室は求められる機能からいまだに格子の付いた部屋が多いが，格子自体のデザインや内装の工夫でこれまでの檻のようなイメージから脱却しようとしている。

病室の建築的変化は病院全体の外観にも影響し，あからさまな鉄格子の精神病院はもはや過去のものである。病院内の小さな店舗や患者の活動を地域からも見えるようにして，一般病院のように誰でも通り抜けられるようになれば病床の区分も必要なくなるかもしれない。

1・4　医療施設の特色と設計の進め方

1. 医療施設の宿命

病院には，患者を社会から隔離し，24時間の生活を管理しようとする目的がある。"治療"を目的とした最良の環境を整えるためとはいえ，本当のところ誰も病院に入りたいとは願ってはいない。身体の不具合によってやむなく訪れる場所であり，いわば必要悪とでもいうべきであろうか。できれば関わりたくない施設ということだろう。

ところで，かつてはほとんどすべての人は家で死に，ほとんどの子供は家で生まれた。しかし，今や生死の場所も病院がとってかわるようになっており，身体の不如意というだけでなく，どんな人も生と死というイベントの際は病院のお世話になるといってもよいのかもしれない。できれば住み慣れた自宅で死にたいと願う人が多いこと，もっともトレンディなお産は自宅分娩だ，という風潮もないではないが，そう簡単ではあるまい。

もともと医療とは，患者がもつ自然の治癒力を阻害する要因をなくし，ストレスから解放することであった。近年の医療は最先端の科学と技術の結晶として行われる行為であり，延命・長寿をめざしているものであろう。しかし，これからの医療が同じ目的をもっているとは限らない。こうした前提の中で，病院が他の施設建築と異なる特殊なところを示しておきたい。

2. 医療施設における空間と運営上の特異性

(1) 温もりのある空間と冷徹な空間の同居

病院は，患者の就寝・食事・排泄・娯楽・面談などの日常生活が展開される場である。したがって，家庭的な雰囲気をもつ暖かみのある空間が欲しい。一方，最先端医療技術を駆使して実施される治療行為の中には，たとえば手術など人が人を傷つける侵襲的行為であり，科学的技術を前提に，情に絡むものとははるかに離れた，極めて冷静な行為である（図1・15）。

温もりのある空間，感情の入らない冷静な空間をそれぞれつくることは，しばしば求められることであるが，病院建築では，その両者が壁一枚の両側で同居し，ひとつ屋根の下に調和よく構成される建築が求めているのである。

(2) 多様な活動時間帯の集合体

病棟では患者の24時間の生活があり，看護師も24時間勤務している。外来診療部は朝から昼，せいぜい夕方早くまでの活動，事務系の部屋は通常のオフィスと同じ8時間体制，検査部・放射線部・手術部は基本的には日中であるが，時に夜間の稼働もある。さらに，救急や分娩室は常に稼働しているわけではないが，いつ事があってもよいような体制を求められる。このように，病院内の各部の活動時間帯はまちまちである。このこと

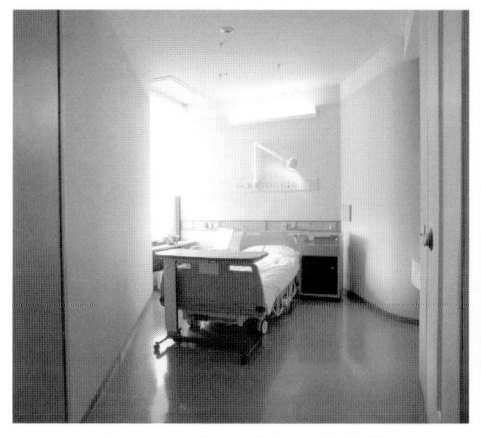

温もりの欲しい患者の生活環境 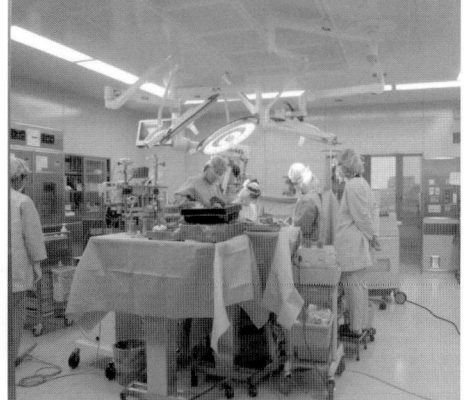　　　冷静な判断のもとで行われる最先端医療
図1・15　温もりの欲しい空間と冷徹な空間

は，管理ゾーンの設定等に特別な工夫が求められるし，空調などの区域設定についても，こまかな計画が必要とされる（図1・16）。

病院建築は，それだけで複合建築なのである。かつ，それぞれの構成要素は密接に連結していることが求められる厄介なものである。

(3) 専門多職種が最先端技術を駆使して働く場

病院は，医師・看護師・薬剤師・各種技師・栄養士など極めて多種類にわたる専門家の集団によって運営されている。かつては，医師を頂点とした指揮命令系統のもとで医療が展開されていたが，最近は，上述した各種の専門家がそれぞれの領域の専門性を活かしチームを構成して医療の推進に当たり，より高度で綿密な医療の展開が期待されている。

そうした活動を支えるために，かつてナース・ステーションと呼ばれていたスペースは，今は多職種の活動場所としてスタッフ・ステーションなどと呼ばれ，さまざまな専門活動が行われると同時に，全員が集合し検討を重ねて医療を推進することになる（図1・17）。

また，入院前・退院後のケアを，入院を担当するチームが担うことにより，よりスムーズで安全な全体医療の推進を確保しようとする動きもある。患者の診療の経過とともにチームの構成員が変化するという時間軸のチーム化も求められている。

(4) 病院はサービスの場とともに教育・研修の場でもある

病院は多領域にまたがる専門職者によってサー

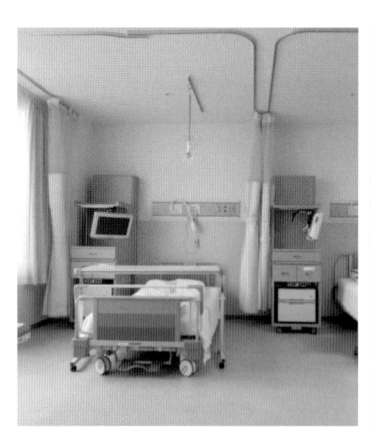

| 24時間稼働の病室 | 午前中が中心の外来部 | 随時オープンする救急部 |

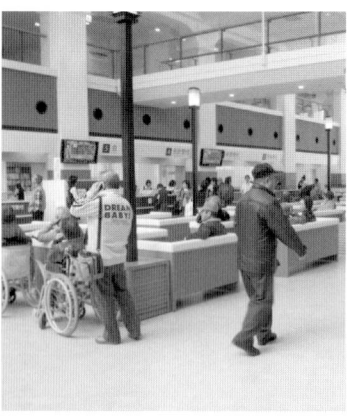

図1・16　多様な活動時間帯の集合

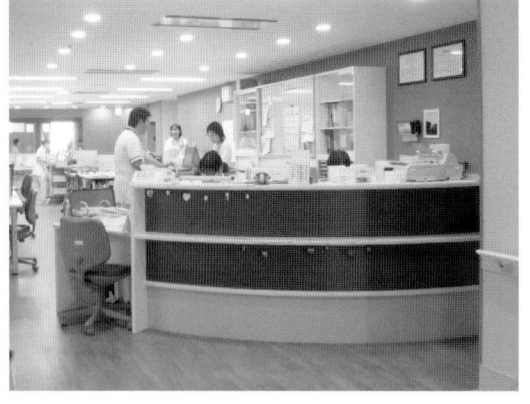

| チーム医療が現代医療のキーワード | "現場"は新人教育の場 |

図1・17　専門多職種と教育

ビスが行われていることは前述したが，かつそれぞれの専門家は，日進月歩で開発される各専門領域のプロであり，常に最先端の技術習得を心掛けている。患者の介在を前提に，職員はそれぞれの専門領域の最新情報を習得し，最高・最新の医療サービスの提供に努めている。

また，教育も病院という"現場"で行われている。これは，大学病院に限らず，一般病院でも実施しているものである。OJT（On the Job Training）の有効性は，病院に限らないだろうが，病院には患者がいて診療があり，生命・健康に関わる行為が行われているところである。多くの場合，新人・見習い・初心者のサービスは料金が割引かれたり，謝金が出たりするはずなのに，病院は有資格者でなくてはできないことばかりで，一方，有資格者だからこそ，新人であってもだれもが一様なサービスが提供できるものとみなされている。病院は職員研鑽の場でもある。

3．病院の不思議

(1) 患者はお客様か

サービスには提供者と受領者がいて，一般にサービス受領者はサービスに対して対価を支払い客となる。病院は医療サービスの場である。しかし，患者は医療サービスを受領する"客"であろうか。「病気を抱えた弱者としての」患者と，「患者の弱みを握り，治療してやる」医師という関係は過去のもので，近年はこうした一方的な関係ではなく，医師と患者は病気を治すパートナーという関係が好ましいとも聞くが，なかなかそうはいくまい。

建築的に見た場合，サービス施設では，サービス提供者と受領者の空間は序列化されており，表が受領者，奥が提供者の空間である（図1・18）。店舗がそのよい例であろう。提供者と受領者が同時にいるような場合，たとえばレストランの客席などは，客の視点で空間が計画される。しかし，病院の場合，診察室や手術室は提供者と受領者が同時に同じ空間を使うが，設計の根拠は提供者の理屈によってデザインされるのが普通であろう。

(2) わかりにくい馴染みのない空間

病院は一般の人々にとって，普段訪問する場ではなく，馴染みのない施設である。加えて，いざ受診しようとすると，受付を済ませた後，各診療科での診察・検査・放射線・再度の診察・会計などを回り，それぞれで手続きが要求される。

ところで，私たちは，それまでの経験をもとに環境を理解し，どこで何をするかを習得している。しかし，病院のように通常は利用しない施設で，かつ複雑な手続きを要求されるとなると，混乱状態に陥るのは明らかである。

さらに，病院建築のゾーニングは，組織構造を

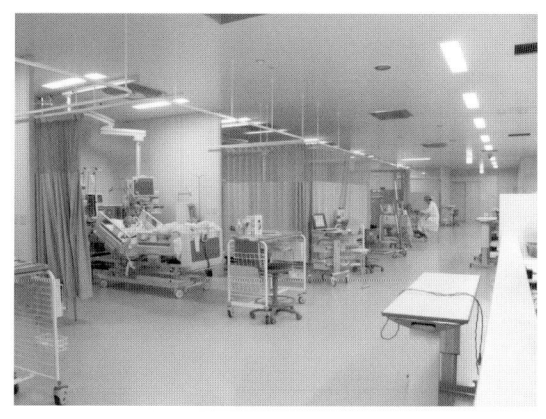

| サービス提供者の視点のデザイン | サービス受領者の視点のデザイン |

図1・18　患者はお客様か

反映したものであり，患者の受診行動とは必ずしも一致していない。部門名も"放射線部"だったり"画像診断部"だったりするが，患者のイメージは，"レントゲン"とか"胸の写真を撮る"くらいではないか。病院建築における建築構造・空間構成は患者のイメージとは乖離したものである。

(3) 病室空間は患者のテリトリーか

病室はできるだけ家庭的に，そしてプライバシーを確保し，患者個人の領域を守るようにデザインするべきだ，という指摘はその通りであろう。それでは病室やベッド周りは，生活の場として患者の"縄張り"になりえているだろうか。

似たような空間に高齢者施設の居室がある。ここは終の棲家として，居住環境が成立している。すなわち，本人の就寝を中心とした生活拠点であり，隣近所との付き合いなど近隣関係が発生している。使い慣れた道具を持参し，自分の好みにインテリアや居室入口周辺を飾り立てたりする。すなわち，老人ホームの居室は"縄張り"であろう。

しかし，病室は，限られた期間の滞在が前提で，しかもその位置は患者自身が選ぶのではなく，あてがいぶちである。入院に際して，お茶わんや箸を持参する人は稀だろうし，好みに従ってしつらえを整える人もいない。病室は患者のテリトリーにはなりえないからである（図1・20）。

4．医療施設における特殊な設計プロセス

(1) 室数が多い

病院建築には延べ床面積の割に，ともかく部屋

「放射線検査」より「レントゲン」　　　　　ランドマークとしてのアトリウム

図1・19　わかりにくい馴染みのない空間

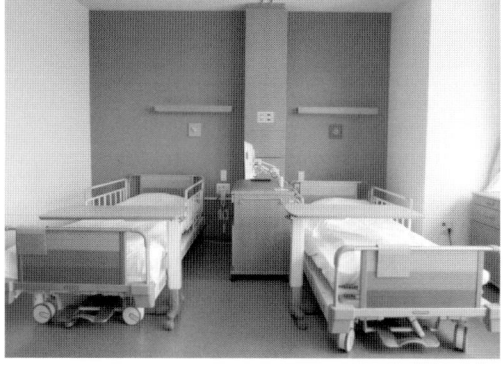

療養環境に配慮するとはいうが…　　　　　カーテンで囲われたささやかなプライバシー

図1・20　病室は患者のテリトリーか

数が多い。通常，病床数の2倍程度，あるいはそれを超す室数がある。もちろん，診察室や病室は同じものの繰り返しの場合もあるが，それぞれの室の使用目的に合わせたきめ細かい設計が求められる。一方，室数の多さは，建築の構成を複雑にする。また建設費も割高になり，施設の維持管理にも手間のかかることにつながる。

(2) 設備の比重が高い

近代の建築は設備によって提供される人工環境の下での活動が前提となっている。また手術室のように，特に清潔を要する空間が必要であったり，患者の移送には大型のエレベータは欠かせない。設備内容の充実がますます求められている。

このことは建設費にも反映される。建設費は建築費と設備費に分けられるが，学校建築やオフィスだとその比率は，7：3程度であろうが，病院は6：4～5：5，高度医療を提供するような病院では，設備費のほうが高いこともある。病院建築がエネルギー消費型建築の代表といわれるゆえんである。

ところで，設備が高度化すると建築は脆弱化する。地震災害時に損傷を受けやすいのは設備やそれに関わる2次部材である。外部のインフラの破壊に対しては，病院内インフラの整備が求められる。施設機能がマヒすることもありうる。

また，設備はメンテナンスが必要であり，維持管理業務の複雑さや費用の高額化にもつながる。

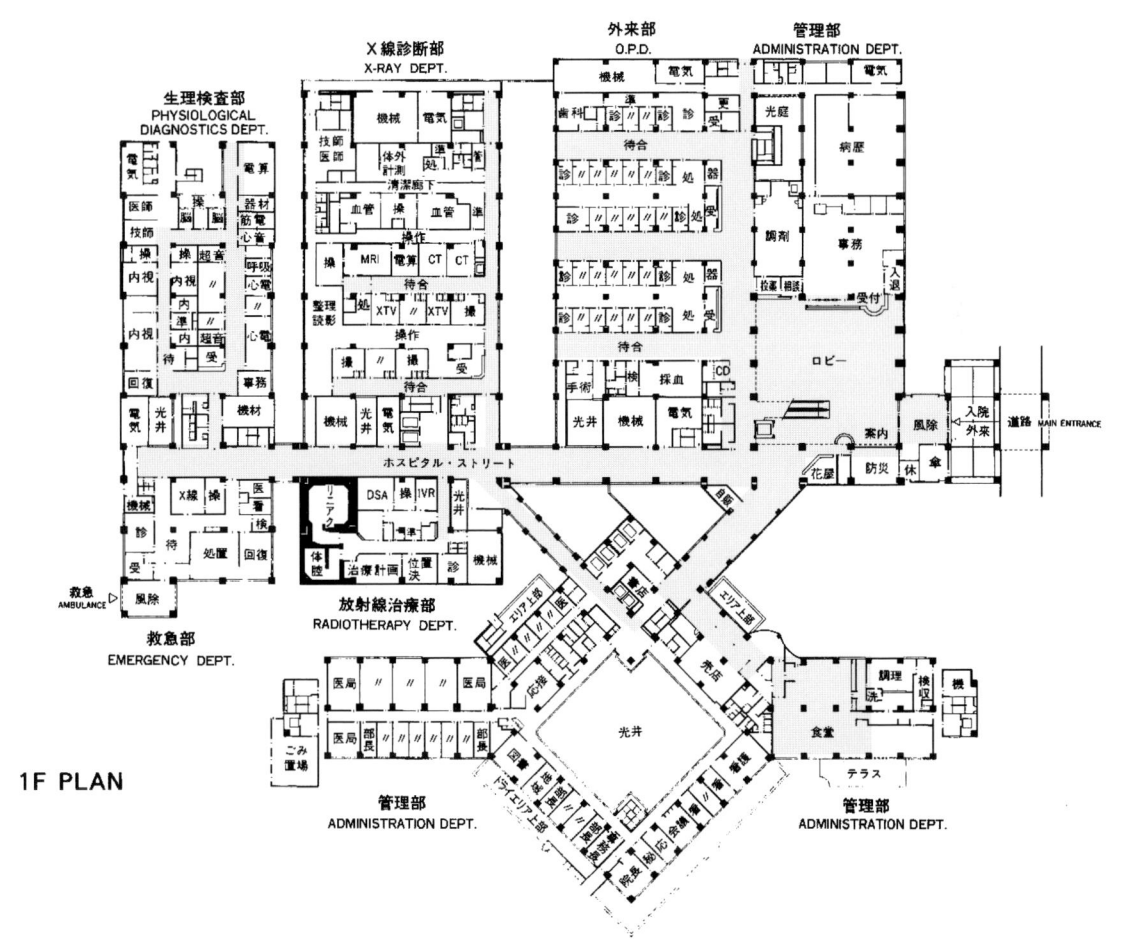

図1・21 大規模で複雑な建築空間

(3) 安全の確保（バリアフリー，感染防止・清掃の容易さ）

病院が，一般の公共施設と異なるところは，疾病を抱えた弱者が集まるところであるということである。高齢者の比率も高い。

ユニバーサルデザインは，今や公共施設では当然の条件であるが，病院においては一層の配慮が求められることは，すぐに理解できよう。単に移動の困難さだけではなく，明るさや温度・湿度に対する許容度の小ささ，アナウンスの聞き取りにくさなどの問題を抱えている。そもそも身体の不具合を抱えている人々に対する優しい環境の提供が求められる。

ところで，患者は体力の落ちた易感染者である。一方で，患者は感染源の場合もあり，施設内感染が最も起こりやすい環境にある。そこで感染管理には，一般施設よりも格段の配慮が必要である。さらに，感染性の物質を扱っている場でもあることも再認識しなければならない。清掃のしやすいディテールや仕上げ材の使用，塵のたまりにくいデザインが必要である。ゾーン分けの明確化，動線の分離，といった設計上のセオリーは，各種の施設でも要求されるが，病院はクリティカルな課題として，明快な平面計画が必要である。

(4) 絶え間のない変化を担保する

医学は常に最先端を狙い，医療技術開発のスピードは各技術者がしのぎを削りながら進んでいる。建築はこうした，日夜進化し変化している内容を入れる器として存在している。

一方，建築は非常に堅いものである。建築空間の中で行われる医療行為やそこに設けられる機器の変化に追随していくことは，設計の課題として，非常に重要な意味をもっている。

それには部分的な改修で対応できるものもあるし，大きく増築しなければならないこともあろう。しかも，日常的な医療業務を継続しながらの対応が求められる。

(5) 多くのクライアントがいる

一般の設計では，クライアントは事業や運営の責任者であり，設計を進める際の対話の相手はこのクライアントに限られるだろう。公共施設は，これに利用者としての市民がおり，この不特定多数の志向・嗜好や意見をどのようにくみ上げるかが今日の課題となっている。病院も同様に，事業・運営責任者だけではなく，医療サービスの対象者としての患者の要求をどのように設計に反映させるかが大きな課題である。

実は病院設計の面倒さは，こうしたことだけではない。サービス実施者が多職種にわたること，また，彼らはそれぞれの専門家として各領域の責任者であることは上述したが，これらの医療従事者の意見を設計にどのようにつなげるかは，設計プロセスの中では，相当に手間のかかることである。

通常，ヒアリング等を通して各部署の要求を聞きとるのだが，領域ごとに矛盾することもあるし，またしばしば病院内の位置や面積の取り合いになることがある。設計者はこれらの調整役をも担い，将来の姿を見極め，全体のバランスを考慮して提案・設計を進めなくてはならない。その際に必要なのはアカウンタビリティであり，設計のエビデンス（証拠）である。これらを提示しつつ設計を推進する。

1・5 環境・設備（エネルギー・光・熱・音）

1．医療環境の特徴

(1) 医療法から見た病院環境

医療法第23条では病院環境に関して，"病院，診療所又は助産所の構造設備について，換気，採光，照明，防湿，保安，避難及び清潔その他衛生上遺憾のないように必要な基準を厚生労働省令で定める。"とし，さらに施行規則第16条で機械換気設備については，"感染症病室，結核病室又は病理細菌検査室の空気が風道を通じて病院又は診療所の他の部分に流入しないようにすること"，"感染症病室及び結核病室には，病院又は診療所の他の部分及び外部に対して感染予防のために遮断その他必要な方法を講ずること。"としている。すなわち，病院環境についての医療法は，病院全体の構造・設備上の安全と特殊な感染症病室について言及しているものの，近年懸念されている院内感染の防止策の詳細を定めるものではない

院内感染，すなわち，病院内での感染は，患者自身がもっている病原体が増殖し病気を起こす内因性感染と，病院内のほかのヒトまたは環境由来病原体が起こす外因性感染に大別される。近年，病院内で患者の免疫力が低下することに起因する，健常者では病気を起こさない弱毒性の病原体が起こす，いわゆる日和見感染症の発生や，患者間の交互感染などが問題となっている。外因性の院内感染のリスクを減らすためには，医療施設の空気環境を制御する必要がある。

(2) 医療環境の特徴

病院には手術室，病理検査室，解剖室のような特殊用途の部屋がある一方，外来待合室，診察室，病室など特定または不特定多数の人が集まる空間も混在している。

空気清浄度については，日本医療福祉設備協会規格 HEAS-02-2004[文14] においては，室内空気清浄度の異なる区域を分類し，最小換気回数（外気量，全風量），最終フィルタ捕集率に対する要求時事項を提示している（表1・1）。

また，気流計画に関しては，Ⅰ 高度清潔区域，

表1・1 HEAS-02-2004の概要

清浄度クラス	名称	該当室（代表例）	最小換気回数(回/h) 外気量[*1]	最小換気回数(回/h) 全風量	給気最終フィルタの効率
Ⅰ	高度清潔区域	バイオクリーン手術室[*2]	5[*3]	—[*4]	DOP計数法 99.97%
		易感染患者用病室[*5]	2	15	
Ⅱ	清潔区域	一般手術室	3[*2]	15[*6]	比色法 90%以上
Ⅲ	準清潔区域	未熟児室	3	10	比色法 80%以上
		膀胱鏡・血管造影室	3	15	
		手術手洗いコーナー	2	6	
		NICU・ICU・CCU	2	6	
		分娩室	2	6	
Ⅳ	一般清潔区域	一般病室	2[*7]	6	比色法 60%以上
		新生児室	2	6	
		人工透析室	2	6	
		診察室	2	6	
		救急外来（処置・診察）	2	6	
		待合室	2	6	
		X線撮影室	2	6	
		内視鏡室（消化器）	2	6	
		理学療法室	2	6	
		一般検査室	2	6	
		材料部	2	6	
		手術部周辺区域（回復室）	2	6	
		調剤室	2	6	
		製剤室	2	6	
Ⅴ	汚染管理区域	RI管理区域諸室[*9]	全排気	6[*8]	比色法 60%以上
		細菌検査室・病理検査室[*9]	2	6	
		隔離診察室[*9]	2	12	
		感染症用隔離室[*9]	2	12	
		内視鏡室（気管支）[*9]	2	12	
		解剖室[*9]	全排気	12	
	拡散防止区域	患者用便所	—[*10]	10[*11]	—[*10]
		使用済みリネン室	—[*10]	10[*11]	
		汚物処理室	—[*10]	10[*11]	
		霊安室	—[*10]	10[*11]	

*1：換気回数と，1人当たりの外気取り入れ量30m³/h程度を比較し，多い値を採用することが必要である。
*2：バイオクリーン手術室の空調環境を参照。
*3：余剰麻酔ガスやレーザーメス使用時の臭気を排除するため，10回/h以上を要求される場合もある。
*4：吹出し風速を垂直層流式0.35m/s，水平層流式0.45m/s程度とする。
*5：造血幹細胞移植患者用病室など。
*6：一般手術室の空調環境を参照。
*7：各室に便所などを配置した場合，必要排気量によって外気量が決定することもあるので注意する。
*8：実際に必要な換気量は，放射物質の種類や量，取扱い方に対して，有効な希釈量を考慮して決定する。
*9：排気には汚染物質を有効に処理可能な，排気処理装置を考慮すること。
*10：特に規定しない，各施設の状況により決定する。
*11：排気量を示す。

Ⅱ 清潔区域，Ⅲ 準清潔区域，Ⅳ 一般清潔区域新生児室の室内圧を陽圧，Ⅳ 一般清潔区域その他の室内圧を等圧，Ⅴ 汚染管理区域・拡散防止区域の室内圧を陰圧としている。

温熱環境については，HEAS-02-2004規格では，諸室内の温湿度の条件を示している。例として，表1・2に病室，外来待合室，中央診療部，管理事務室（管理部）の温湿度条件を示す。

照明については，JISでは病院内で用途別に細かく照度が定められている（表1・3）。

音環境については，HEAS-02-2004では病院の主要室の騒音レベルの標準値を定めている。

病院はエネルギー消費量の多い施設である。病院の部分別のエネルギー消費の割合は次のとおりである。

病棟：34％，外来：11％，中診：29％，供給：8％，管理：8％，厨房：5％，共用：5％。

また，用途別の割合では，空調熱源：32％，熱搬送：12％，給湯・蒸気：18％，照明・コンセント：21％，動力：11％，その他6％。

病院内の環境を良好に維持管理することがまず重要であるが，省エネも図らなければならない。環境と省エネは大きな課題となっている。

2．医療環境の実態

図1・22に筆者らが行った9つの病院の管理事務室，病室，外来待合室内の温度，相対湿度，二酸化炭素濃度の測定結果を示す(文15)。箱ひげ図のひげは最大値と最小値，箱の上限と下限値は平均値±標準偏差を表している。なお，測定対象の施設の規模は，延床面積23,000〜85,000 m²，一般床数260〜730床であり，比較的大きなものであった。

暖房期の温度が高めに設定され運用されていることがわかる。また，相対湿度についてはほぼすべてが40％を下回っており，病院内の低湿問題が浮き彫りとなった。湿度が低くなっているのは，加湿器容量不足の問題に加え，温度が設計より高く設定され運用されていることが原因になってい

表1・2　室内推奨温湿度（HEAS-02-2004）

部門	室名	夏期 乾球温度 DB(℃)	夏期 相対湿度 RH(%)	冬期 乾球温度 DB(℃)	冬期 相対湿度 RH(%)
病棟部	病室	24〜26〜27	50〜60	22〜23〜24	40〜50
	ナースステーション	25〜26〜27	50〜60	20〜22	40〜50
	デイルーム	26〜27	50〜60	21〜22	40〜50
外来診察部	診察室	26〜27	50〜60	22〜24	40〜50
	待合室	26〜27	50〜60	22〜24	40〜50
	調剤室	25〜26	50〜55	20〜22	40〜50
	緊急手術室	23〜24〜26	50〜60	22〜26	45〜55〜60
中央診療部	手術室	22〜24〜26	50〜60	22〜26	45〜55〜60
	回復室	24〜26	50〜60	23〜25	45〜50〜55
	ICU	24〜26	50〜60	23〜25	45〜50〜55
	分娩室	24〜25〜26	50〜60	23〜25	45〜50〜55
	新生児・未熟児	26〜27	50〜60	25〜27	45〜55〜60
	一般検査室	25〜26〜27	50〜60	22〜24	40〜50
	X線撮影室	26〜27	50〜60	24〜25	40〜50
	X線操作室	25〜26	50〜60	20〜22	40〜50
	水治療室	26〜27	50〜65	26〜28	50〜65
	解剖室	24〜26	50〜60	22〜24	40〜50
管理部	一般居室	26〜27	50〜60	20〜22	40〜50

（注）1）表中アンダーラインを付けた数値は空調機器設計のための設計条件値を示す。
　　2）夏期日射や高温機器の放射熱，冬期窓などからの冷放射の影響を受ける場合は，考慮すること。

表1・3　照度基準（JIS Z 9110）

照度(Lx)	場　　所
10,000	
7,500	視機能検査室（眼科明室）[1]
5,000	
1,500	
1,000	手術室[2]
750	
500	診察室,処置室,救急室,分娩室,院長室,医局,研究室,会議室,看護婦室,薬局,製剤室,調剤室,病理細菌検査室,図書室,玄関ホール
300	食堂,配膳室,一般検査室（血液,尿,便などの検査）,生理検査室（脳波,心電図,視力などの検査）,技工室,中央材料室,アイソトープ室
200	育児室,記録室,待合室,面会室,外来の廊下
150	病室,X線室（撮影,操作,読影など）,物療室,温浴室,水浴室,運動機械室,聴力検査室,滅菌室,薬品倉庫
100	麻酔室,回復室,霊安室,更衣室,浴室,洗面所,便所,汚物室,洗濯場,カルテ室,宿直室,階段
75	内視鏡検査室（3） X線透視室（3）,眼科暗室（3）,車寄せ,病棟の廊下
50	動物室,暗室（写真など），非常階段
30	

（注）1）50Lxまで調光できることが望ましい。
　　2）手術野の照度は，手術台上直径30cmの範囲において無影燈により20,000Lx以上とする。
　　3）0Lxまで調光できるものとする。

る。室内温度を3℃高くすることは，相対湿度をおよそ8%に低下させることを意味する。病院内でのインフルエンザ流行を制御するのにも，温湿度の適切な管理が必要になる。

図1・23に病院の外来待合室内の浮遊細菌濃度の測定結果と在室者数を合わせて示す[文16]。浮遊細菌濃度と在室者数の間に有意な相関関係が認められた。人の数が多いときに浮遊細菌濃度が高くなることから，待合室内浮遊細菌の主な発生源が在室者であることが示唆された。院内感染（交互感染）のリスクを低減させるために，浮遊細菌濃度の低減策も必要である。

院内感染については，メチシリン耐性黄色ブドウ球菌（MRSA，Methicillin-resistant Staphylococcus aureus）が注目すべき重要な病原体であることが広く知られている。図1・24に2003年1月から2005年12月までの3年間に検出されたS.aureusとMRSAの検出症例数と入院患者から検出されたMRSAの症例数の推移を示す。MSSAの約半分がMRSAであることがわかる[文17]。

また，院内感染においてはウイルスによる集団感染の事例も数多く報告されている。ここでは，2003年のSARS（重症呼吸器症候群，Severe Acute Respiratory Syndrome）流行期間中の院内感染事例について述べる。図1・25に中国北京大学付属人民医院の救急外来の平面図を示す。当時，整形外科と外科各4名の医者は普段どおり仕事を行い，仕事上SARS患者との接触はなかった。また，その間SARS患者が廊下に居たため，整形外科ではその廊下に面しているドアを閉じ，窓を開けていたという。外科の窓は建物の外壁（北）に，整形外科の窓は中庭に面している。SARS患者が廊下に置かれた1週間後，整形外科医4名が全員SARSに感染したが，外科の4名はいずれも感染しなかった。後の調査では当時の気象条件により整形外科がSARSウイルスに通り道を与えたことが明らかになった[文18]。

表1・4 主要室騒音レベル標準値（HEAS-02-2004）

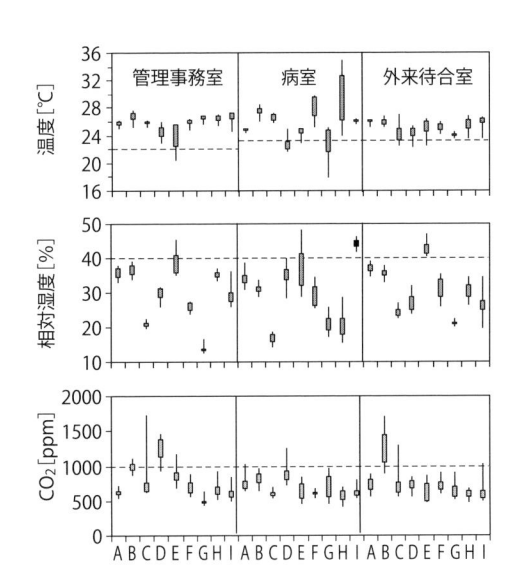

室　名	騒音レベル	
	NC	dB（A）
聴力検査室・心音検査室など	15〜20	〜25
脳波検査室など	25〜30	35〜40
一般病室・ICU・未熟児室	30〜35	40〜45
新生児室・分娩室・手術室など		
一般検査室・放射線治療室	30〜40	40〜50
診察室・各種撮影室・図書室		
会議室など		
バイオクリーンルーム手術室	35〜40	45〜50
易感染症病室・ディルーム		
スタッフステーションなど		
待合室・物療・水治療室	40〜45	50〜55
材料部諸室・薬局・事務室		
食堂・玄関ホールロビー		
解剖室など		

図1・22 病院内温度・相対湿度・二酸化炭素濃度の測定例
＊1 図中のA〜Iはそれぞれ9病院のIDを示す。
＊2 図中の破線はそれぞれ上限値（温度，CO_2濃度）または下限値（相対湿度）を示している。

3．医療環境改善のための対策

　感染症は，感染源，宿主，および感染経路の3つの要素が揃えば成立する。医療施設における感染症の環境面での対策は主として感染経路の対策になる。病原体は粒子状物質であり，微生物であるために，従来の粒子状物質の対策方法（ろ過，希釈，気流計画）が適用できるほか，紫外線による殺菌など微生物に対する対策方法も有効である。

(1) ろ　過

　エアフィルタは，粒子状物質を除去（捕集）するために設置されている。エアフィルタは主として慣性衝突，さえぎり，拡散，静電気のメカニズムによりエアフィルタ近傍の浮遊粒子を捕集する。粒径が大きければ大きいほど慣性衝突，小さければ小さいほど拡散による影響が顕著になるが，0.2μm前後の粒子に対しての総合的な捕集率が最も低い。図1・26に一般のオフィスビルなどでよく用いられている中性能エアフィルタによる微生物粒子の捕集率を示す[文19]。

　単体のウイルス粒子の粒径は小さいため（SARS-CoV：80〜160nm，インフルエンザA型：80〜120nm），エアフィルタの捕集率は高くない。しかし，ウイルスの殺菌に対して有効なUVGI（Ultraviolet germicidal irradiation，紫外線殺菌照射）を加えると，総合的な除去率が高くなる。

(2) 希釈・気流計画

　必要な外気量を導入することで，病原体を希釈することができ，その結果，感染症の対策になることは前述したSARSの感染事例より説明できる。HEAS-02-2004規格では汚染物質をろ過するための給気最終フィルタの捕集率を示すと同時に，汚染物質を希釈するための最小取入れ外気量を示している（表1・1）。さらに，2003年の病院でのSARS集団感染事例を勘案して，翌年の2004年の改訂版HEAS-2004-02規格において

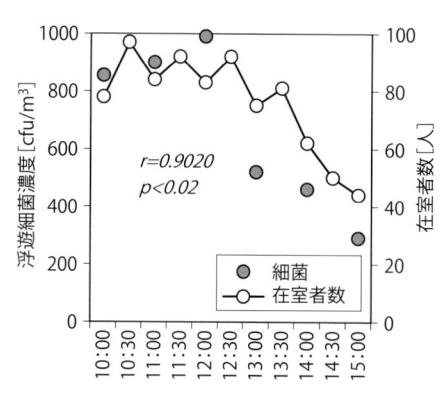

図1・23　外来待合室内浮遊細菌濃度の経時変化
（外来待合室における日本建築学会の規準AIJES-2005は500cfu/m³であり，午前中の室内濃度は規準値を大きく上回った。）

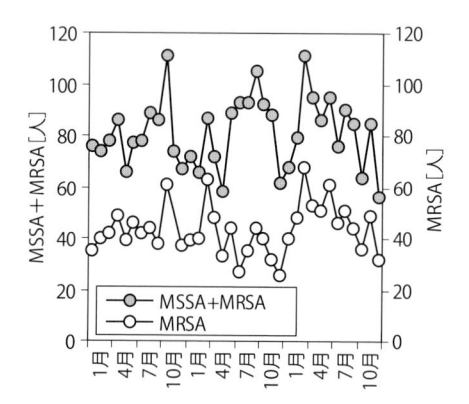

図1・24　MRSAとMSSA患者の推移
（図中示しているのは，集中治療室に入院している患者から分離されたMSSAとMRSAの推移を示している。）

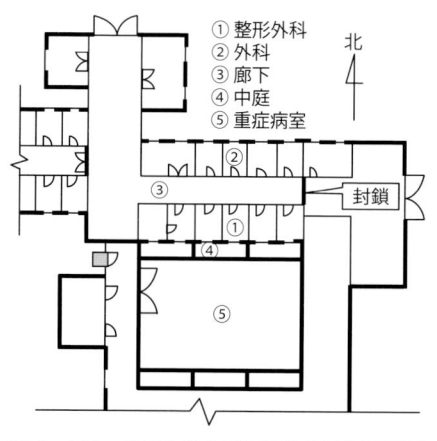

図1・25　北京大学人民医院救急外来平面図
（2003年4月17〜23日に十数名のSARS患者が廊下に置かれ，観察・治療を受けていた。25日に整形外科の医療従事者4名が全員SARSに感染した。）

は，室内圧（陰圧か陽圧）に関する必要条件を示している。一方，換気量のみならず，効率よく浮遊微生物粒子を除去するためには気流計画も重要である。図1・27に病院内の気流計画例を示す。用途によって，室内を陰圧または陽圧に制御することは院内感染の防止になる。

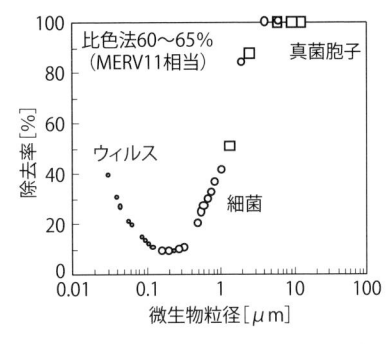

図1・26　浮遊微生物に対する中性能フィルタの除去率
図に示す中性能フィルタは一般的に外来待合室，病室，管理事務室などに使用されえている。

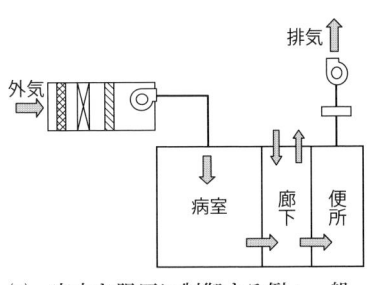

(a) 室内を陽圧に制御する例：一般病室

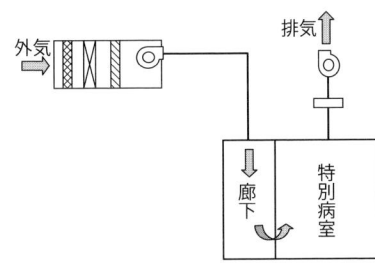

(b) 室内を陰圧に制御する例：特別病室

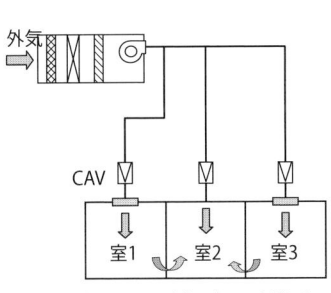

(c) 室内を陽圧（定圧）に制御する例：手術室

図1・27　医療施設における気流計画の例

1・6　事業計画とスケジュール

1．事業計画

(1) 投資規模と事業収支

　医療施設が事業を継続するには，健全な経営状況の維持が前提となる。そのためには，建物整備に関連する費用はその病院の事業規模に見合った投資規模である必要がある。つまり，過大な投資により経常的な返済額が医業活動から得られる利益を上回れば，病院の経営は赤字となり，いずれ事業を継続することができなくなるのである。

　病院の投資可能な金額は，金融機関から借りられる限度額と，自己資金や補助金などの返済が不要な資金額の合計によって決まる。

　そのうち建設に対して投資できる金額は，借入金，自己資金，補助金等の合計資金額と，土地や医療機器など建設以外の費用との関係で決まるといえる。計画者はこのことを十分に理解しておく必要がある。全体の予算の中で建設に充てられる金額がどの程度なのかを早期に把握し，できる限り予算の範囲内で，必要な医療機能や療養環境を担保することが求められる。

　民間の医療施設では，施設建設に伴う費用（＝イニシャルコスト）の多くの部分を金融機関から調達する（借入金）場合が多く，その返済原資は医業収益の収支差額（医業収入・医業外収入から，減価償却費以外の医業費用・医業外費用と税金を差し引いた額）が充てられる構造となっている。

　医業収益は病院の種類によって異なるため，それに対応して適正な投資規模も変わることになる。現行医療制度では，提供する医療水準や医療密度が診療報酬に反映されるため，投資原資となる医業収益規模は，病院機能の高さや病床規模に起因する部分が大きい。

　このように，病院の医業収益や調達可能な資金額は，建設投資規模との関係が深く，与条件を設定する背景として考慮する必要がある。

　また，建物に関わる費用は，イニシャルコストとランニングコスト（＝建設した施設を運用し維持していくのに必要な費用）を合わせたライフサイクルコストでとらえるのが妥当であり，施設計

総事業費	資金調達
用地費	補助金
建築費	独立行政法人 福祉医療機構 融資
機器・備品費	市中銀行 融資
諸税	
開業費	自己資金

図1・28　資金調達とイニシャルコストの一例
　民間病院では，イニシャルコストの多くを借入金で賄う場合が多く，公的な低利融資である福祉医療機構融資を活用するケースが多く見られる。

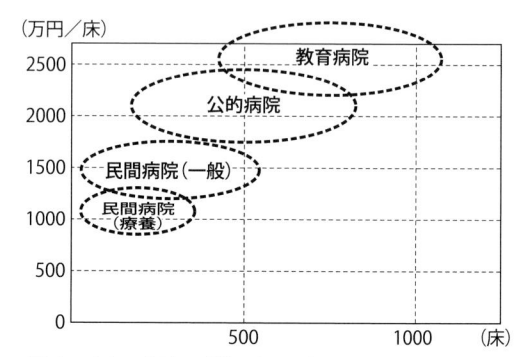

図1・29　病院の種類別の1床あたり建設費の相関
（万円／床）　縦軸：0〜2500，横軸：0〜1000（床）
教育病院，公的病院，民間病院（一般），民間病院（療養）

　医療水準や医療密度が診療報酬に反映されるため，高度医療を提供する教育病院や公的病院は1床あたり建設費が高く，慢性期医療を主体とする療養病床などは低い傾向がある。

画が医療施設の収益や費用にどのように影響するのかを考慮する必要がある。

　たとえば，動線効率やエネルギー効率のよい計画では，人件費や経費などの費用削減につながるし，診察室や手術室が不足していれば患者数や診療単価を増やせない。また，不要に施設規模が大きくなれば，光熱水費，清掃費，減価償却費，固定資産税などの経費の負担が大きくなる。

　ランニングコストの縮減による利益をイニシャルコストの返済原資に充てられる可能性もある。ランニングコストの縮減が建設費の確保にもつながるということを理解して計画にあたるべきである。

(2) 資金調達

病院の利益率は，他業種に比べて決して高くはない。一方，医療法や診療報酬上の施設基準に対応するためには，施設への大きな投資が必要となる。そのため，施設建設に伴う資金調達にあたっては，民間金融機関からの借り入れ以外に，病院を対象とした低利の公的融資や国庫補助制度が整備されている。これらを活用する際には，施設基準やスケジュールに関する条件があるため，計画者は内容を理解し対応する必要がある。

ここではその概要を示すが，内容は随時変更され，地域事情や行政事情も影響する。実際の計画時には，その都度，関係機関に確認する必要がある。

＜福祉医療機構融資＞

国の施策と連携し，独立行政法人福祉医療機構が行う，社会福祉施設および医療施設の整備のための低利の貸付事業である。

医師個人，医療法人，一般社団法人や一般財団法人のほか，社会福祉法人，学校法人などが開設する病院事業者は，病院や診療所，老人保健施設等の施設整備費用について，市中金融機関よりも優遇された条件（低利，償還期間20〜30年，元金返済の据置き期間）で融資が受けられる。融資金額は病院の経営状況や担保能力，事業計画等の評価に基づき設定されるが，一般的には基準面積と実際面積の小さい面積と，基準単価と実際単価の低い金額を乗じた金額に融資率を乗じて算出する。

融資の内示前に着工した場合は，融資が受けられなくなるため注意が必要である。

＜医療施設近代化施設等施設整備交付金＞

近代化交付金は，概ね築30年以上を経過した民間病院が施設整備する際に適用される厚生労働省所管の国庫補助である。返済の必要がないが，交付金を使って整備した施設は国有財産に準じることから，原則としてその後相当期間，対象の施設を改修したり壊したりすることはできない。また，人口に対して地域の病床数が過剰な場合，病床の削減が交付条件となる。

（病院の新築・増改築する場合）
【償還期間】 耐火 20 年超 30 年以内（据置期間 3 年以内）
【金　利】 新築（病床非過剰地域）1.30％
　　　　　 増改築（病床非過剰地域）1.30％
　　　　　　　　　（病床過剰地域）1.80％
【融資額】 標準建設費の 80％以内（上限 7 億 2 千万円）
　　　　　※補助金等がある場合は，建設事業費から補助金等を差し引いた額と標準建設費の低い方
【標準建設費】
　　融資対象面積 × 建築単価 ＋ 設計監理費
　　　　①　　　　　　②　　　　　③
・融資対象面積（基準建築面積と実際面積の少ない方）
・建築単価（実際単価と基準建築単価の低い方）

図 1・30　福祉医療機構融資概要（医療貸付）

地域保健医療計画（→ 2・1 全体計画）において，基準病床数よりも既存病床数が少ない「病床非過剰地域」では，金利が優遇される。

（病院の建替整備〈改築及び移転新築〉の場合）
【補助対象】
　日本赤十字社，全国厚生連，社会福祉法人，健康保険組合（連合会），その他知事が認める者＊
　＊医療法人等が含まれる。
【主な補助要件】
・建替整備区域は築後おおむね 30 年以上経過
・整備区域の病棟の施設要件（整備後）
　・病室面積：6.4m²/床以上
　・病棟面積：18m²/床以上
　・患者食堂又は談話室，高齢者及び身体障害者への配慮
　・精神科病院・精神病棟：
　　　畳部屋，6床超の病室，鉄格子（原則）の廃止
・病床過剰地域：整備区域の病棟の病床数を 10％（救急等指定条件に適合しない場合は 20％）以上削減
・病床過非過剰地域：増床を伴わないこと
・整備完了後も増床しないこと
【補助対象経費】
　(1) 病棟整備　(2) 患者療養環境，医療従事者の職場環境，衛生環境等の改善　(3) 電子カルテシステムの整備
【補助基準額】　基準面積 × 基準単価
・基準面積〈病棟整備部分〉（実際面積と基準面積の少ない方）
　　25m²/床×整備区域の病床数
・基準単価〈東京都・H23〉（実際単価と基準単価の低い方）
　　RC　168,000円/m²　ブロック　146,700円/m²
【補助率】　国　1/3　都道府県　自治体により異なる

図 1・31　近代化施設整備交付金（2011 年の例）

交付金を申請する場合，国の予算執行スケジュールに拘束されるため，任意のタイミングで事業を行うことはできない。

2. 計画手順とスケジュール

(1) 計画推進の流れ

　病院の施設整備計画は，既存施設の老朽化，法改正に対する適応（法的遡及を含む），施設環境の向上，他の施設に対する差別化など，さまざまな動機から立案される。これらの動機をもとに検討を加え，プロジェクトを新築，増築，改修のいずれかの方向へ具体的に進めることになる。

　設計者は，この整備計画の動機を的確に踏まえた上で，施設規模，資金計画，建設スケジュールなど，プロジェクトの目的と内容を確認しなければならない。

　また，前述のとおり，施設の規模や仕様と投資規模との間には密接な関連がある。プロジェクトの各段階で，その都度チェックを行い，両者のバランスを欠いている場合は，建設の動機や目的に立ち戻り，病院側と計画の見直しを図らなければならない。

　地域医療計画による病床数の規制があるため，増床には許可が必要となっている。この他にも医療施設の計画では，医療法上の許認可，医師会との調整などが必要であり，病院側の動機だけでは建設計画は進められない。

　こうした前提条件が解決されているかどうかを，設計者の側からも早めに確認する必要がある。プロジェクトを遂行する上で重要なことは，
　① 開院目標に合わせたスケジュールを立て，
　② 設計段階に応じ，病院側から条件を引き出し，
　③ 具体的な形として提案し，病院側の理解，納得を得て合意形成を図る
ことである。

　各段階の節目では，そこまでに提案・調整された計画案をまとめ，その内容に病院側の承認を得てから，次の段階へ進む必要がある。

　着実な合意形成や明快な意思決定，スムーズな承認を得るためには，役割分担や責任の所在を明らかにした明確な事業推進体制を，病院と設計者が一体となって構築することが重要である（p.26

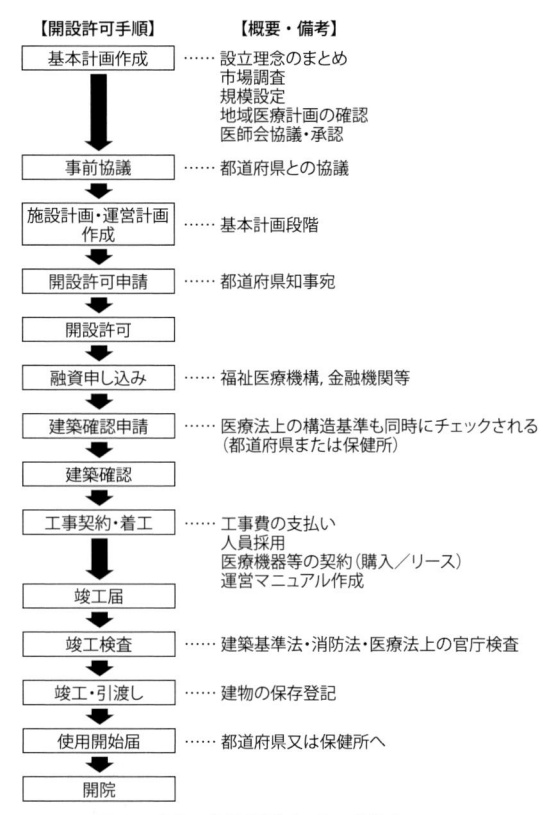

【開設許可手順】	【概要・備考】
基本計画作成	設立理念のまとめ／市場調査／規模設定／地域医療計画の確認／医師会協議・承認
事前協議	都道府県との協議
施設計画・運営計画作成	基本計画段階
開設許可申請	都道府県知事宛
開設許可	
融資申し込み	福祉医療機構，金融機関等
建築確認申請	医療法上の構造基準も同時にチェックされる（都道府県または保健所）
建築確認	
工事契約・着工	工事費の支払い／人員採用／医療機器等の契約（購入／リース）／運営マニュアル作成
竣工届	
竣工検査	建築基準法・消防法・医療法上の官庁検査
竣工・引渡し	建物の保存登記
使用開始届	都道府県又は保健所へ
開院	

図1・32　病院開院までの手続きフロー

　既存施設を増改築する場合，「開設許可申請」は「開設許可事項変更申請」となるが，基本的な流れは変わらない。個々の手続きをタイミング良く，病院と共に進めていく必要がある。

図1・36参照）。

(2) 事業推進体制の構築

　病院の施設整備にあたっては，日常の運営組織とは別に，病院の意思決定機関である建設委員会や，部門代表や実務担当者が参加するワーキング委員会など，事業推進体制の確立も重要である。

　建設委員会は，最終責任者である病院長や法人理事長，もしくはその意を受けた副院長といった幹部が委員長を務め，各部門の長が委員として参加し，調整役として事務・企画セクションの長が事務局を務めるケースが多い。

　病院の設計者は，これらの委員会へ積極的に参加し，事務局とともに調整役を務めながら，計画を具体化していく立場になることから，単なる設計能力だけでなく，マネジメント能力も問われて

公益性の高い法人運営の病院においては，最終承認機関を理事会とし，議決により事業を決定する例もあるが，多くの民間病院（医療法人立が多い）では，実質的なオーナーである理事長や病院長が，病院幹部や設計者の意見を参考にしつつ，発注者として最終判断を下す場合が少なくない。組織的な意思決定体制がない場合でも，最終判断を下すのは誰かを明確にし，節目ごとに承認を受けて次のステップに進むよう心掛けたい。

(3) 意思伝達の手段

病院側のメンバーは，建築の専門知識をもたない場合が多い。そのため，病院側から提示される設計条件は断片的な判断による場合も少なくない。

たとえば，ある部屋の広さを設定する場合，打合せをしている部屋と比較してどのような広さになるのかを説明するだけでも，具体的なイメージが湧き，不必要に広い部屋を設定せずに済むこともある。必要に応じて設計者の側から比較案を提示し，病院側が適切な判断ができるように協力すべきである。また，承認を受ける時や日常的な打合せの際も，設計者は，建設の専門知識をもたないメンバーにも理解しやすい説明を心がけるべきである。

最近では，建築図面に加え，よりわかりやすく完成イメージを共有するためのツールが多様である。BIM（Building Information Modeling ＝ 建築に関する情報をデジタルで統合的に扱うモデル化の手法の総称）やCGパース，アニメーション，VR（バーチャルリアリティ）等の3次元化技術や，建築模型，さらには実物大のモデルルームやモックアップなど，さまざまなツールを活用することが，確実な合意形成を行う上でとても有効である。

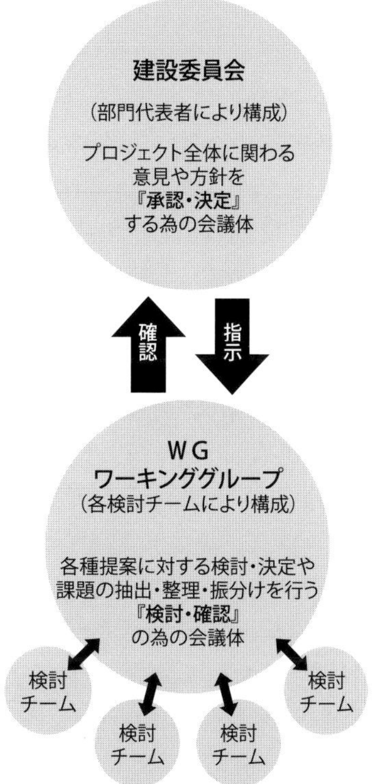

図1・33　事業推進体制の構築

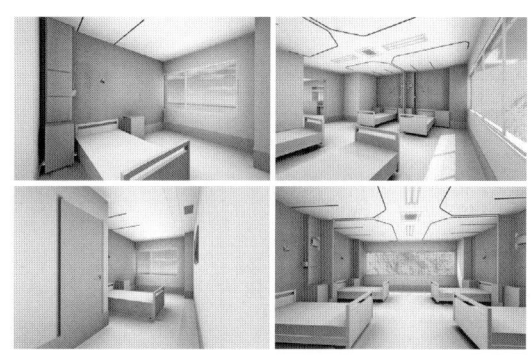

図1・34　BIM病室検討事例

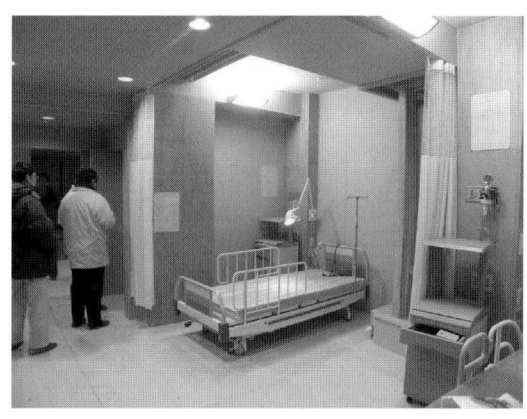

図1・35　モデルルーム

整備フロー	事業化発意 企画段階 調査・分析　基本構想	事業化決定 基本段階 基本計画　基本設計	実施段階 実施設計　建設	運営・管理
病院の検討項目	全体整備方針の立案 ・発意,設計理念 ・整備計画の目的 ・敷地の選定 ・規模,診療機能の設定 ・地域医療計画,医師会調整 ・事業資金調達方針	運営計画の策定 ・資金調達計画 ・管理・運営計画 ・人員配置・教育計画 ・機器購入計画／基本設計図書の検討 ・諸官庁手続き ・融資手続き ・医務課・保健所折衝	開院準備 ・実施設計図書検討 ・プロジェクト予算管理 ・開院準備計画 　・従業員採用,教育 　・広報・宣伝 　・医療機器,家具,什器 　・購入計画／工事進捗状況チェック ・プロジェクト予算管理 ・引越し,開院準備	開院 ・メンテナンス計画 ・交付金実行手続き ・融資実行手続き
病院計画のコンテンツ — 事業計画	事業環境の調査・分析 ・地域の社会環境調査 ・地域の保健医療環境調査 ・医療需要予測 ・経営分析／事業基本構想 ・事業コンセプト提案 ・事業手法の検討 ・事業収支計画 ・事業スケジュール作成	事業基本計画 ・業務量の設定 ・各部門運営方針の設定 ・組織・人員配置計画 ・事業スケジュールの作成／基本設計との整合性 ・ソフト・ハードの整合性 　・部門別機能のチェック 　・運営サービス計画のチェック	事業実施計画策定 ・部門別運営サービス計画 ・全体運営サービス計画／開業支援 ・スタッフの指導 ・マーケティング,広報活動支援 ・運営支援システムの導入支援 ・移転計画策定支援	運営支援 ・運営マニュアルの見直し ・運営支援システムの運用指導
病院計画のコンテンツ — 施設計画	施設の現状チェック ・耐震性診断 ・建物運用状況 ・事業用地分析／全体整備計画 ・コストプラン作成 ・マスタープラン作成 ・建替手順の検討 敷地戦略調査 ・計画道路・インフラ／企画図作成 ・計画指針の作成 ・施設規模の設定 ・全体構成 　・動線計画,部門別面積配分,断面構成 ・医療関連法規チェック	現地調査 ・敷地実測 ・既存設備 ・地質調査 ・給排水,電気,ガス水道,電話の接続調査 基本設計条件 ・仕様・グレード設定,デザイン指針 ・設計条件作りこみ ・基本スパン割の設定 ・構造計画,設備計画,防災計画	基本設計 ・基本設計図書の作成 付帯設備計画 ・医療機器 ・厨房設備 ・搬送設備 ・情報設備 概算見積	実施設計 ・実施設計図書作成 ・確認申請図作成 精算見積・調整	建設 ・施工・工事管理計画 ・設計変更への対処 ・工事監理 ・附帯設備との調整	竣工図書の作成・引渡し ・取扱訓練 ・建物カルテ作成 ・定期検査
病院計画のコンテンツ — 運営計画		運営方針設定 ・施設維持管理方針 ・省エネルギー対策方針 ・アウトソーイング方針	実施設計へのフィードバック ・ライフサイクルコスト設計 ・光熱費や保全費,運営費の算定	開業準備支援 ・長期保全計画の策定 ・維持管理マニュアル策定 ・関連スタッフの指導	運営支援 ・保全活動の実施 ・モニタリング実施 ・省エネ診断,各種調整
病院計画のコンテンツ — コーディネート機能(各種申請等支援)	資金調達手続事前協議資料の作成 ・交付金・近代化整備事業 ・福祉医療機構等融資条件	諸官庁折衝資料の作成 ・医務課,保健所への事前協議書の作成 ・福祉医療機構事前協議／諸官庁手続資料の作成 ・開院許可申請 ・交付金申請 ・福祉医療機構融資申請	諸官庁手続資料の作成 ・建築確認申請 ・特定行政庁・消防署との折衝	諸官庁手続資料の作成 ・使用許可申請

図1・36　病院施設整備フローチャート

　設計の他に多様な機能が協働してプロジェクトは推進される。各段階でどのようなことが起きているのか全体の流れを理解し，他の機能と調整を図りながら設計にあたることが求められる。

参考・引用文献
1. J.D. Thompson & G. Goldin : The Hospital: A Social and architectural history, New Heaven and London, Yale University Press, 1975
2. F．ナイチンゲール：病院覚え書，ナイチンゲール著作集第二巻，湯槙ます他訳，現代社，1974
3. Stephen Verderber and David J. Fine : Healthicare Architecture in an Era of Radial Transformation, Yale University Press, 2000
4. 長澤泰：健康的でなければならない建築—新しい病院建築のあり方—建築雑誌 104巻1283号，1989
5. Ｓ．ソーンダイク：隠喩としての病い　エイズとその隠喩　富山太佳夫訳　みすず書房，1992
6. 吉武泰水他；病院管理体系　第6巻，医学書院，1980.08，pp14
7. 浦良一他：地域施設　医療（建築計画学4），丸善，1973.06.30，pp.56
8. 吉武泰水：建築計画の研究，鹿島研究所出版会，1964.12.25，pp.187
9. 岡田光正他：建築規模論　建築学大系 13，彰国社，1988.02.10，pp.31-32
10. 岡田光正：空間デザインの原点，理工学社，1993.11.25，pp.113
11. 小林健一：都市部における大規模地震災害に対応した病院の建築計画に関する研究（学位論文），2001.07
12. 加藤岳他：過疎地域における住民の受療行動について—過疎地域における医療福祉の今後のあり方に関する研究—，日本建築学会　技術報告集　第37号，2011.10，pp.993-996
13. 山下哲郎：人口過疎地域の医療・福祉施設と住宅　これからの病院づくり（8），日本文化厚生農業協同組合連合会　文化連情報　No.404，2011.11，pp34-36
14. 日本医療福祉設備協会規格 HEAS-2004-02，2002年
15. 柳 宇，池田耕一，鍵直樹，塩津弥佳，小畑美知夫，高柳栄，斉藤敬子，鎌倉良太，吉野博．病院施設における室内環境の衛生管理に関する研究—第2報 室内空気環境の連続測定結果．平成18年度空気調和・衛生工学会大会．pp2021-2024，2006年
16. 柳 宇，鍵直樹，池田耕一，西村直也，吉野 博，小畑美知夫，齋藤秀樹，齋藤敬子，鎌倉良太：病院施設における室内環境の衛生管理に関する研究　第2報—外来待合室内浮遊微生物の挙動と対策，空気調和・衛生工学会論文集，No.141，pp9-17，2008年
17. 森木省治，稲垣文子，熊倉 俊一：病院環境および医療従事者における包括的細菌サーベイランス，病院医学教育研究費成果報告書，2006年
18. 柳 宇，池田耕一，吉澤 晋．中国におけるSARS対策．空気調和・衛生工学会．2004. Vol.78(5). pp51-59，2005年
19. 柳 宇：エアフィルタによる浮遊微生物粒子の捕集性能の評価について．室内環境，Vol.10(1)，pp23-32，2007年

2章
全体計画

2・1　全体計画……………28
2・2　立地の調査・分析………30
2・3　規模設定……………32
2・4　敷地利用計画と
　　　　ゾーニング計画……34
2・5　断面計画……………37
2・6　動線計画……………40
2・7　構造計画……………42
2・8　設備計画……………46

2・1 全体計画

1．はじめに

　病院は，生命を守るという重要な使命をもつ。その使命は，病院特有の施設・設備により生みだされる治療・療養環境によって支えられていることから，設計者・施工者はプロフェッショナルとして，施設・設備の不具合が直接いのちにかかわることを十分認識し，高い知見をもって慎重にプロジェクトを進めることが求められる。

　その一方で，病院のもつ社会的価値は広く認知されていても，日常的には縁がない健常者にとっては「行きたくない施設」の上位に挙げられ，「迷惑施設」として居住地に近接することを嫌い，建設に理解を得られないこともある。

　地域と共生し貢献する公益施設として，長く親しまれる病院づくりを目指したい。

2．病院づくりに求められる基本認識

　病院は，国が定めた厳格な医療制度のもとで，多種多様な有資格者の協働により運営される，複合的な機能を有する施設である。

　病院を建設するにあたっては，建築基準法や消防法といった建築関連法規に加えて，医療法や診療報酬上の施設基準など，一般的な建築物には適用されない複数の法規・基準も守る必要がある。これらがもし守られていなかった場合，病院としての使用が許可されなかったり，病院が想定する診療報酬を得られなくなったりすることもある。

　病院はいつでも，どこにでも建てられる施設ではない。都道府県が定める地域保健医療計画により，地域ごとに必要病床数が定められ，不足が生じない限り，病院の新設や増床は認められない。都市計画上の用途地域にも，病院が建てられない，あるいは事前の開発許可が必要となる地域が定められている。

　既存病院敷地での建替えにあたっても，法規・基準上の制約が新たに加わり，十分な施設規模が確保できなくなる場合もある。

　医療をとりまく環境は刻々と変化し，法規・基準もアップデートされている。医療とその周辺サービスの質を問う第三者評価や，省エネルギー，環境保全，院内感染の防止，大規模災害時の業務継続など，施設・設備が越えるべきハードルは高くなる一方である。

　鉄筋コンクリート造の病院の法定償却期間は39年であり，構造的には50年以上の耐久性をもつが，実際にはこれまで，図2・1が示すように，9割以上の建物が39年を経ずに建て替えられてきた。

　病院施設の寿命には,以下に示す3つの「劣化」が主に影響している。
① 物理的劣化
　　現施設そのものが老朽化・狭隘化している。
② 社会的劣化
　　ソフト（法規・基準・制度等）の変化に，現施設では対応できない。
③ 機能的劣化
　　医療技術の進歩や機器のレベルアップに伴い，新たに求められる性能を，現施設では得られない。

　このような「劣化」を完全に防ぐことは難しいが，成長と変化に備えた施設・設備計画を心がけ，施設の長寿命化を図る必要がある。

　病院は，治療・療養環境を24時間維持する必要があることから，他の用途に比べて設備的に重装備であり，建物を使い続ける限り発生し続ける維持管理費も相対的に高くなるうえ，経年と共に増加していく。

　過剰な施設整備による維持管理費の増加は，長期にわたって病院経営の重荷となる点に留意し，機能とイニシャルコストとの最適化を，計画の初期段階から意識して行う必要がある。

　昨今，医療は医師・看護師ら医療従事者と患者・家族との共同作業であるという認識が一般化しつつある。また，医療従事者のなり手不足が叫ばれている中で，スタッフのモチベーションを高め，よりよい医療を目指す上で，勤務環境の改善が求められ，それが優れた医療と良好な療養施設につながっている。

病院の計画にあたっては，このような基本認識をもち，以下の章で述べる病院計画特有の計画手法を習得し反映するのと同時に，病院の経営責任者や主要スタッフとの綿密なコミュニケーションを通じて，計画の妥当性を検証し，相互に納得しながら具体化していくプロセスが重要となる。

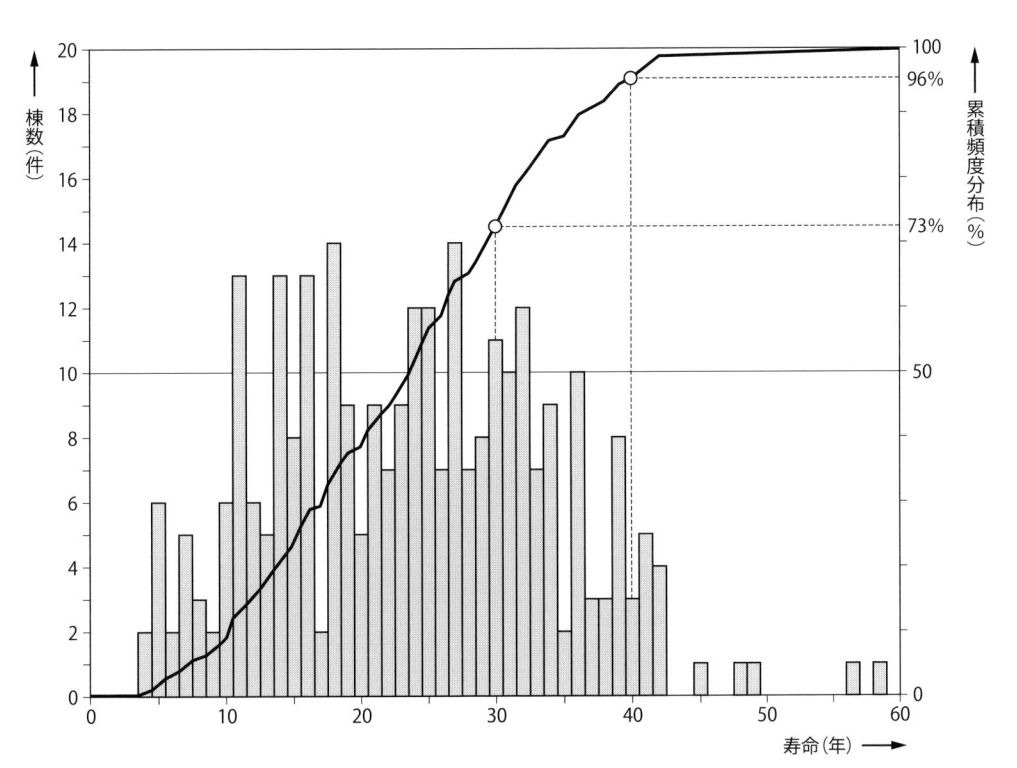

図2・1　病院の建て替え時期
減価償却期間（39年）以前に，9割以上，設備の劣化による更新2～3回り目にあたる30年目には7割以上の施設が建て替えられている。10年以内の建て替えも1割近くあり，長期的視野に立った整備計画の立案が求められる。
（日本医療福祉建築協会研究報告「病院建築のライフスパンに関する研究」1995，河口豊）

2・2 立地の調査・分析

1. 病院を建てられる場所, 建てられない場所

2・1で述べたように，病院はいつでも，どこにでも建てられる施設ではない。どのような立地の場合に建てられるのか，あるいは建てるにあたってどんな制約を受けるのか，体系的に把握しておく必要がある。

(1) 医療法による制約

医療法に基づき都道府県が定める「地域保健医療計画」により，その地域に必要とされる病床数が定められている（表2・1）。地域に現存する病床数が，必要病床数を上回るか等しい（充足している）場合，新たに病院を開設したり，建替えや増築にあたって，病床数を増やしたりすることはできない。

必要病床数は地域人口の変動によって増減するほか，既設病院の改廃によって充足から不足に転じ，新たな病床の割り当てが可能になることもあるため，臨機応変の対応が求められる。

(2) 都市計画法による制約

都市計画法に基づき定められた市街化区域は，建設可能な建物用途や建ぺい率，容積率，日影規制などを定めた「用途地域」に細かく分けられる。病院の場合，第1種低層住居専用地域，第2種低層住居専用地域，工業地域，工業専用地域には，原則として建てることができない（表2・2）。

また，市街化調整区域（市街化区域の外側に設定される）での病院の新たな建設は，原則として認められないが，都道府県や自治体によっては，例外的に建設を許可するための基準を設けている場合があり，個別に確認が必要である。

さらに市街化区域内には，用途地域による建築上の制限に加え，居住環境や都市景観に配慮した「地区計画」が定められていることがある。一律の高さ制限や，敷地境界から一定距離の壁面後退などは，建物の規模や形態に影響しやすい。

このように，病院を取り巻く法規制は多岐にわたることから，事前のチェックを欠かしてはならない。

表2・1 地域保健医療計画に基づく基準病床数の一例

東京都保健医療計画上の既存病床数の状況

平成26年4月1日現在

区分	二次保健医療圏	構成区市町村	基準病床数(A)	既存病床数(B)	過(△)不足(C=B−A)
療養病床及び一般病床	区中央部	千代田, 中央, 港, 文京, 台東	5,258	13,687	8,429
	区南部	品川, 大田	8,091	8,078	△13
	区西南部	目黒, 世田谷, 渋谷	9,847	9,796	△51
	区西部	新宿, 中野, 杉並	10,548	10,444	△104
	区西北部	豊島, 北, 板橋, 練馬	14,218	14,182	△36
	区東北部	荒川, 足立, 葛飾	9,617	9,571	△46
	区東部	墨田, 江東, 江戸川	8,329	8,307	△22
	西多摩	青梅, 福生, あきる野, 羽村, 瑞穂, 日の出, 檜原, 奥多摩	3,017	4,122	1,105
	南多摩	八王子, 町田, 日野, 多摩, 稲城	10,144	10,139	△5
	北多摩西部	立川, 昭島, 国分寺, 国立, 東大和, 武蔵村山	3,844	4,208	364
	北多摩南部	武蔵野, 三鷹, 府中, 調布, 小金井, 狛江	7,285	7,432	147
	北多摩北部	小平, 東村山, 東西京, 清瀬, 東久留米	5,252	5,483	231
	島しょ	大島, 利島, 新島, 神津島, 三宅, 御蔵島, 八丈, 青ヶ島, 小笠原	177	80	△97
総計			95,627	105,529	9,902
精神病床		都内全域	21,956	22,631	675
結核病床		都内全域	398	526	128
感染症病床		都内全域	130	124	△6

東京都の例。基準病床数は地域の特性により加減されるが，概ね人口10万人あたり800～1,000床で設定されている。

表2・2 用途地域による建設の制約

用途地域 建物の用途	第1種低層住居専用地域	第2種低層住居専用地域	第1種中高層住居専用地域	第2種中高層住居専用地域	第1種住居地域	第2種住居地域	準住居地域	近隣商業地域	商業地域	準工業地域	工業地域	工業専用地域
診療所	○	○	○	○	○	○	○	○	○	○	○	○
老人ホーム, 身体障害者福祉ホーム等	○	○	○	○	○	○	○	○	○	○	○	×
老人福祉センター, 児童厚生施設等	△	△	○	○	○	○	○	○	○	○	○	○
病院	×	×	○	○	○	○	○	○	○	○	×	×

○…建てられるもの
△…建てられるが床面積や階数が制限されているもの
×…建てられないもの

医療福祉施設の中でも，病院は最も厳しい建設地の制約を受けている。

2．敷地特性の調査・分析・評価

計画敷地に関する特性を調査・分析し，評価した上で，敷地利用計画を行う必要がある。

(1) 影響を受ける要素，与える要素

まず，敷地が接する道路の状況を理解する。道路幅員，交通量，歩車道の別，敷地のレベル差などを確認し，敷地と道路との関係を分析する。また，車の寄り付きやタクシーの待機場所等など，車回しのスペースを考慮しながら，道路から人と車をスムーズかつ安全に導くよう，計画する必要がある。

次に，設備・エネルギー関係のインフラ（上下水道，電気，ガス，通信の供給幹線）と敷地との位置関係を調査する。十分なインフラが整備されていない地域では，インフラの引き込みや下水浄化槽の設置等により，少なからぬ費用が発生することに留意する。

隣接する敷地や建物の調査も重要である。周辺施設から発生する騒音や振動，臭気などは，入院患者の療養環境に悪影響を与えることがあるほか，検査や治療に使われる医療機器には，磁気や電磁波が検査データを狂わせたり，機器を誤作動させたりするものがある。鉄道・道路・工場など敷地周辺で発生する病院への環境影響を事前に調べ，発生源から十分に離した上で，遮音性能の高い窓や電磁波シールドなどの対策が求められる。

逆に，病院建設が周辺環境に及ぼす影響要素としては，日影や電波障害の発生，高層階からの見下ろしによるプライバシーの侵害，救急車や24時間空調による騒音，厨房の臭気など多岐にわたる。開院後では改善が困難なケースが多いことから，この時点で把握し，設計に反映する。

(2) 敷地固有の特性把握

敷地の地盤の状況は，大地震による建物の揺れ方や敷地が液状化する可能性と密接に関係している。敷地内のボーリング（掘削）等の地盤調査により，建物基礎を支えられる強固な地盤に打ち込む基礎杭の長さや本数，敷地の地盤改良による液状化対策の要否などが明らかになる。

敷地の履歴を調べ，土壌調査資料があればそれを確認する。過去の施設や自然由来の土壌汚染がある場合には，土の搬出が規制されるため，基礎構造の設定や施工計画に大きく影響する。

井戸水を利用したい場合は，汲み上げ規制の有無を確認した上で，水質・水量を調査する。

気象による影響への備えも重要である。雨や雪に関する過去のデータを確認し，各季節の卓越風や日射の状況を把握し，建物配置や向きを決め，通風や採光への配慮をする。雨水排水計画や屋根の積雪荷重，屋根の落雪対策等を検討する。近年は，短時間の集中降雨や竜巻，連続する落雷などによる被害も目立つことから，雨水排水計画にゆとりをもたせ，避雷設備や停電対策を充実させるほか，各自治体作成の災害ハザードマップや，過去の出水の記録なども確認し，対策を検討したい。

表2・3 病院の機能・環境に影響を与える要素

環境要素	確認事項
道路・交通	道路幅員，交通量，歩車道の別，敷地とのレベル差，騒音，振動，磁気，電磁気，公共交通機関の有無
インフラ	上下水道，電気，ガス，通信の供給幹線
建物	用途，離隔距離，騒音（救急車や空調を含む），振動，臭気，磁気，電磁波，通風，プライバシー，日射（日影），TV電波
植栽	落葉，日射，倒木，害虫，花粉

目に見えない要素が多く，その場合，調査・測定による数値化が必要になる。

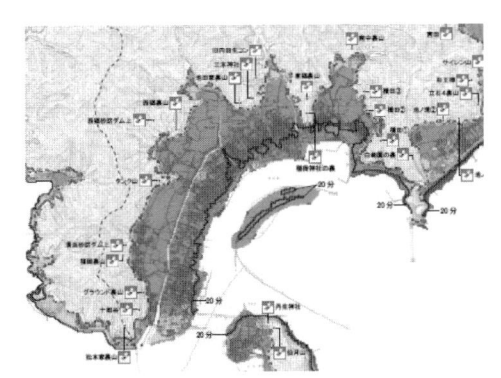

図2・2 災害ハザードマップ（事例）
地震や洪水，津波などの被害予測をしたもの。

2・3　規模設定

1．規模設定のポイント

病院は，診察室，手術室，病室など，固有の機能をもつ部屋が効率よく組み合わされ，集積された施設である。

求められる医療のレベルや専門性などによって組み合わせや集積度は異なるため，その病院に求められる医療サービスを把握し，過去の類似事例などを参考に，条件を満たす適切な施設規模を見極める必要がある。

施設計画を進めるにあたり，まず全体規模（床面積）の目標値を設定する。その重要な指標となるのは，病院の「病床数」と，過去の類似事例の統計による「1床あたりの床面積」であり，全体規模は［病床数］×［1床あたり床面積］で求められる。「1床あたりの床面積」は，病院の設立主体や機能・診療レベルによって異なり，一般的には高機能であるほど大きくなる。

多くの診療科をもち，先進的な医療と教育を行う大学病院や，地域の中核として救急医療や高度な治療を行う公的病院では，診察室や検査室，手術室などを多数必要とし，医療が高度化・多様化するにつれて，さらに増加する傾向にある。

民間病院においては，歴史的な経緯や地域特性によって，公的病院に伍した機能・規模を整備している例もある一方，診療科や対象とする疾病を絞り込み，コンパクトな施設を高い診療レベルに特化させた例もあり，規模の分布は広く，多様化していることがうかがえる。

また，療養環境の改善が進み，かつて6床や8床が多かった多床室（大部屋）は4床主体となり，個室（1床室）の割合も増える一方，2000年に改正された医療法により，病室面積や病棟の廊下幅の基準が拡大されたため，同じ病床数でありながら，新築・増改築時に病棟の面積が大きく増加した例も見られる。

このように，病院の規模設定にあたっては，その病院が目指す医療を実現するために必要かつ十分で，無理のない目標を立てることが重要である。

もし，いたずらに大きな規模を設定すれば，建設費はもとより開院後の運営・維持管理コストも大きくなり，設立主体を問わず厳しさを増す病院経営の足かせとなる。

ここに示した統計などを参考にしつつ，その病院の特性を加味したきめ細かい規模設定が求められている。

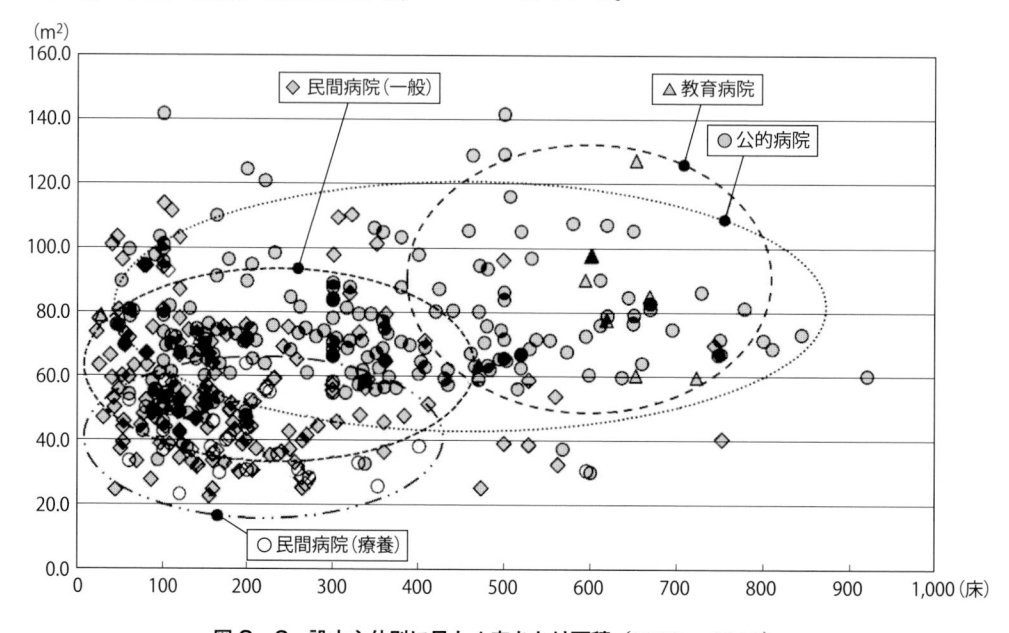

図2・3　設立主体別に見た1床あたり面積（1990～2010）

教育（大学）病院は病床数も病床当たり面積も大きく，公的病院がそれに次ぐ。民間病院は公的病院よりコンパクトにまとめられる傾向にあり，療養系病院は，病棟中心で治療機能が少なく，病床当たり面積も小さい。

2．部門の面積配分

全体規模の目標設定に続き，機能ごとの面積配分を設定する。規模設定と同様，病院の機能・診療レベル等の特性によって配分比率が異なる。

(1) 病院を構成する5つの部門

病院は大分して，5つの部門から構成されている（表2・4）。そのうち，主として診断機能を受け持つ「外来部門」，治療機能を受け持つ「診療部門」，看護療養機能を受け持つ「病棟部門」は，患者が直接利用する部門であり，わかりやすさと居住性の良さ，安全性の高さが重視される。

一方，病院全体の管理運営や，職員の福利厚生に関わる機能を受け持つ「管理部門」，機能維持に必要なエネルギー・食糧・物品等の保管供給や，廃棄物処理等に関わる機能を受け持つ「供給部門」は，医療行為が円滑に遂行される環境を維持するために必要な部門であり，合理性・効率性・運営継続性の高さが重視される。

一般に，面積比率が最も高いのは病棟部門であり，急性期医療を扱う民間病院の場合，概ね45～55%を占める一方，教育病院や公的病院では診療部門の面積比が大きいことから，相対的に病棟部門の割合は小さくなり，概ね35～40%となる。診療部門の面積比率は，その病院の特性による影響を最も大きく受け，外来部門は外来／入院比の高い都市部で大きくなる傾向が見られる。

その一方で，供給部門や管理部門は，特性や立地などによる面積比率の差は少ない。

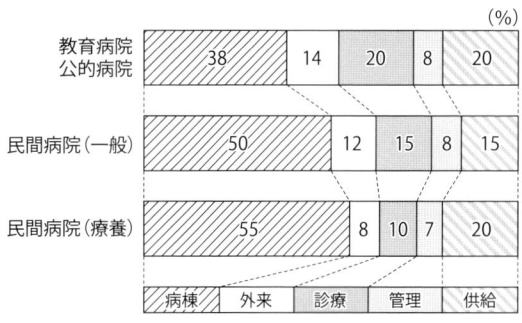

	病棟	外来	診療	管理	供給
教育病院／公的病院	38	14	20	8	20
民間病院（一般）	50	12	15	8	15
民間病院（療養）	55	8	10	7	20

図2・4　病院の特性による部門別面積比率の違い
高機能な病院（教育病院や公的病院など）では診療部の比率が高く，療養主体の病院では病棟の比率が高くなる。

(2) 単位面積の積み上げによる部門面積の想定

部門別面積配分は，設計作業の初期に，各部門のおおよその面積を把握する際に有用である。

その一方で，所要室の種類や室数には幅があり，設計条件が異なってくることから，配分比率のみで部門面積を捉えることには正確性を欠く一面もある。そのような観点から，各部門の基礎的な構成単位となる数値，例えば室数やベッド数あたりの部門面積を過去事例の統計から導き出し，併用することが行われている。

特に病棟部門は，病棟の平面形や1フロアあたりの病床数，個室比率などによって，1床あたりの面積に幅が出やすく，全体規模への影響が大きい。そのため病棟を計画する際は，1床あたりの病棟面積には常に注意を払う必要がある。

このように，複数の視点から客観的に部門ごとの面積配分を行うが，医療環境の変化による将来の姿を予測し，反映させる姿勢も必要である。

表2・4　病院の部門構成

部門	機能構成	
病棟	一般病棟：	病室，HCU（ハイケア病室），スタッフステーション，デイルーム（談話），患者食堂，生活設備（水まわり），カンファレンス室，器材／リネン庫　など
	集中治療室：	ICU・CCU（冠動脈）・SCU（脳血管）・NICU（新生児）　など
外来	診察関連：	各科診察室，処置室，採血／採尿室，待合ホール　など
	救急関連：	救急処置室，時間外診察室，当直室，救急隊控室　など
診療	検査関連：	生理検査部，臨床（検体）検査部，画像診断部，内視鏡部　など
	治療関連：	手術部，分娩部，放射線治療部，透析部，リハビリテーション部　など
管理	事務関連：	受付（新患／再来／会計），医療事務，地域連携室，相談室　など
	運営関連：	医局，看護部，後方事務室，病歴室，会議室，図書室，守衛室，霊安室　など
	厚生関連：	ロッカー（更衣）室，職員食堂，休憩室　など
	利便施設：	レストラン，喫茶，売店，ATM（自動預払機）　など
供給	物品管理：	薬局，輸血部，中央材料部，ME（医用電子機器）管理部，給食部（厨房），洗濯部，用度，中央倉庫，廃棄物処理　など
	エネルギー：	機械室，電気室，発電機室　など

2・4 敷地利用計画とゾーニング計画

1．敷地利用計画のポイント

病院を建設するにあたっては，敷地の特性や将来構想（マスタープラン）をふまえた建物の配置が求められる。ただし，他用途と比べ，敷地内に既存施設があり，建設余地に制約を受けるケースが多い。

(1) 病院の新設が許可される ～ 全施設を新築 ～

2・2「立地の調査・分析」で示した各都道府県の「地域保健医療計画」は，地域人口の増減や高齢化による受療率の上昇等を勘案し，概ね5年ごとに計画の見直しが行われる。

見直し後の計画病床数に対し，実際の病床数が不足している場合，開設者となる個人・法人（原則として医師）が病院開設許可を申請し，認可されれば施設の建設が可能となる。

この場合，新たな敷地に全ての施設・設備を一から建設することになるが，同じく2・2で示した通り，候補となる敷地が病院建設にふさわしい条件を揃えているか，前もって調査・分析・評価を行うことが肝要である。

計画地に立地可能なことが確認できたら，その敷地で建てられる建物ボリュームと駐車場などが，計画している事業に適切な規模かどうかを検証する必要がある。

建築基準法では，建蔽率（建築面積／敷地面積），容積率（延べ床面積／敷地面積），斜線制限・高さ制限・日影規制などの多くの「形態制限」が定められており，敷地の面積・形状・接道条件などによって，建てられる延べ床面積や建物形状が制約される。

このように，立地，敷地，外部形態など，建物が周辺環境に与える影響を規制する法令を「集団規定」と呼び，個々の建物そのものに求められる性能を規定する法令を「単体規定」と呼ぶ。

② 既存病院を再構築する ～ 増改築，建て替え，移転新築 ～

医療機能の強化や療養環境の改善といった内的要因や，医療法・建築基準法・診療報酬施設基準等の改定といった外的要因により，既存の病院施設では必要な機能・規模を確保できなくなった場合，①と同様集団規定に配慮しながら，さまざまな整備手法を比較検討する必要が生じる。

(a) 敷地内での増改築

既存建物が当面使用できる性能をもち，敷地にも十分な余裕がある場合，既存建物に接続する増築を行って床面積を増加させ，引き続き既存建物の機能を再配置する改修を行い，必要な機能・規模を確保する手法が考えられる。

既存建物は増築建物より先に寿命を迎えることから，将来的な建て替えの余地を残せるに越したことはないが，増築により建物が敷地一杯になるケースでは，将来的に隣接する土地を確保するか，新たな敷地を確保して移転するかを選択することになる。増改築計画を作成するにあたっては，将来にわたるマスタープランを病院と共に検討し，周知しておくのが望ましい。

(b) 敷地内での建て替え

2・1「全体計画」で述べたように，病院施設の寿命は「物理的劣化」「社会的劣化」「機能的劣化」という3つの要因によって左右される。既存建物が現時点では必要な性能を満たしていても，近い将来いずれかの要因により寿命を迎える可能性が高い場合には，増改築だけでなく建て替えも視野に入れて検討する必要がある。

建て替えを選択する場合，運営中の病院施設を先行して解体することはできないので，敷地の空きスペースに新たな施設を建設し，引越し後に既存施設を解体する「ビルド＆スクラップ」が基本となる。空きスペースの制約から，必要な機能・規模を一度に確保できない場合は，工事を2期・

3期に分け，ビルド＆スクラップを繰り返す必要がある。

（ｃ）移転新築

建て替えが複数期にわたる場合，建設現場と隣り合うことによる病院運営や療養環境への影響が長期化し，工事に手間がかかるだけ建設費も嵩む。また，そもそも敷地内に建て替え余地が無い場合もあり，新たな敷地を確保し移転新築を行う選択肢が浮上してくる。

移転新築が認められるのは原則として，現敷地から2キロメートル以内に限られ，病院開設許可の許可事項変更が必要となる。

上記範囲内に移転候補地が無い場合，地域医療保健計画に定められた「二次医療圏」の同一域内であれば，移転が認められる場合もある。ただしこの場合，新設病院の扱いとなるため，現病院の廃院手続きと新病院の開設手続きを同時に行うことになる。

移転の前後で病床数や診療内容が同じであっても，施設の所要面積は移転後のほうが大きくなるのが一般的である。平成12（2000）年の医療法改正により，病室の広さや病棟廊下の幅が拡大されたほか，2年ごとの診療報酬改定に伴う施設基準の追加変更も広さに影響する。

診療機能の強化や病床数の増床を目指す場合は，更に広い床面積を必要とするので，候補地の建設可能面積を早期にチェックし評価するよう心掛ける。

2．ゾーニング計画のポイント

建物内での想定規模を伴った機能配置を定めることを「ゾーニング」という。

病院のゾーニングは建築計画上，大別して，各部門を平面的に分散配置する形態と，垂直に積層配置する形態とがある。

明治から大正にかけての黎明期の病院においては，木造1～2階建ての複数の施設を並列配置したパビリオン型（分棟型）が主流であったが，関東大震災を契機とした鉄筋コンクリートによる耐震耐火構造の普及とエレベーターの導入，大都市での敷地の狭隘化等によって積層化がすすみ，昭和36（1961）年国民皆保険制度導入以降に新設された多くの病院では，積層型が主流となっている。

近年建設された病院の形態は，大きく2つに分類される。外来部門，診療部門などが配置された低層部の上に病棟を積層した通称「基壇堂塔型」と，病棟とその他の部門を別々の建物とし，廊下で接続した「病棟分離型」である。

病院のゾーニングでは，まず病棟部門の配置計画・平面計画の検討から始めるのが一般的である。病棟部門は5部門の中で最も大きな面積を占め，事務所建築での「基準階」に該当することから，そこで設定された柱間隔（スパン）や垂直動線の配置が施設全体に展開され，他部門の配置計画や規模（面積）に大きく影響するからである。

一方，外来部門や診療部門には病室をはるかに超える広さの待合ホールや手術室，集中治療室，リハビリテーション室などがあり，機能上，室内に柱を出さない工夫が求められる一方，医療環境の変化に対応できる可変性も求められる。

「基壇堂塔型」で，これらの条件を全て満たすためには，計画の初期段階で柱配置と機能配置との整合をとることが重要である。

都心部の狭隘な敷地においては，規模にかかわらず，各階の床面積を共通とした塔型の高層建築

となる場合も多い。基壇堂塔型の派生型（積層型）であるが，病棟部門にあらかじめ設定していた看護単位が基準階の面積におさまるか否かが，効率的なゾーニングのポイントとなる。

「病棟分離型」では，病棟が独立していることから，柱間隔（スパン）や垂直動線を各々の機能に合わせて設定できるため，計画の自由度が高く，可変性も高めやすい。ただし，基壇堂塔型に比べて広い敷地が求められることから，郊外に立地する大規模な病院で実施される事例がみられる。

病棟部門と他部門との接続が歩行による水平移動となることから，病棟部門と関連が深い機能を病棟の垂直動線に近接させる工夫が必要であり，各部門をつなぐオープンな「ホスピタルモール」を設置し，患者や見舞い客等にわかりやすい歩行空間を提供している例も見られる。

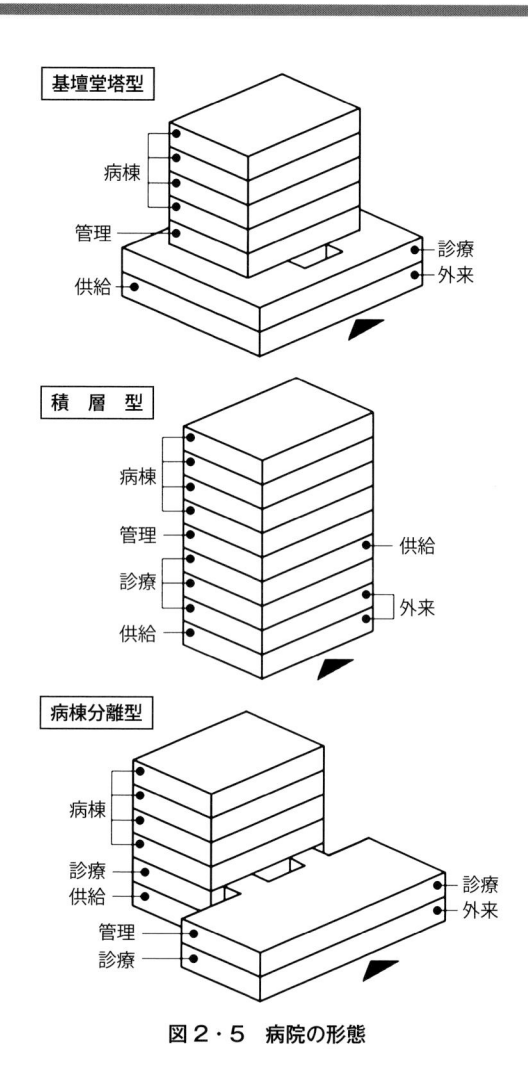

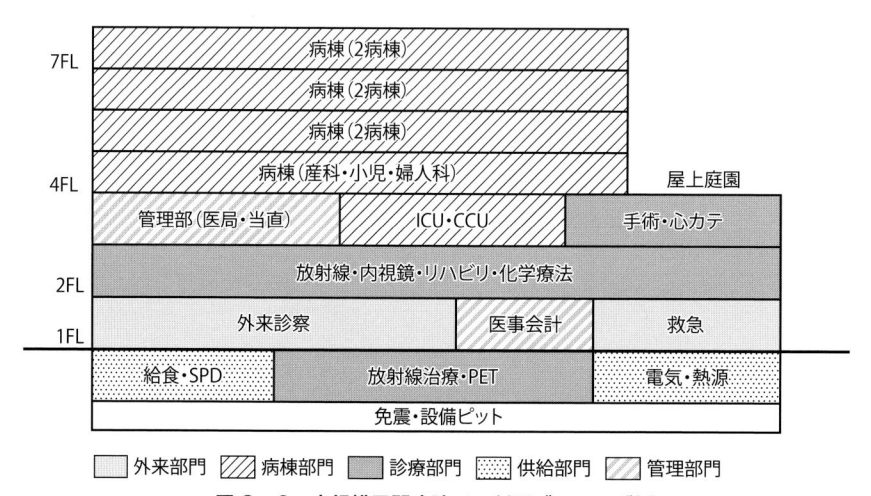

図2・5　病院の形態

図2・6　中規模民間病院での断面ゾーニング例

2・5 断面計画

　病院が，建物として求められる機能を発揮するためには，平面的なおさまり（間取り・広さなど）と同時に，断面的なおさまり（階の高さ・天井高さなど）にも気を配り，設計に反映する必要がある。これを断面計画という。

　例えば多くの部屋には天井が設けられているが，天井は照明や空調，防災機器などを見栄え良く設置するだけでなく，部屋や廊下の空間的な広さを最適化し，明るさや温湿度の調整をしやすくする役割を持つ。また，電気や情報のケーブル，給排水管，ダクトなどは，構造躯体（柱，梁，床スラブ）と天井との間の狭い空間（「天井ふところ」と通称する）を重層的に利用して設けられる。

　天井高と天井ふところに余裕をもって，階の高さ（以降「階高」）を設定できればそれに越したことはないが，現実には法的な高さ制限と必要な階数・床面積との兼ね合いで階高を制約されることが多く，天井ふところの余裕は建物の経済性（建設費やランニングコストの最小化）と相反する一面をもつ。道路斜線制限や日影規制といった高さ制限以外にも，例えば建物高さが31mを超える場合は非常用エレベーターを設置しなければならず，防火防煙区画の細分化が求められることから，これらを必要としない建物高さに抑えて計画する場合がある。

　これらをふまえ，断面計画は一般に，法規制に基づく建物高さと必要な階数から階高を想定し，部屋の上下配置，必要な天井高さ，構造躯体のサイズ，天井ふところの設備機器のおさまりなど，関連する要素の整合性・合理性を確認し，調整しながら進めていく。

　天井高は通常，部屋の広さに比例した高さを求められる。病院の場合，病室を含めた普通の居室では概ね2.4～2.6m，待合ホールや大会議室，

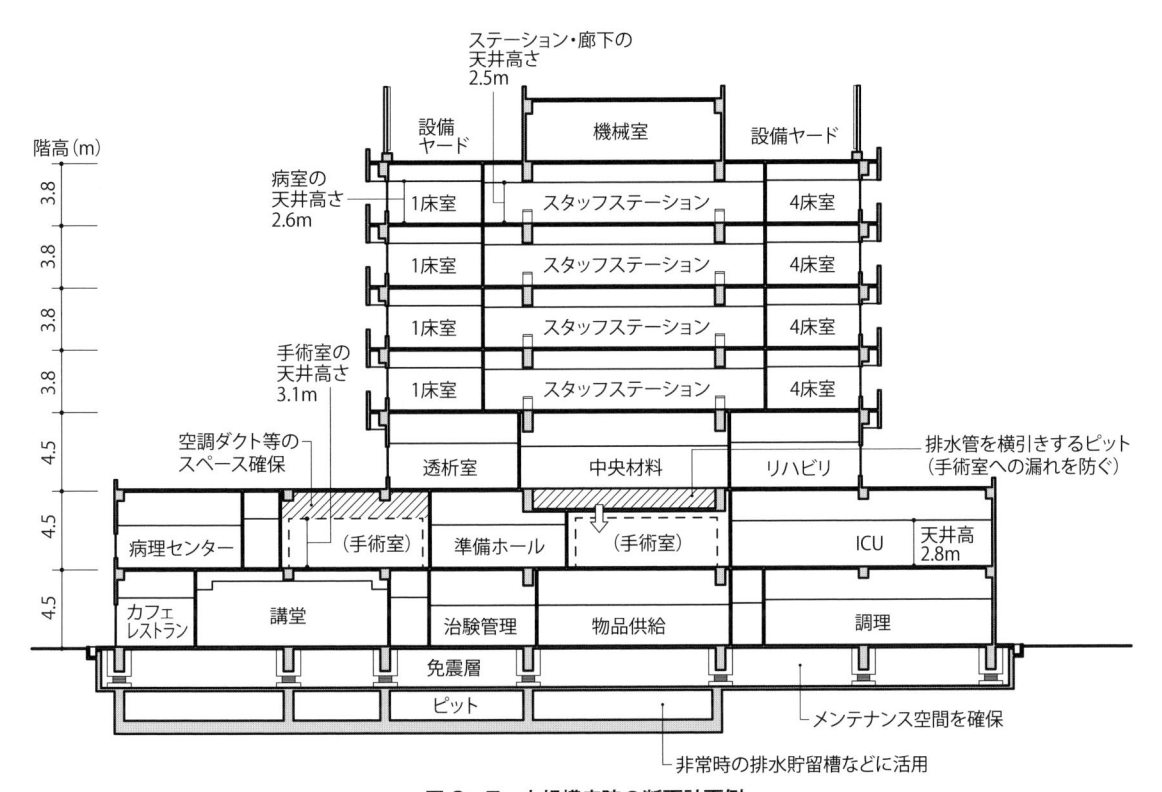

図2・7　中規模病院の断面計画例
階高は2種類とし，できるだけ構造をシンプルにしている。

リハビリテーション室など面積が広い部屋では概ね2.7～3.0mに設定される。また，X線・MRI検査室や手術室など特殊な機器・設備が設置される部屋では，それぞれの仕様に合わせるため，天井高の設定は2.8～3.4mと幅広い。

階高は，各階に配置される部門・機能から最大の必要天井高を予想し，これに構造躯体（特に大梁の梁成），設備とその配線・配管の納まりによる天井ふところの寸法を加え，経済性も考慮して設定する。機械室のように天井を設けない（「直（じか）天井」と称する）部屋の場合は，設置される機器の高さに加え，機器の周囲に必要な点検修理スペースや配線・配管・ダクトの取り回しにも留意し，設定した階高で納まるか否かを検討する。

近年，アメニティ向上の観点から，患者やその家族が利用する部屋でゆとりを演出するため，天井を高くする傾向が見られる。例えば，病院の玄関に続く外来待合ホールのように，病院の第一印象を左右する空間については，さまざまな制約を受けながらも，吹抜けや採光用の高窓を設けるなどの工夫をした事例が見られる。

断面計画に影響する要素のうち，特に病院で顕著なものとして，以下のものが挙げられる。

1．手術室

天井から吊り下げる機器（無影灯やシーリングコラム，顕微鏡，モニターなど）が医師の動きを支障しないよう，充分な天井高さ（概ね3.0～3.4m）が求められる。そのため，手術室がある階の階高は他階より高くなり，空調方式にもよるが4.4～5.0mを要する。手術室だけのためにフロア全体の階高を高くするのは不経済であることから，上階が重ならない低層部に手術室を配置し，そこだけ階高を高くするよう工夫した例もある。

2．水を使用する部屋

便所，浴室，厨房など，排水管が床を貫通し下階を経由する部屋は，万が一の漏水に備え，停電・感電・高額機器損傷など浸水によるリスクが高い電気室，手術室，放射線室などの直上に設けないよう工夫する。また，厨房の天井裏には汚水配管が出ないように配管ルートに配慮する。

病室，特に個室のユニットバス・トイレなどの排水経路は，下階とつながるパイプシャフトまで床上を経由し，下階に排水管の影響が出ないように考慮する。この場合，床の段差をなくすという点から，水廻りの床スラブを下げ，配管スペースを確保するので，構造計画を含めた納まりの検討が必要となる。

3．機械室（熱源機械室，電気室，発電機室など）

ボイラーや冷温水発生機，貯湯槽，受水槽，変電設備，発電機など大型機器が多く，一部の機器は6面点検のため高い基礎の上に置かれることから，通常の階高では不足することがある。機械室は1階もしくは地階に設けられることが多く，出入りするのは職員に限られることから，機械室の部分のみ床のレベルを下げて階高の差を吸収したり，機械室のみ病院本体から切り離した別棟とするなどの工夫が必要となる。また，騒音・振動を発生する機械を置く場合は上下階に病室が無い位置とし，防音・防振対策を万全に行う。

断面計画では，バルコニーの設置についても検証を行う。バルコニーの設置に法的な義務は無いが，建築基準法による二方向避難が確保されている場合でも，所轄の消防担当者によってはバルコニーの設置を指導する場合がある。また，防災評定を受ける規模の建物はバルコニーを設置するよう指導を受ける場合が多い。バルコニーは火災時の一時避難や消防隊の消火・救助活動に有効とされ，夏は庇の代わりに直射日光を防ぎ，熱負荷軽減に効果がある。ただし，病院管理の面からは，患者が簡単に室外に出られる環境をリスクととらえ，設置に否定的な管理者も多い。バルコニー設置の可否については，早い時点で当局の指導方針を確認し，病院との調整も早めに行うよう心掛け

る。

　前述した機械室のような例外もあるが，病院は原則として床の段差が生じないよう納まりを検討する。増改築の場合，患者の移動のしやすさを優先すれば，増築建物の階高を全て既存建物に合わせ，接続場所での段差を作らないのが理想であるが，古い建物は現代に比べて階高が概して低く，同じ階高では増築建物の納まりが破綻することもある。増築と既存をフラットに繋げられるのが1フロアのみの場合，病棟や外来，検査など，患者が多く行き来する階のいずれかを優先し，段差が生じるその他の階については，段差をまたぐゾーニングを極力避け，ベッドや給食車などのキャスター付き器材や，車椅子，歩行器，松葉杖などが極力通過しないよう計画するのが望ましい。

2・6 動線計画

1．動線計画のポイント

病院では，さまざまな人・物・情報が行き来し，相互に関連しながら運営が行われる。ここでは，移動に用いられる搬送設備（エレベーター・エスカレーターなど）も含め，人と物の動きを一括して「動線」と称することとする。

移動距離や移動時間が短いほど，スタッフには効率よく，患者には負担が少ない。

病院における動線計画は，病院計画の優劣を左右する重要な要素である（図2・8）。

2．外部からのアプローチ

病院には，外来患者や見舞客が出入りするだけでなく，職員の出退勤，物品の納入，廃棄物の搬出，救急患者の受け入れ，不幸にして亡くなられた方の見送りなど，さまざまな出入りがある。

それぞれの機能面・心理面・セキュリティ等に配慮しながら，出入口の数や位置を検討する。

中規模以上の病院では，正面玄関のほか，救急・時間外職員の出入り口，供給（物品／食材搬入）・廃棄物（搬出）・ご遺体の送り出しに，それぞれ独立した出入口を設定するのが望ましい。

これらの出入口の位置は，車両が寄り付きやすいよう配慮する必要があり，結果として病院内の配置計画に影響することもある。

3．廊下・ホール（水平動線）

病院における廊下は，移動空間であると同時に待合空間として患者が一定時間滞在する場でもある。予め，多くの待ちが発生すると予想される受付・会計・診察室・検査室などには，通過動線を妨げないよう「待合ホール」を設定する。

初めて受診する外来患者（新患）や見舞客が迷わないよう，誘導サインを各所に設けるが，行くべき場所が視覚的にわかるよう，廊下の分岐を極力避け，診療機能とのつながりを単純化し，サインを見ずとも到達できるよう配慮したい。

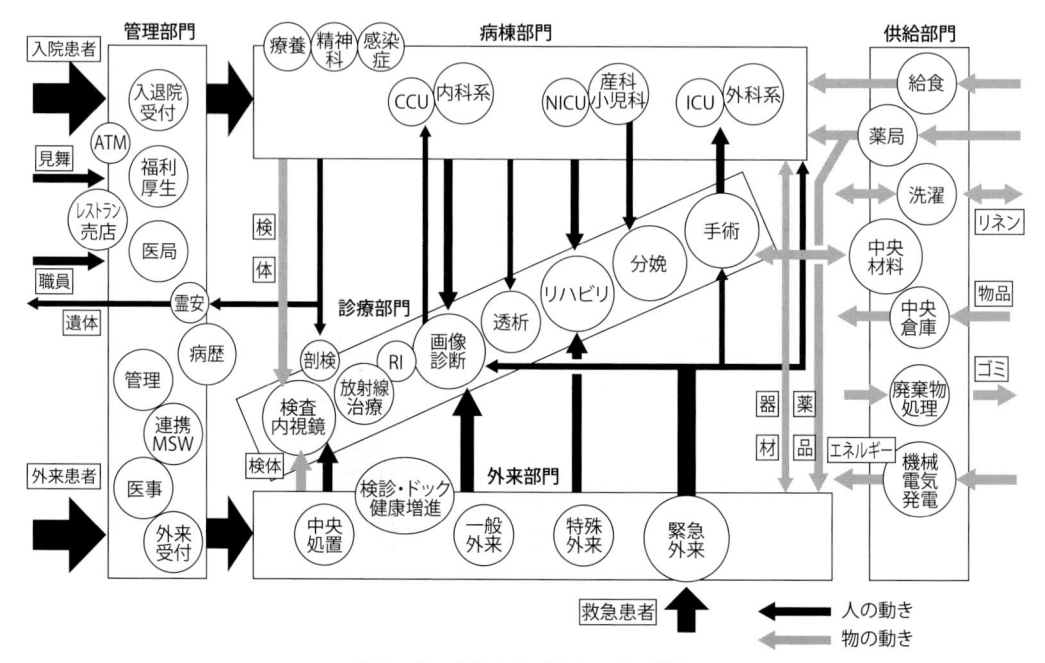

図2・8　病院内外での人・物の動き

病院の中枢機能である診療部を中心に，「人」が動いている様子が見えてくる。さまざまな「物」が出入りしている点にも注目したい。

外来の規模が大きく，二層以上にわたる場合には，吹抜けで上下階を視覚的に一体化したり，エスカレーターを設けたりして，上階にアクセスしやすい計画を心掛ける。

4．階段・エレベーターなど（垂直動線）

動線計画の基本は，相互に関連する機能・部門を隣接，もしくは廊下を介して近接させることであるが，階段やエレベーター等を介し，異なる階に置かれた機能・部門を直結させ，短時間に移動することができる。これを垂直動線と称する。

100床程度の小規模病院では，エレベーターの機能を患者の家族利用中心のものとスタッフ・サービス利用中心のものに分けている。

より大規模な病院では，様々な機能が，同じ階に配置できない場合もあるため，当初から垂直動線の利用を前提として，それぞれ専用のエレベーターをその周囲に配置することが多い。図2・9は，重要な診療機能を立体的に直結する手段として，専用のエレベーターが設置された事例である。

5．搬送計画のポイント

搬送機器は，病院の規模や移動する人・物に応じて種類や数を選択する。

ベッドごと入院患者を搬送する必要があることから，寝台用エレベーターの設置が必須であり，病床数・外来患者数の多い病院では，一般乗用エレベーターも設置する。

また，入院患者の食事を厨房から搬送する手段として，清潔管理や臭気防止の観点から専用の搬送エレベーターを設置することもあり，検査検体や注射薬など，外来・病棟と検査・薬局を局所的に接続するリフトやエレベーターを設置することもある。

エレベーターには待ち時間がつきものであり，同じ規模であっても，高層の病院では停止階が多くなることから，中層の病院より台数を増やして待ち時間を抑制するよう計画する。

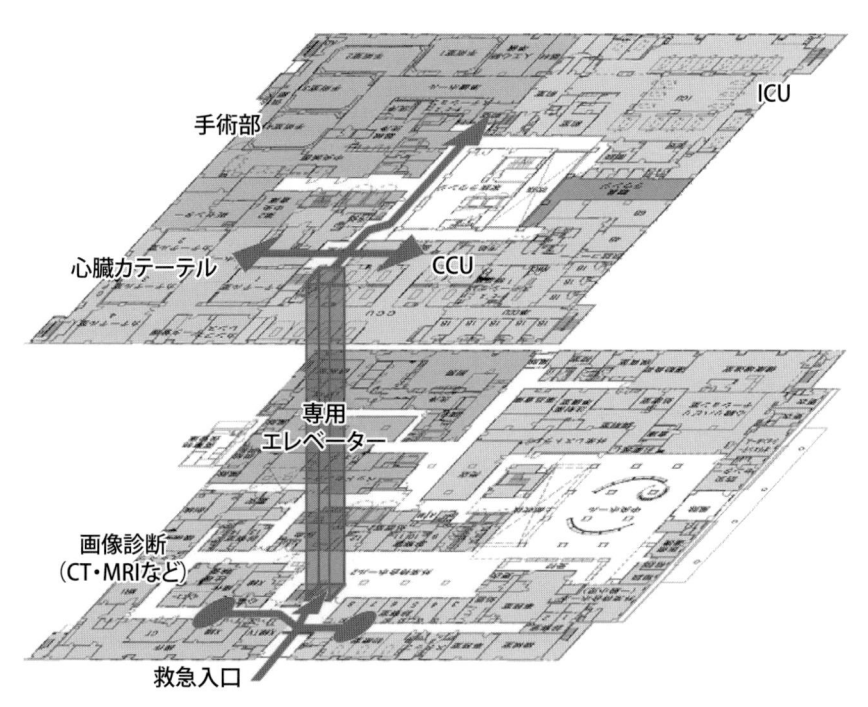

図2・9　救急と関連部門を結ぶエレベーター
心臓疾患専門病院の事例。一刻も早く診断し，治療を開始するため，エレベーターが重要な役割を果たしている。

2・7 構造計画

1．構造計画のポイント

建物を支える構造体にはさまざまな力が作用している。日常的には，構造体や仕上げ材など建物自身の重さに加え，建物内で活動する人間や，そこで使用される機器・什器・備品などの重さ（積載荷重）が鉛直方向に作用し，短期的には，地震や強風などの力（地震荷重／風荷重）が水平方向に作用する。建築物には，これらさまざまな荷重に対して建物が安心して使え，人命を守ることが求められる。

また，救急医療を行う病院においては，大規模災害などの非常時に医療行為を継続することが求められるため，他用途の建築物以上に構造安全性の確保が必要となる。

構造計画は平面計画と断面計画に大別される。平面計画では，建物全体について柱・梁・耐震要素（耐震壁や筋交い，ダンパーなど）といった構造体の配置を検討し，断面計画では，構造体を構成する部材（鉄筋・鉄骨・コンクリートなど）の断面図的なサイズや配置を検討する。

平面計画を検討する際には，構造体，特に耐震要素の配置ができるだけ均等に，各階での配置の差が少なくなるように心がけ，高さ方向での剛性のバランスに配慮する必要がある。平面計画でのバランスの悪さを補うには，断面計画で構造体の断面をひと回り大きくしたり，鉄筋の密度を上げたりする必要が生じるため，結果的に建設コストを押し上げることにつながるからである。

2．病院特有の構造計画

(1) 構造種別・架構形式

病院は耐火建築物とすることが建築基準法に規定され，高い耐震性能が求められることから，その構造には鉄筋コンクリート（RC）造や鉄骨（S）造，双方の特徴を併せ持つ鉄骨鉄筋コンクリート（SRC）造などが選択される。

RC造とS造の特性を表2・5に示す。RC造は，音・振動・断熱といった観点から，病院の良好な療養環境や作業環境を実現しやすいが，S造に比べて建物が重いため杭や基礎が大がかりになる。高層建築となる場合は，建物が比較的軽量で構造断面がRC造よりコンパクトにおさまるS造を採用することが多い。

表2・5　RC造とS造の比較

	鉄筋コンクリート造（RC造）	鉄骨造（S造）
建設工期	普通	短い
建物の変形	小さい	RC造より大きい
建物重量	重い	比較的軽い
梁成の目安	スパンの1/10	スパンの1/15
スパンの目安	6m×9m	12m×9m

病院の架構形式には，柱と梁からなるラーメン構造を採用することが多い。これは，①一般的に低層階に外来部門・診療部門が置かれ，高層階に病棟部門が配置されるため，高層階に配置できた耐震壁を低層階で設けることが困難，②将来のリニューアル・フレキシビリティを考慮すると，平面計画が限定される耐震壁を設けにくい，などが理由である。したがって耐震壁を設ける場合でも，外壁・階段室・エレベータ周りに限定されるので，建物規模に対して耐震壁の数が少ないと応力の集中が起き，耐震壁の設計が困難となる場合があるので注意する。

(2) 荷重設定

積載荷重は建築基準法・同施行令等にならい，病室は居室用，外来診察室は事務所用，手術室は事務所用より少し重い荷重，エントランス・待合は集会室相当としている。医療機器の性能向上に伴って各機器の重量が重くなってきており，CTスキャンやMRIなどは個々に対応が必要である。また，機器重量だけでなく電磁波や放射線遮蔽のためのシールド工事に伴う仕上げ重量の増加にも留意しなければならない。

特にリニアックやPETを設置する部屋は，周囲に放射線を遮蔽する厚いRC造の壁を設け，建物が局所的に重くなるため，部屋の位置や構造的

なバランスの適正化に特別な配慮を要する。また，これらの機器を搬入するルートを予め設定し，大きな移動荷重に対応する必要がある（表2・6）。

表2・6　積載荷重表　（単位　N/m²）

	床用	大梁，柱，基礎用	地震用
病室	1,800	1,300	600
診療室	2,900	1,800	800
検査室	2,900	1,800	800
手術室	3,900	2,700	1,600
ロビー・待合室	3,500	3,200	2,100

＊積載荷重とは建築物に収容される人間，家具，機器，その他これらに類するものの重量のことで，建築物の使用状況に応じて移動あるいは変動する。

(3) スパン計画

病院は，よく見られる「基壇堂塔型」（2・4）の場合，低層階に診療部門を，高層階に病棟部門を積層配置している。この場合，スパン（柱間隔）の割り付けは，病棟部の病室モジュールと廊下幅を優先して，桁行方向（間口）を6m前後，梁間方向（奥行を9m程度とすることが多い。病室の配置を整形でなく雁行させたり，斜めに配置したりした場合には，高層部と低層部との食い違いが起きないよう，建築平面形状とスパン割り，大梁の配置および天井内設備配管計画の整合を十分図らなければならない。

「基壇堂塔型」の低層張り出し部分や，「病棟分離型」（→2・4）の外来部・診療部側については，RC造の場合でも12m程度の長いスパンとすることがあり，免震構造やプレストレスト（PS）梁を採用した場合，15〜18mまでスパンを拡げた事例もある。低層階には外来待合ホールや手術室，放射線検査室など，室内に柱を出さず広い部屋を設ける必要があり，間取りの変更も頻繁に行われるため，大スパンはその自由度を高めるが，梁の上下サイズ（梁成）が大きくなるため，天井高や設備配管に影響しないよう，充分な階高を確保する必要がある。

(4) 階高設定

病院の天井内には，空調のダクト・ドレン管，上下水道・温水，電気のケーブルラック，防災用のスプリンクラー，医療ガスなど，多種多様な配管が走っている。また厨房，浴室等の防水を施す部屋やMRI室等の検査室でシールドや配線ピットのために構造上の床を下げる必要がある。

階高設定は，機能上必要な天井高さや梁成に加え，これら設備配管の納まり寸法を考慮して決定しなければならない。

近年では，将来のリニューアル時に床上で設備の更新ができるよう，全面的に2重床にしている事例も散見され，必要な階高は高くなる傾向がみられる。

3．地震に対する備え

(1) 病院の地震対策

兵庫県南部地震や東北地方太平洋沖地震では，医療施設に大きな被害が生じた。震災時には医療行為を継続することが期待されるため，医療施設には建築基準法・同施行令に定められた数値よりも高い耐震性能が求められる。

構造耐力を増やすために，想定する地震時水平力を建築基準法で定められた数値の1.25倍や1.5倍としたり，保有水平耐力の余裕率を1.25や1.5とする場合もある。これらには，構造体の損傷度合いを小さくする効果はあるが。医療機器や什器備品類が転倒・破損し診療を継続できなくなる可能性がある。そこで，建物にかかる加速度を低減し，機器・什器・備品類の転倒・破損防止に大きな効果がある「免震構造」を採用する事例が近年増加している。

災害時の拠点病院と位置付けられる医療施設では，構造体の被害防止だけでなく，ライフラインの途絶に対するバックアップ，液状化被害の軽減などの総合的な地震対策が必要である。各医療施設は地域内での震災時に果たす役割に応じて，地震の備えを講じていかなければならない。

図2・10　東北地方太平洋沖地震の被災例
出典：「2011年東北地方太平洋沖地震災害調査速報」日本建築学会

図2・11　免震装置（積層ゴム）

(2) 免震構造

設計用地震力を割り増して設計しても医療機器を初めとする什器・備品の転倒・破損防止については効果がないため，近年では災害拠点病院を中心に地震時に建物がゆっくりと揺れるように設計して，什器・備品の転倒・破損を防止する免震構造を採用する例も増えている。

免震とは，建物と地面の間に柔軟に変形する層（免震層）を設け，免震層から上部の振動周期を延ばし地震の揺れを建物に伝わりにくくする構造である。免震構造にすることにより上部建物に作用する加速度を低減させる。免震効果は，耐震構造と比較して1/2〜1/5程度になる。

免震装置としては鉛直荷重を支持する支承部分に積層ゴムが，過大な変形を抑制するためにダンパーが用いられる。積層ゴムは薄い鋼板とゴムを重ね合わせて一体化したもので，支承と変形を元の位置に戻すばね効果のみを受け持つ天然ゴム系積層ゴム，鉛や錫の棒を内包してエネルギーを吸収する減衰効果も併せ持つ鉛，錫プラグ入り積層ゴム，ゴム自体に減衰効果を付与した高減衰系積層ゴムがある。設計に際しては建物条件・地盤条件・要求性能に応じてこれら免震部材を適切に組み合わせて使用する。

(3) 液状化対策

「液状化現象」とは，飽和した緩い砂質土が地震により繰り返しせん断変形し，液体状になる砂質土地盤特有の現象である。地下水位が高く，比較的新しい時代に堆積した地盤で起こりやすい現象である。

東北地方太平洋沖地震においては，地震規模が大きく継続時間が長かったこともあり，震源から遠く離れた東京湾沿岸や利根川・荒川沿い等の軟弱地盤地域まで液状化現象が確認された。

液状化対策としては，緩い地盤を地盤改良により固い地盤に換える方法が用いられ，土砂とセメントなどの固化材を混合して強度を増加させる工法や，砂を密に充填した砂杭（サンドパイル）を数多く打設する工法などが採用されている。

液状化等により周辺地盤が沈下する恐れがある場合には，医療ガス・上下水道等の配管を建物から支持して沈下を防いだり，配管接続部では不同沈下に対応したフレキシブル配管を使用する等の沈下対策が必要である。

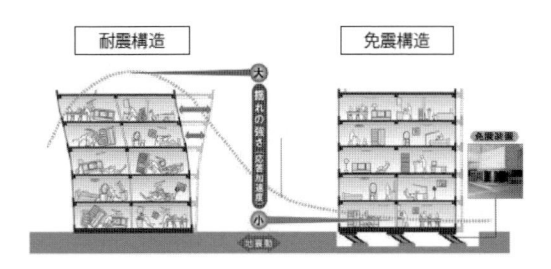

図2・12　免震構造の概念
耐震構造は建物全体で地震エネルギーを吸収，
免震構造は免震層でほとんどの地震エネルギーを吸収

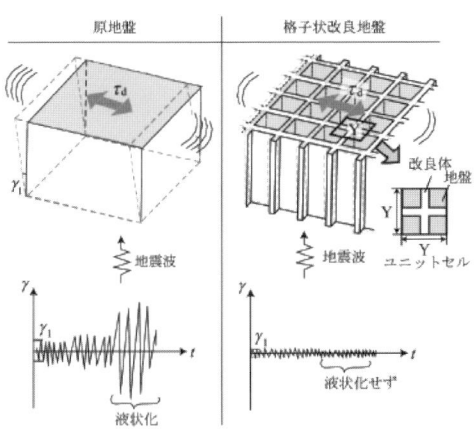

図2・13 地盤改良による液状化対策例

- 一定レベル以上のせん断ひずみが蓄積されると液状化に至る。
- 剛性の高い格子状改良地盤によりせん断ひずみを一定レベル以内に抑制して液状化を防止する。

4．既存病院に対する地震対策

昭和56年の建築基準法改正により新耐震設計法が導入された。これ以前の旧耐震設計の建物は兵庫県南部地震でその約8割に大きな被害が生じた。平成25年11月に耐震改修促進法が改正され，病院等の不特定多数の方が利用する建築物について耐震診断を行い報告することを義務付けし，その結果を公表することになった。

耐震診断は，劣化状況把握及び図面照合のための現地調査と，新耐震設計と同程度の耐震性能を有しているかを検討する構造計算で行い，耐震性が不足する場合は耐震補強を行う必要がある。

耐震補強の例としては柱の鉄板巻き，耐震壁の増設，鉄骨ブレースや制振ブレースによる補強などがあり，既存建物の医療機能を阻害しないように計画しなければならない。

また，耐震性能に劣る建物の下に，新たな免震層を設ける「免震レトロフィット」という手法がある。病院の診療機能を維持しながら工事を進めることもでき，既存建物の補強を最小限にとどめ，免震建物として災害時の機能維持にも効果的である。ただし，改修コストは一般的な耐震補強よりはるかに高いので，既存建物の残存寿命も勘案しながら採否を検討する必要がある。

柱補強
- RC増し打ち：柱耐力の向上 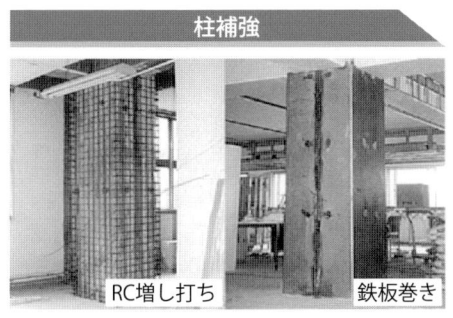
- 鉄板巻き：柱の変形能力の向上

鉄骨ブレースの新設
- マンサードタイプ：足元の鉄骨枠を無くして扉開口部を設け易くしたタイプ 
- 神奈川タイプ：四周に鉄骨枠を設けるが，窓開口を設け易くしたタイプ

RC壁の増し打ち
- 鉄筋組みの状況
- 既存RCの耐力向上

図2・14 耐震補強の例

2・8 設備計画

1. 設備計画のポイント

医療施設の機能は、設備に対する依存度が大きく、その供給停止は建物としての機能の停止にとどまらず、人命に影響をもたらす場合もある。さらに医療施設における設備グレードの設定は、一般建物とはかなり異なっており、院内感染対策を基本とする。

一方、医療施設は患者や高齢者などが利用するため、様々な利用者の立場に立った設備計画をすることを基本とする。

これらの点をふまえ、設備計画に際しては、病院の部門毎に医療上の運用がどのようになされるのかをヒアリングなどを通じて引き出し、求められる特性に対して適正な設計を行わなければならない。

2. 病院特有の設備計画

(1) インフラへの配慮

病院は24時間休みなく機能しなければならない。設備の点検や更新時にも機能を継続することが望ましい。これは災害時にも同じで、たとえ都市のインフラの供給が停止されても、施設の人命に影響を及ぼす機能を維持することが求められる。

さらに電源・通信・熱源・医療ガス機器等は本体に加えシステムとしての信頼性の向上が求められるため、電力や通信の2重化・複数のエネルギーの採用・自家発電設備の設置等を検討しておくことが望ましい。

(2) 感染防止への配慮

衛生管理についても、極力、注意を払わなければならない。院内感染を防ぐための空気の流れの制御が必要な部屋の陰・陽圧の管理や、手洗い設備を設けるなどの基本的な対応が求められる。

(3) 患者・スタッフに配慮した環境づくり

設備に対するニーズは、患者をはじめとして部門毎の医師、スタッフ、施設管理者と多岐にわたる。患者には、より健康時の日常の生活に近い生活を送ることができる環境の提供、病院の職員に対しては、それぞれの専門の診療行為を支える環境の提供が求められる。

(4) 高度医療機器への配慮

医療機器の高度化（デジタル技術の普及）は、放射線部診療部で使用される機器にも大きく影響を与えている。これまでのX線診断、核医学検査、放射線治療に加えMRIや骨密度測定機器等の登場により、それらを利用する諸室には、各室毎に異なる環境制御技術に対する設計上の配慮が求められる。

(5) 環境・省エネルギーへの配慮

病院は一般建物と異なり24時間稼働かつ、蒸気・給湯を多く使う。

従って、他の用途に比べエネルギー多消費型の施設となるため、地球環境保護の観点から省エネルギーを積極的に推進しなければならない。（図2・15）

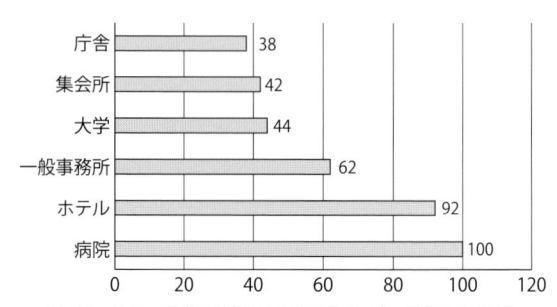

建物用途	年間エネルギー消費量（%）
庁舎	38
集会所	42
大学	44
一般事務所	62
ホテル	92
病院	100

図2・15 建物用途別年間エネルギー消費量（%）
病院は一般用途の建物に比べて、エネルギーを多く消費する。

(6) 情報化システムへの配慮

医療施設のIT化（電子カルテの普及）は、病院の平面計画においても大きく影響を与えている。これまでのカルテ搬送を中心とした外来の構成が、電子カルテの採用により、紙カルテの搬送が不要となったため、患者動線優先のプランニングも可能になってきている。

(7) 保守・保全への配慮

医療施設は，一般建物とは異なり，多くの場合，既存施設を運営しながら増築，建替え，改修を行う。さらに建物に対して設備寿命は短く，一般的に更新が2～3回程度行われる。この場合診療に影響を及ぼさない工事手順が必要であり，特に設備については機能を維持しながら，新しい設備に更新することが求められる。特に以下の点に配慮したい。

① 熱源などの機械室は，共用部から保守できる配置，さらに機器更新時の外部搬出入ルートを確保する。機械室を中間階，屋外や屋上に設置する場合は，騒音・振動防止に配慮して病室等の上下階への設置は避けることが望ましい。

② ダクト・配管等のルート計画

医療施設の空調は一般建物に比べ，空気搬送ダクト・水搬送配管の設定などのボリュームが大きく断面計画（階高さ）においても大きく影響を与えている。

適正な階高さの設定，汚染防止・環境負荷低減の観点から空気搬送ダクト・水平搬送配管は可能な限り短くなるようなルートを計画することが望ましい。

③ 水漏れ防止への配慮

医療施設の計画では天井に敷設した配管からの水漏れは絶対避けなければならない。特に重症患者を収容する諸室の天井内配管がひとたび漏れ出せば，水損事故ひいては人命にも影響御及ぼす場合がある。このことから，重症患者収容室の上階へは水周りを配置しない平面計画を原則としたい。やむを得ず，同室上階へ水周りが配置される場合においては，上階を2重スラブ化するなどの対応を行う。

3．衛生設備計画のポイント

病院の衛生設備は，他の用途の建物に比べて安全性についての配慮がより強く求められる。

さらに病院では，他の用途に比べ使用する水の種類（上水，RO水，滅菌水等），排水の種類（RI，感染，厨房除害，透析等）が多い。さらにこれらの水，排水の種類が多いことからそれぞれの処理のために多くの給排水処理設備が必要となる。その他にも病院特有の表2・7に示すような設備が必要となることがある。計画に先立って，各室に必要とされる給水・排水・特殊設備の有無をヒアリングを行い設定するとともに，施設の運用方法も確認し，適用設備の方式・機器能力などを決定していく。

表2・7 病院の特殊設備工事項目の事例

医療用特殊設備工事	
医療ガス配管設備	医療及び患者の生命を維持するために必要なガス
医療用蒸気配管設備	中央滅菌材料部の医療機器へ供給
RO水製造設備	薬剤・中央材料部などで使用
滅菌水製造設備	手術部手洗いなどで使用
RI排水処理設備	核医学部門からの排水を処理
感染系排水処理設備	解剖室，感染症病室からの排水を処理
厨房除害設備	厨房からの排水を処理
透析排水処理設備	人工透析室からの排水を処理

病院は一般の建物に比べ病院特有の特殊設備が多くなる。

(1) 給水設備計画

病院の給水使用量の概算値は日平均使用水量を1ベット当たりに換算，または延べ床面積1m²当たりに換算した数値が用いられている。給水設備は1日1床当たり中級病院で500～800L/床・日，または20～30L/m²・日程度で設定する。（表2・8参照）

災時における各医療用途の役割によって非常時の備蓄期間を半日から3日を目安に設定する。

また，上水（飲料水）は，公共水道が多く使用されているが，雑用水は諸条件が整えば井水を使う傾向にある。さらに環境負荷低減のため，雨水・

表2・8 病院の給水使用量概算値の事例

	高級病院	中級病院
24時間		
延べ面積当り [L/(m²・日)]	30～60	20～30
ベッド当り [L/(床・日)]	1000～2500	500～800
最大使用時間		
延べ面積当り [L/(m²・h)]	2.5～5.0	1.5～2.1
ベッド当り [L/(床・h)]	100～200	30～50

病院の給水使用量は病院のグレードにより異なる。

厨房排水等をリサイクルするケースもある。

省資源の観点から，水質基準に合格した井水のあるところでは，なるべく利用するように心掛けたい。その配管は上水と別にとるか，切り換える方式にしておく。これにより災害時に上水に替わるバックアップが可能となる（図2・16）。

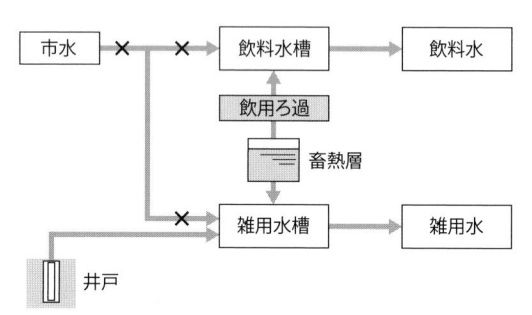

図2・16　災害時の井水バックアップの例

病院においては，水質条件等が整えば井水を上水のバックアップとして利用するケースがある。

その一方で最近は，洗濯・厨房業務の外注化等が行われるようになり，院内で消費される給水量は減少傾向にある。

これまでの病院の給水は，停電時に屋上の高架水槽の残留水が使用できる高架水槽方式を採用する事例が多かった。

その一方で最近は，ポンプ制御技術の向上・日影規制・外観・水槽の維持管理等の観点から，加圧給水方式の採用により，高架水槽の設置が不要な計画も可能になってきている（図2・17参照）。

ただし，加圧給水方式とする場合は，停電時の電源供給に配慮し発電機からのバックアップ等を検討する。

給水栓は，操作性・感染防止に優れているので，最近ではシングルレバーに変わり自動水栓が採用される。ただし，自動水栓とする場所は，停電時の電源供給に配慮し，水流自己発電式，乾電池式等の採用を検討する。

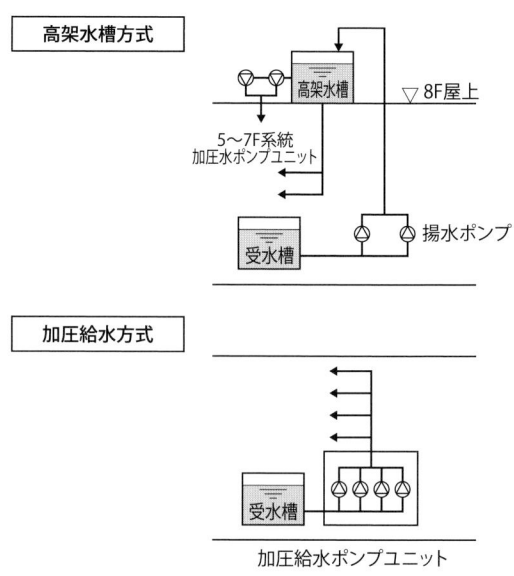

図2・17　給水方式の例

最近は，病院においても高架水槽の不要な加圧給水方式の採用事例が多い。

(2) 給湯設備計画

医療施設の給湯は供給範囲が多いため，中央給湯方式が採用され，飲用に小型電気温水器等の局所給湯方式を採用する事例が多い。

給湯設備は，レジオネラ感染症（1976年にアメリカで発見された健康を害する恐れのある細菌。給湯水栓等に発生）の防止のために，給湯温度を60℃以上に保たなければならない。

(3) 排水設備計画

医療施設の排水は一般排水以外に，図2・18に示すようにRI・感染・厨房除害（厨房排水処理設備）・透析等多く必要となる。従って病院から排出される医療用排水は，排水種別毎にそれぞれ単独配管を行い，排水処理施設に導き浄化処理後，公共下水に放出を行う。

図2・18に医療排水計画の系統事例を示す。

排水処理設備の躯体ピット及び専用機械室の大きさは建築計画に与える影響が大きいため，早期

に処理設備容量を検討し建築計画に反映しなければならない。

建築計画上排水処理施設が屋外設置となる場合は，屋外連絡配管用に共同溝やピットを計画するなど，漏水防止対策を実施する。

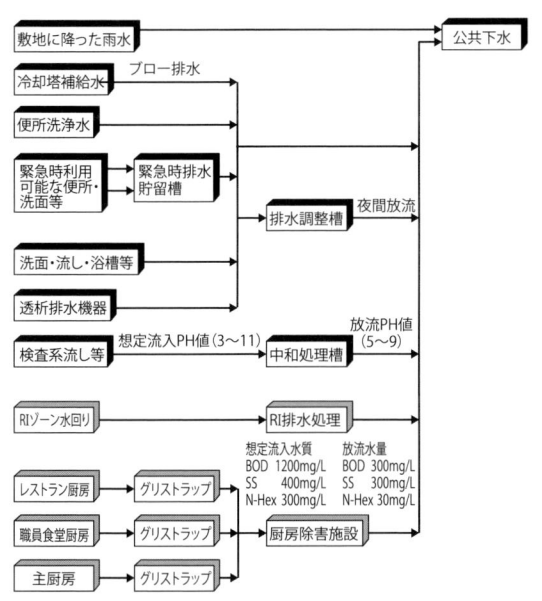

図2・18 医療用排水計画の例

病院は一般の建物に比べ病院特有の特殊排水系統が多くなる。

(4) 医療ガス設備計画

医療ガスは，医療及び患者の生命を維持するために必要な設備である。

手術室・病室はもとより，その他外来診察の処置室などに，常に清潔かつ安定した圧力で必要な流量を供給しなければならない。表2・9に医療ガス設備の種別を示す。

医療ガス供給スペースは液体酸素タンク置き場（CEタンク），マニホールド室及び機械室で構成される。液体酸素タンクは保安距離を十分に確保し，充てん時のローリ搬出入動線を配慮する。

4．空調計画のポイント

医療施設における空調は，重症患者を収容するため高い清浄度が求められたり，高度医療機器などの発熱が大きく，年間冷房対応が求められる。さらに，医療施設は患者や高齢者などが利用するため，様々な利用者の立場に立って，不快な気流感・音や臭気を発生させない計画をすることが重要となる。

院内の温熱・清浄度などの空気環境は，自然換気が十分にできる平面計画と空気調和換気設備（以下，空調設備と称する）によって維持される。計画に先立って，各室に必要とされる清浄度・室圧・温度・湿度・使用形態及び休日運用の有無を設定し，これに各室の熱負荷の条件，局所排気の有無，許容騒音レベル等を加味した上でヒアリングを行い空調方式・機器能力を決定していく。

(1) 空調方式

病院の空調設備は，空気調和機を納めるための大きな機械室や煙道を必要とする蒸気ボイラや吸収冷温水機等を主熱源とする中央式の事例が多い。図2・19に空調の方式を示す。

その一方で最近は，医療機器の高度化に伴う年間冷房や24時間運転エリアの増加に伴い，中央熱源とは別に小型電動冷凍機や個別空調用の熱源の併用比率が大きくなる傾向にある。

この小型の電動冷凍機や個別熱源は空冷ヒートポンプ方式の採用事例が多い。

この結果，建物内に中央熱源を納める機械室は縮小傾向にある。その一方で，空冷ヒートポンプ機器を設置する屋上や屋外設備機器置場は増加傾向にある。

熱源機械室・設備機器置場の大きさは建築計画

表2・9 医療ガス設備の種別

ガスの種類	色別	使用機器
酸　素	緑	吸入治療の酸素吸入器，人工呼吸器等
笑　気	青	麻酔器
空　気	黄	人工呼吸器等
吸　引	黒	術後の血液・分泌物などの各種吸引器
窒　素	灰	手術用エアドリル等
余　剰	赤	麻酔ガス排除装置

病院は多くの医療ガスを使用するため，JISにより医療ガス別表示がなされている

に与ええる影響が大きいため，中央：個別空調の比率を十分検討した上で設定を行う必要がある。

(2) 空調ゾーニング計画

各部屋の運用ゾーニングは清浄度によるゾーニングと一致する場合が多い。しかしながら病院はその機能上，面積の小さな部屋が多々あり，空調負荷の特性も様々である。従って，同一清浄度の区域であっても使用時間帯・休日空調の有無や負荷特性の違いにより，ゾーニングを細分化することが省エネルギーの観点から重要となる。

特に，手術室など使用する時間が一定でない部屋や，病室，特に個室など患者が設定温度を変更できる事が必要な部屋は，個別制御が必要となる。

空調ゾーニングは各部，各階，各室の使い方の違いによりいくつかのゾーニングを行い，それぞれシステム全体の制御や機器メンテナンスの簡単なものを選ばなくてはならない。

(3) 院内感染防止計画

病院の空調設備として特に院内感染に留意しなければならないのは，重症患者を収容する，手術室・NICU・ICU・CCUなどである。

具体的に院内感染を防止するためには，該当室の空気の流れを制御し，陽圧と清浄度を保つことが必要となる。なかでも，高い清浄度を必要とされるバイオ・クリーン手術室では，室内の層流方式（空気の流れ）による高度清浄度まで必要となる区域がある。

また，有害物質や感染性物質が発生し，汚染管理が必要な諸室は排気漏出防止のため，陰圧を維持する換気設備が必要となる。

さらに，RI管理区域諸室・細菌検査室・剖検室・感染症用隔離病室などは周辺環境に配慮し排気放出の位置の検討を行わなければならない。

これらの点をふまえ，空調換気計画は，清浄度区分によるゾーニングに注意し，清浄度の異なる

	中央式		個別式	
	空気式	水・空気式		
	定風量単一ダクト方式	ファンコイルユニット方式（二管式）	パッケージ方式（セントラル方式）	パッケージ方式（空気熱源マルチ型エアコン方式）
概要	1本のダクトで空気調和機から各室に送風する最も基本的な空調方式である。ゾーンごとに空気調和機を設けて系統分けする場合もある。中・小規模の建物，工場，劇場に使用される。	ファンコイルユニットを各室内に設置し，外気は別に外気用空調和機からダクトで各室に送られる。各室での制御が容易なので，ホテルの客室や病院の病室に広く用いられる。また，大規模なビルのペリメータゾーン用としても多く使われる。この場合インテリアゾーンは各階ユニットが一般的である。夏と冬とで冷水・温水を切り換える冷温水用管方式である。	パッケージ型空調機を用いる方式で，コンデンシングユニットを用いる空冷式と冷却塔を用いる水冷式がある。空冷式はヒートポンプが多く用いられる。天吊りの小型のものもあり，小規模ビルにはよく用いられる。水冷式は暖房を別熱源とする場合が多く，電気ヒーター・温水コイルなどが用いられる。	屋上に室外機ユニットを置き，それぞれと複数の室内機を冷媒配管で接続したヒートポンプユニットによって冷暖房を行う方式。ビル用マルチエアコン方式とも呼ばれている。冷媒配管は最長90mまで可能。室の大きさに応じて各種容量の室内機を選定して個別分散配置ができる。専用機械室が不要で配管スペースも小さく，マイコンを利用して単独運転，部分運転および個別制御ができるなどの理由で，最近事務所・店舗など中小規模のテナントビルによく使われている。
概念図	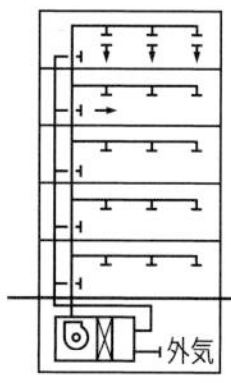	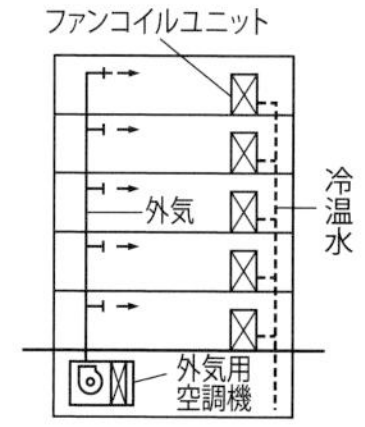	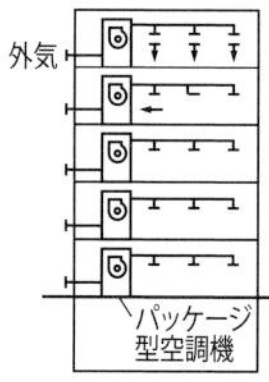	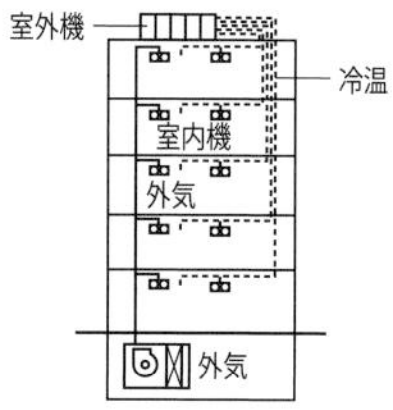
他の方式	各階空調機方式 変風量単一ダクト方式	ファンコイルユニット方式（固定式）	・水冷小型ヒートポンプユニット方式 ・空気熱源ウォールスルーユニット方式	

（建築文化10月号臨時増刊デザイナーのための建築設備チェックリスト1999年度版,彰国社より）

図2・19 空調方式

病院は，各室に要求される様々な清浄度や温湿度を満足するため，本図に示すような方式を複数組み合わせ対応するケースが多い。

区域を同一の空調換気ゾーニングとならぬよう計画を行う。

5．電気設備計画のポイント

(1) 電気設備計画

医療施設で使用される医療機器は高度化・電子化が進んでおり，安定して稼働するためにも電源設備に対する信頼性・安全性が求められている。

24時間・365日 いつでも必要とする医療機器への電源供給を行うために，電力会社からの受変電設備だけではなく，非常用発電設備，蓄電池設備，UPS設備（無停電装置）や常用発電設備等の複数の電源設備を組み合わせて信頼性・安全性について検討を行う必要があるが，経済性も考慮して，施設内で使われる機器（電気機器の負荷）の分類を行い，それぞれの重要度により電源計画を行う。

主な種別は，① 最重要医療負荷，② 重用医療負荷，③ 一般医療負荷，④ 防災負荷，⑤ 保安施設負荷，⑥ 一般施設負荷 に分類される。

電源計画以外では，照明計画も重要となる。

具体的には，患者や医療従事者の療養環境や作業環境に留意し，空間デザインとの調和を図りながら，さらに省エネ・環境配慮等に配慮した器具選定と配置を行う必要がある。

さらに患者へのサービスとして多種多様な呼出装置や表示装置の計画・配置を行う必要もある。

図2・20 受変電設備（受変電設備キュービクル）
屋内電気室に設置された事例

(2) 病院特有の電気設備計画

医療施設内で使用される電気機器の増加により必要とする電力は増加傾向にあるが，建築設備機器の省エネ性能の向上により消費電力の大幅な増加は抑えられている。

電源計画の基本単位である最大使用電力（電力会社との契約電力）は，特定機能病院では$50\sim60W/m^2$，地域医療支援病院では$40\sim50W/m^2$，療養病床の一般病院では$30\sim40W/m^2$程度で推移している。

電力会社からの商用電源の信頼性向上として，2回線受電等の複数回線について検討を行う。

停電時の信頼性向上として，非常用発電機等を設置するが，停電のケースとしては，商用電源系統の事故による停電，大規模災害による広域停電とあるが，さらに，年1回の受変電設備機器の定期点検の際の停電についても，発電機によるバックアップ負荷とバックアップ時間についての検討を行う必要がある。

非常電源の区分については「JIS T 1022:2006 病院電気設備の安全基準」に一般非常電源設備，特別非常電源設備，瞬時特別非常電源として規定されている。

また，このJIS規格は，医用電気機器の故障により人体にとって有害な感電電流である「電撃」（電流が体を流れる際の衝撃）から保護することを目的としている。

この区分として感電電流が人体の表面を流れる「ミクロショック」と体内に挿入した医療機器の電極等から心臓を直撃して流れる「マクロショック」の安全基準について規程されている。

具体的には，医療処置内容によるカテゴリー毎に，医用接地方式として「保護接地」と「等電位接地」，電源供給方式としての「非接地配線方式」や「診察，検査，治療等を行う医用室の例」が記載されている。

(3) 電気設備におけるリスク対策

医療施設における電気設備の中でも特に人命に最も影響を与える生命維持関連の医療用機器に対

表2・10 医用接地方式，非接地配線方式及び非常電源の適用

カテゴリー	医療処置内容	医用接地方式		非接地配線方式	非常電源(1)		医用室の例
		保護接地	等電位接地		一般/特別(2)	瞬時特別(3)	
A	心臓内処置，心臓外科手術及び生命維持装置の適用に当たって，電極などを心臓区域内に挿入又は接触し使用する医用室	○	○	○	○	○	手術室，ICU（特定集中治療室），CCU（冠動脈疾患集中治療室），NICU（新生児特定集中治療室），心臓カテーテル室
B	電極などを体内に挿入又は接触し使用するが，心臓には適用しない体内処理，外科処置などを行う医用室	○	＋	○	○	＋	GCU/SCU/RCU/MFICU/HCU（準集中治療室），リカバリー室（回復室），救急処置室，人工透析室（重症者対応），内視鏡室
C	電極などを使用するが，体内に適用することのない医用室	○	＋	＋	○	＋	LDR室［陣痛・分べん（娩）・回復］室，分べん（娩）室，未熟児室，陣痛室，観察室，病室，ESWL室（結石破砕室），RI・PET室（核医学検査室），温熱治療室（ハイパーサーミア），超音波治療室，放射線治療室，MRI室（磁気共鳴画像診断室），X線検査室，理学療法室，人工透析室（一般），診察室，CT室（コンピュータ断層撮影室），検査室，処置室
D	患者に電極などを使用することのない医用室	○	＋	＋	＋	＋	病室，診察室，検査室，処置室

注（1）非常電源は，医用室以外の電気設備にも共用できる。
　（2）医用電気機器などに応じて，一般非常電源か特別非常電源のいずれか又は両方を設けることを意味する。
　（3）医用電気機器などに応じて，瞬時特別非常電源を設けることを意味する。
備考　記号の意味は，次による。
　　　○：設けなければならない。
　　　＋：必要に応じて設ける。

資料「JIS T 1022:2006 病院電気設備の安全基準」

する電気の供給設備が重要である。

停電時には重要負荷等に電源供給を継続できる計画を行っていても，発電機のトラブルや重要負荷系統の電気関連設備のトラブルにより，電源供給が継続できないことも想定されるリスクがある。

これを回避するために，「発電機を2台以上とする」「重要負荷系統の幹線の2重化」等のリスク対策についても，医療施設の運営方針と事業計画を含めて検討する必要がある。

また，東日本大震災以降は電力会社から受電できる電力が制限される事態を経験し，新たに顕在化した問題点として，非常用発電機は停電時には稼働するが，商用電源を受電中には稼働できない

ことがある。また，非常用発電機の燃料の重油が入手困難となる場合もある。これらをリスクを回避するためには，都市ガス地域であれば，ガス燃料の常用発電機と排熱回収を行えるコージェネ発電設備などの設置を検討する必要がある。

(4) その他の電気設備

コンセントは一般用と医療用があり，部屋の医療機器のレイアウトに応じ医療用コンセントを設けなければならない。また，廊下や待合ホールなど普段は一般用電源しか必要としない場所でも，非常時には診療の場となる場合があるので，医療用機器に対応できることが求められる。このように，ある程度の予備を配慮しながらコンセントのレイアウトを考えていきたい。

病院で使用する照明設備の照度は表2・10のように求められる。照明器具のレイアウトの検討では，患者の視線，つまりベッドやストレッチャーの上に寝ている状態で照明がどのように目に入ってくるかを意識して設計しなければならない。直接照明の光が入ってくることを避けるため，間接照明の採用や，廊下などでは片側に寄せて配置するなどの配慮がほしい。

ナースコール，待合表示モニターなどは病院特有の電気設備である。建築技術的には在来の技術ではあるが運営と密接な関係があり，設置箇所，対応システムなどについて早めに病院側と打合せを行いたい。場合によっては，ナースコールの取付け高さなどもモデルルームで確認するなどの対応をしておきたい。

表2・11 病院の照度基準（JIS Z 9110）

	領域，作業または活動の種類	照度(Lx)		領域，作業または活動の種類	照度(Lx)
作業	視診，応急処置，分娩介助，注射，予防接種，製剤，調剤，技工，検査	1000	共用空間	会議室	500
	剖検	500		図書室	500
	窓口事務	500		講堂，展示室，栄養室，相談室	300
	包帯交換（病室），ギプス着脱	300		宿直室	300
	ベッドの読書	300		配膳室，食堂	300
診療・検査空間	診察室	500		育児室，面会室	200
	救急室，処置室	1000		待合室	200
	手術室	1000		カルテ室，薬品倉庫	200
	回復室	500		汚物室	200
	病室	100		動物室	50
	消毒室，滅菌室，麻酔室	300		暗室（写真など）	50
	温浴室，水浴室，運動機械室，物療室	300		浴室，洗濯場，便所，洗面所	200
	一般検査室（血液，尿などの検査）計測室	500		更衣室	200
	生理検査室（脳波，心電図，視力などの検査）	500		階段	150
	剖検室，病理細菌検査室，アイソトープ室	500		病棟の廊下，外来の廊下	200
	X線室（撮影，操作，読影など），X線透視室，内視鏡検査室，聴力検査室	300		非常階段	50
	眼科暗室，眼底検査室	75		深夜の病室及び廊下	5
	視機能検査室（眼科明室）	1000		玄関ホール	100
	霊安室	500			
執務空間	院長室，所長室	300			
	研究室，事務室，医局，看護婦室，保健婦室，薬局	500			
	製剤室，調剤室，技工室，中央材料室	500			

7. 情報通信設備のポイント

(1) 情報通信設備計画

医療施設内の情報通信設備は，医療関連スタッフ，施設関連スタッフ並びに外来・入院患者への連絡手段としてそれぞれ独立したシステム（弱電設備）として発展してきた。主な設備としては，外来待合呼出放送，投薬表示装置，ナースコール，内線電話，ドクターコールとしてのページング装置（施設内専用のポケットベル）やPHS，インターホン，テレビ共聴，電気時計等があり，さらに，医療情報関連では，医事会計システム，薬剤・検査システム，画像ファイリングシステムやオーダエントリーシステムなどがある。

医療分野においても他の分野と同様に，コンピュータ処理の高速化・大容量化・小型化，通信手段の高速・広域化などの進歩により，それぞれ独立したシステムが機能の拡張やシステム間の連携が可能となり，統合型医療情報システム（HIS）の概念となった。また，電子カルテシステム，PACS（画像システム）やRIS（放射線部門システム）等の普及により，病院の平面計画にも大きく影響を与えている。これまでのカルテ搬送を中心とした外来の構成が，電子カルテの採用により，紙カルテの搬送が不要となったため，患者動線優先のプランニングも可能になってきている。

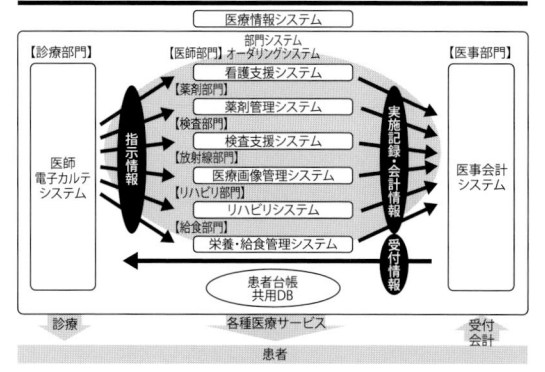

図2・21 病院の情報システムのイメージ
電子カルテをはじめとした，各種システムが院内の情報ネットワークにより各PC端末に接続されている。

(2) 病院特有の情報通信設備計画

医療施設における情報伝達手段が電子カルテや画像診断情報などの電子データ化された情報に変わり，その活用は高度医療を実現させる方向に向かっている。その目的は，患者サービスの向上，診療の質の向上，経営効率と管理精度の向上などであり，いずれも今後の病院に不可欠なものとなる。

大規模な医療施設では電子カルテシステムや画像情報も含めた診療情報が院内ＬＡＮネットワークにより情報の共有化が進んでいるが，中小の病院でもかなりの業務で小型コンピュータを利用したシステムを採用し，医事会計・検査・薬剤業務などの診療データ処理には不可欠なものとなっている。また，病棟でも看護業務の効率化を目的に申し送りや記録作成の省力化に貢献する看護支援システムなどが開発されている。

一般的に電子カルテシステム等の情報通信システムの発注は，病院から直接システム業者に発注され，情報通信システムの基本計画作成は，建築計画の実施設計段階より大幅に遅れる場合や施工中に基本計画が決まる場合もある。

病院の詳細設計では，ベッド・机などの家具レイアウトを考慮し建築の間仕切りや電気機器に対して設備機器のアウトレットを対応しなければならない。同様に，一つ一つのコンピュータやプリンターのレイアウトに対して，医師の診療デスク廻りの設備機器アウトレット，医事課受付カウンター，スタッフステーションカウンターなどにも対応しなければならないため，医療施設の情報通信担当やシステム業者と細かく打ち合わせる必要がある。

医療施設における院内情報システムの導入が広がると，導入した情報通信システムの更新計画を考慮した建築計画がポイントになってくる。シャフトスペースは，ある程度の予備スペース，機器搬入ルートや扉寸法も含めた機器更新の作業スペースを見込むことが望ましい。

医事課，画像診断操作ホールなどすでに情報システムが採用されている部屋では，今後の機器の

更新・増設に対して対応できるように，床をフリーアクセス，OAフロアとしておきたい。また，将来の熱負荷の変化に対して対応できるよう，空調は個別化を図ることが望ましい。

　患者サービスという観点からは，情報設備の利用による予約外来制度の導入，オーダーエントリーによる検査依頼，結果の確認，処方指示，会計処理などの対応を検討しておくことが望まれるが，順番表示など患者に対する情報提供も待合スペースだけではなく，喫茶などの場所にいてもわかるようなシステムが望ましい。患者に対しては，ICカードを診察券がわりに発行するようになることが考えられる。待合ホールには再来受付機の設置スペースを考えなくてはならない。

　また，病室の患者に対しては，ナースコール，コンセントはもとより，院内LANの採用で，ベッドの上で病院の施設利用，検査情報，医療情報，患者教育を行う場合も想定される。そのようなベッド廻りの端末や機器スペースの検討も行っておきたい。

(3) 情報通信設備のリスク対策

　リスク対策としては，一般的には情報通信システムのサーバー室等の電源の二重化やサーバー室の空調機器の二重化等が行われているが，ネットワーク機器に対する電源の多重化等の検討を行う必要がある。さらに最悪の場合を想定して情報通信システムがダウンした場合の紙による情報伝達方式などのリスク対策の運用も必要となる。

　情報通信の枠から外れるが，医療施設内のセキュリティエリアとセキュリティレベルを設定し誰でも自由に院内の情報通信システム端末に触れられないように建築計画を行う必要がある。

　さらに情報通信システムとしても端末操作のための認証システムやウイルス対策等の情報セキュリティのグレードについて十分に検討する必要がある。さらに職員への情報セキュリティ教育も重要となる。

3章
部門計画

- 3・1　病棟部門……………… *58*
- 3・2　外来部門……………… *76*
- 3・3　診療部門……………… *86*
- 3・4　供給部門……………… *108*
- 3・5　管理部門……………… *118*

3・1 病棟部門

1. 病棟部門の特徴

(1) 機能

病棟は，患者を入院させて必要な診療・看護を行う場である。

病棟は，入院患者にとって，1日の大部分を過ごす場所なので，診療や看護といった「医療行為」が機能的，かつ効率的に行えるとともに，患者の「生活の場」として，快適な環境づくりに最大限の努力を払うべきである。患者が「寝る」「食事をする」「排泄する」「会話する」等日常の生活行為を，安心・安全・快適に行うことができ，またプライバシーに配慮することが重要である。

一方，病院が急性期・亜急性期・慢性期と徐々に機能分化をしている今日において，病棟で行われる「医療行為」が病院によって異なってきている。たとえば，急性期とよばれる病院では，手術やカテーテル治療後のケアなど従来ではICU，CCUで行われていた医療行為が，一般の病棟で行われることは珍しくない。また，回復期リハビリテーション病棟などでは，病棟における日常生活そのものが治療・訓練として位置づけられている。その病棟の位置づけを明確にし，どのような「医療行為」が病棟で行われるのかを把握した上で，計画を行うことが大切である。また，こうした状況から，病棟においても，医師と看護師だけによるものではなく，薬剤師，療法士，栄養士，ソーシャルワーカー等多くの職種がかかわる「チーム医療」が展開されている。

(2) 看護単位の分け方

入院患者はいくつかのグループに分けられ，各グループはそれぞれ担当の看護チームによって看護される。このグループと看護チームによって形づくられたひとつのまとまりを「看護単位」とよぶ。

看護単位の分け方は，診療科または臓器別による分け方と，看護を中心にした分け方がある。

看護を中心にした分け方のひとつは，小児看護，母性看護など必要とする看護の内容別に病棟を分ける方法である。たとえば，小児科病棟には小児科の患者だけが入院するが，小児病棟には，小児科だけでなく整形外科や外科，耳鼻科など複数の診療科の小児がいる。

この他，感染症病棟，差額個室のみによる特別病棟など，建築設備や運用上の特殊性による分け方，看護の必要度に応じた分け方などがある。

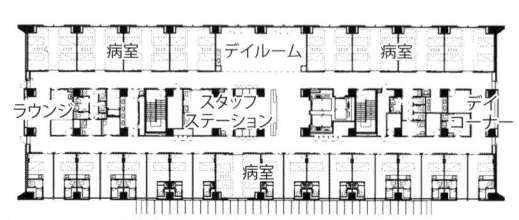

病棟には，病室以外にデイルームなど患者が快適な生活を送るための施設・設備が整えられている。同時に医療スタッフが効率的に診療・看護を提供するために必要な部屋や設備が，適切な場所に整備される必要がある。

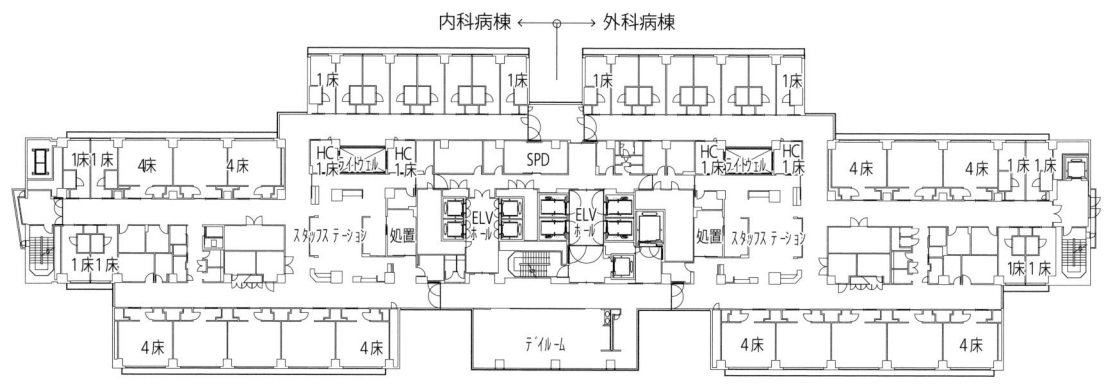

〈1フロア1看護単位の病棟例 S=1/800〉

〈1フロア2看護単位の病棟例 S=1/800〉

図3・1 一般的な病棟

実際にはこれらの分け方を複合的に適用させることが多い。例えば，診療科別の病棟（内科病棟，外科病棟，整形外科病棟等）のほか，診療科にかかわらず小児（0歳～15歳）を集めた小児病棟，看護の必要度の高いハイケア病棟（HCU），集中治療病棟（ICU）などを組み合わせて構成する。

(3) 規 模

1看護単位あたりの病床数は，30～60床の範囲で構成されることが多い。

看護単位の大きさは，効率的な看護，看護管理が可能であること，夜間にも適正な看護が行われることといった看護サービスの質とともに，どれだけの看護職員数を雇用するか，という経済的観点から決定される。

国は「1病棟当たりの病床数については，(中略)原則として60床以下を標準とする。」（旧厚生省保険局医療課　1998）として病床数の上限を規定している。

一般的に，小規模であるほうが各患者のことを詳細に把握しやすく，また，患者観察がしやすく

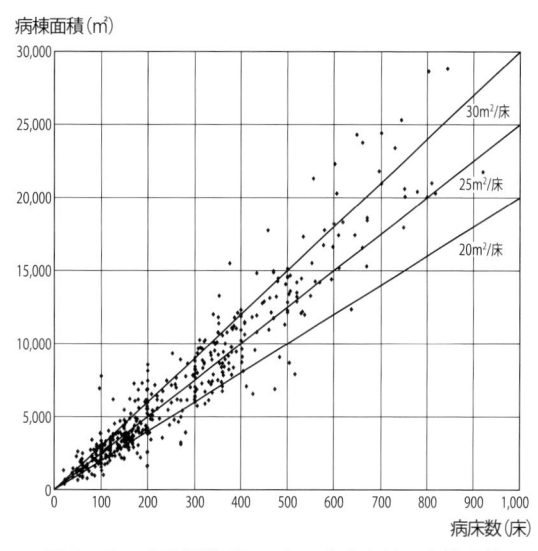

図3・2　病院規模別にみた1床当たりの病棟面積
500床以下の病棟ではおよそ$25m^2$/床。病床数が多い病院ほどより広い面積をとった例がみられる。

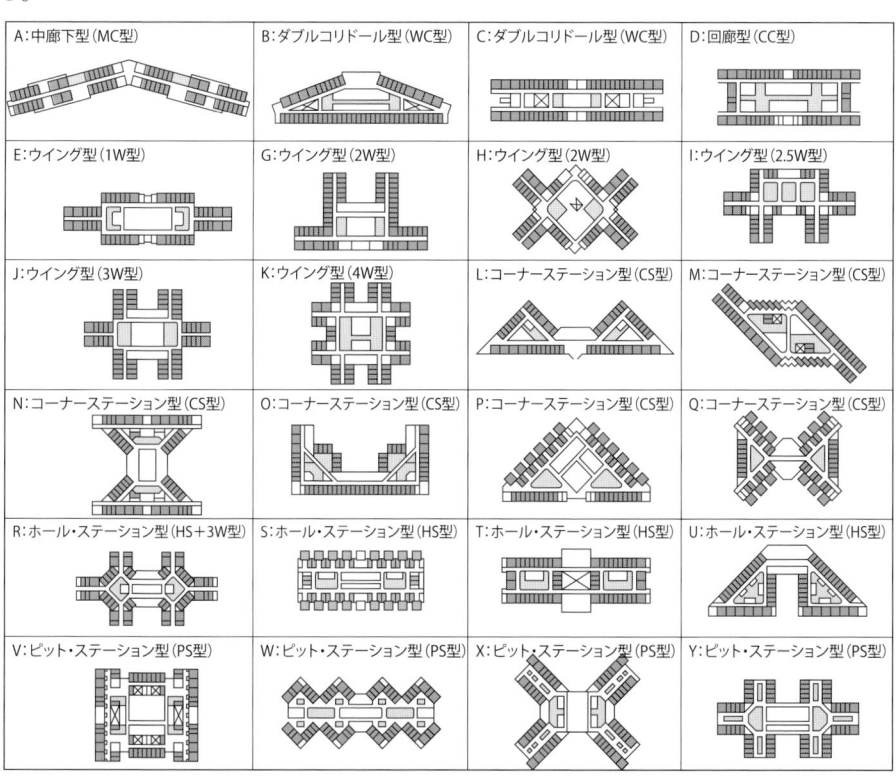

図3・3　病棟計画の類型
看護動線を短絡し，患者観察やエレベーターの出入り管理をしやすくする工夫が必要である。
出典：「超高齢社会の急性期病棟の運用と計画に関する研究報告」辻吉隆他

なるため，急性期病院では看護単位の大きさを小さくする傾向にある。近年，急性期病院において35床を下回る規模の病棟が複数出現している。

近年整備された病院（精神病床，療養病床を除く）における1床あたりの病棟面積は，概ね25m²/床を中心に分布しているが，病床数が多い病院ほどより広い面積をとっている例が多くみられる（図3・2）。個室率の向上や病室面積の拡大，生活設備やバックヤードの充実など様々な要因が考えられる。

2．病棟部門の計画

(1) 病棟計画のポイント

まず，病院の規模，敷地の広さや形状により，1フロアにいくつの看護単位を収めるか，検討を行う。広い敷地であれば，1フロアに2看護単位，もしくはそれ以上を収めた事例を多く見るが，そうでなければ，1フロア1看護単位とする場合が多い。

次に，看護拠点とエレベーター，病室の位置関係を十分に検討する。その際病室は，部屋面積の1/7以上の大きさの窓から自然採光を取り入れることが法律（建築基準法および医療法）で定められているため，外部に面した配置が必要である。

病棟の形状の主なものを図3・4に示すが，南北に病室を配置し，それぞれに面した東西方向の廊下2本で中央コア（エレベーターや水まわり）を挟んだ複廊下型の他，最近では，さまざまな計画が出現している。こうした計画の類型については，図3・2が提唱されている。

以前（昭和初期）から多く見られた中廊下型（1本の廊下の両側に病室を配置する形状）は，複廊下型と比べて総廊下長さが長くなるといわれているため，最近では小規模な場合を除き採用されることが少ない。ただし，所要室の数・規模が同じであれば面積的にはコンパクトに収まる場合が多く，両者の長所を生かした複廊下型と中廊下型を複合させた病棟も多く計画されている。

また，中央コアを取り巻く循環廊下の四周に病室を配置したロの字型や，その変形である三角形や菱形，扇形も提案されている。廊下が90度以外の角度で曲がる場合，居場所を認識しにくくなるため，サインや色彩計画などで，居場所の認識を助ける工夫が必要となる。

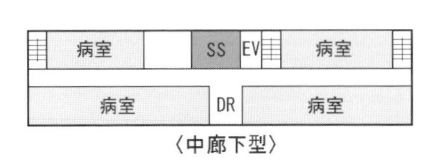

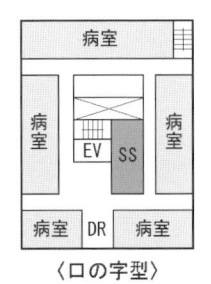

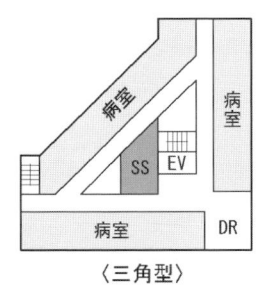

※SS：スタッフステーション（看護拠点）
DR：デイルーム　　EV：エレベーター
図3・4　病棟の形状（1フロア1看護単位の例）
SSはデイルームやエレベーターが見やすい位置に置く。

図3・5　看護師の室別移動回数
看護師の移動の40〜50％がスタッフステーションと病室の移動である。
出典：医療・患者情報の電子化によるパーソナル看護拠点の出現とそれに伴う病棟平面の再構成（研究代表 山下哲郎，日本学術振興会科学研究費補助金 2005〜2007年度）

このほか，トイレの数や配置についても検討を行う。かつては管理や清掃のしやすさからトイレを集中して配置していたが，最近は患者が使いやすいよう，各病室から近い位置に分散して配置する計画が一般的である。各病室内，もしくは出入口を出たところに設けるか，廊下の反対側にいくつかまとめて配置するか，その長所・短所を把握した上で選択していく必要がある（図3・9）。

(2) 看護拠点(スタッフステーション)の配置計画
　看護拠点には，1）実際の患者ケアのための準備や後始末，ものの保管，記録の読み書きなどの「看護の機能」と，2）病棟に出入りする人・もの・情報を管理するための「管理の機能」がある。したがって，病棟への主動線となるエレベーターホールに面し，そこから病棟への出入りが目視可能な位置とし，かつ，看護動線を短くするために，病室群の中央付近に配置したい。
　またデイルームは患者や面会者が集まる場所なので，看護拠点からその様子が観察できる配置とすることが望ましい。

(3) 1フロアーに複数の看護単位を設けた病棟計画
　1フロアーに1看護単位の場合は，スタッフステーションを，エレベーターホールからの人の出入りが確認出来，かつ看護動線を短縮するために，病室群の中央付近に配置するのは容易だが，1フロアーに2看護単位以上となると難しくなる。中廊下型，複廊下型病棟のかたちと，複数の病棟と縦シャフトの配置を工夫することで，ふたつの機能を満たすさまざまな計画が提案されている。

(4) 病室の配置
　看護師はスタッフステーション－病室間の移動回数が最も多く（図3・5），その中でも高い看護密度を要する重症患者の病室へ行く頻度が高い。したがって，重症の患者をスタッフステーションに近い病室に配置することが一般的である。重症

図3・6　スタッフステーションとエレベーターホール

図3・7　スタッフステーションと病室

病棟を計画する際にはスタッフステーションとエレベーター，病室の位置関係を十分に検討する必要がある。

〈デイルーム〉 　　〈デイコーナー〉

図3・8　デイルームとデイコーナー
大きさや雰囲気が違うデイルームやデイコーナーを複数用意し，患者が選択できるよう配慮する。

患者用の専用病室（High Care Unit）や個室のうち何室かを，スタッフステーションから観察しやすい至近の位置に配置するとよい。

その他の個室は，1）室料差額を徴収するという観点から，静かな病棟端部に配置し，環境の良い向きに配置する，2）逆に感染制御がしやすい等の理由から個室には特に目届きが必要な患者を配置することが多いためスタッフステーションの近くに集中配置する考え方，3）看護師の受け持ち患者はなるべく近くの病室となるように割り当てられることが多いことから，各看護師の業務内容を均等化するために，多床室と個室を混在して配置するという考え方などがある。

(5) 患者諸室の計画

病棟は病気への不安を抱く入院患者が大半の時間を過ごすスペースである。少しでも日常生活に近い環境をつくり出し，患者の不安やストレスをやわらげたい。

① デイルーム

デイルームは入院患者にとっての居間であり，食堂であり，面会者を迎える応接間である。なるべく眺望の良い場所に設けたい。また，患者同士が一緒に食事をしたいこともあれば，多床室にいる患者が時にはひとりでいたいこともある。また，家族や親しい友人とお客様とでは，会いたい空間が異なる。

② トイレ

誰かに下の世話をしてもらわなければならないのは，人にとってとてもつらいことである。薄いカーテンごしに隣の患者がいるベッドサイドで用を足すのは，互いに気になり落ち着かない。ひとりでも多くの人がトイレを使えるように工夫したい。

病室の入口近くに分散してトイレを配置する病棟が増えている。これまでならポータブルトイレを使うような患者も，ベッド近くに設けることでトイレに行けるようになる。さらに，少し広めにつくって介助の人も一緒に入れるようにしておけば，トイレを使える患者がかなり増えるし，点滴中でスタンドを使用している患者にとっても使いやすい。

こうした分散トイレの場合，病室側から使えるようにするか，廊下側から使えるようにするか思案するところである。

病室側にトイレの扉があれば，体の自由がきかない患者にとってはベッドに近く，少しでもアクセスしやすいので使いやすい。一方，誰がトイレに入ったか同室の患者にわかるためプライバシー面ではマイナスであり，また扉の開閉音や流水音

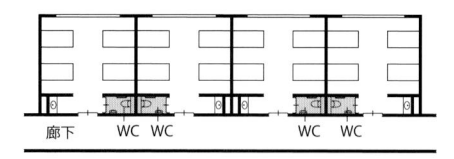

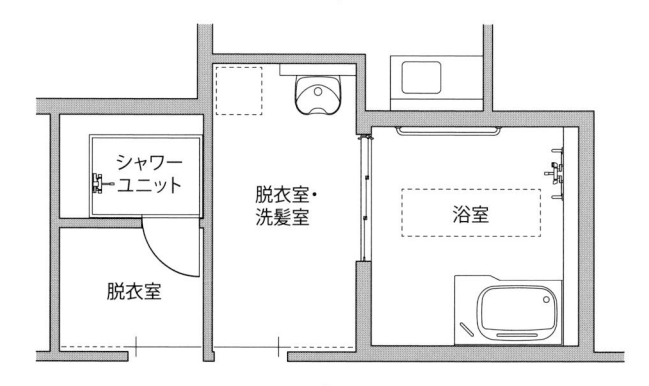

〈病室内から入るトイレ〉
流水音や夜間のトイレの明かりに注意する

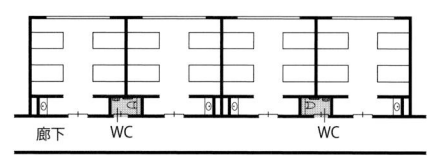

〈病室の外から入るトイレ〉
トイレを前室的空間に設置することで流水音等を軽減できる

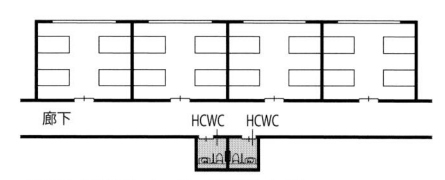

〈廊下の反対側にトイレを設置した例〉
左右勝手の違うトイレを2～3まとめて設置するとよい

図3・9　病棟の分散トイレの例

図3・10　浴室まわりの例
複数のシャワー室と一人用の浴槽のある浴室を組み合わせ，より多くの患者が利用できるように計画する。

で静かな環境を守りにくい。この場合，流水音や夜間のトイレの明かりが睡眠の妨げになるなど，トイレ近くのベッド環境が悪くならないような配慮が必要である。トイレ前に前室的空間を設け，そこから出入りする配置をしたり，廊下側からトイレに出入りする計画を検討する。

③ シャワー室・浴室

浴槽の利用は回復期の患者の一部に限って認められるため，浴槽の使用頻度は低い。1病棟に1か所程度設置できれば十分である。また，感染防止のため，原則，患者毎にお湯をとりかえるので，ひとり用の大きさの浴槽とする。

さらに，洗い場は，ストレッチャーに乗った患者の体をシャワーで洗える広さを確保しておくとよい。また，座位をとれない患者のために，寝た姿勢のまま入浴できる機械浴設備を導入する病院も少なくない。

一方，シャワーのみの使用であれば，より多くの割合の患者が利用可能であるため，複数のシャワー室を設けると有効である。さらに，多くの入院患者が必要な洗髪のために，洗髪器の設置を忘れてはならない。患者が少しでも清潔で快適な入院生活を送ることができるよう，これらの設備をバランスよく設けることが必要である。

(6) エレベーターの計画

別の階にエレベーターで搬送する必要のある人，物を整理し，使いやすく管理しやすい位置・台数・大きさを検討する必要がある。当然その配置は他階の計画により左右されるが，ここでは病棟計画から求められる条件を考えてみたい。

まず，歩けない患者や転倒の恐れのある患者は車椅子やストレッチャー，ベッドで移動する。したがって，「寝台用」と呼ばれるベッドが入る大きさのエレベーターを選択するとともに，エレベーターホールはベッドで利用できる広さを確保する必要がある。

患者や外部からの面会者が利用するエレベーターはスタッフステーションから見える位置に配置し，出入りした人を確認できるようにする。

物品では，厨房から食事を運ぶ配膳車・下膳車や，病棟から出る不潔な物（使用済みリネンや各種廃棄物など）・薬品・診療材料・医療機器等，さまざまなものをエレベーターで搬送する。不潔リネンや廃棄物などは病棟内でパッキングして搬出ルートを汚染しないようにしているが，病院の規模によりエレベーター台数を多く設けられる場合は，清潔な物品と不潔な物品を搬送するエレベーターを分けることが望ましい。

忘れてはならないのが，亡くなられた患者の搬送ルートである。病棟→エレベーター→霊安室の経路が，なるべく人目につかないように計画する必要がある。

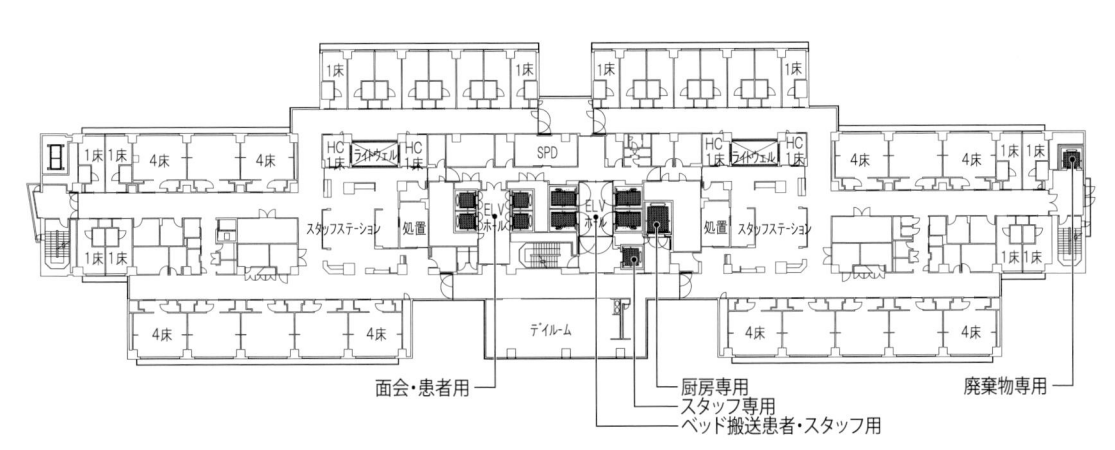

図3・11　エレベーターの計画例（1/800）
規模の大きな病院では，患者，面会者用，ベッド搬送用等のエレベーターの他，スタッフ用，食事の配膳・下膳専用のエレベーターや廃棄物など不潔な物専用のエレベーターなどを適切に配置する。

3．病室の設計

(1) 病室のタイプ

かつては8床室，6床室などもあったが，両隣を他の患者に囲まれるベッドは自分のテリトリーをつくりにくく落ち着かない。したがって，現在の多床室は4床室が主流となっている。

多床室では，いろいろな方法で視線を遮ることはできても，音や匂いまで遮ることはできない。プライバシーを守る上で，多床室と1床室の差は大きい。

重篤な患者や感染リスクのある患者，他の患者の療養を妨げる行動をする恐れのある患者は，患者のよりよい治療のために，また，多床室の他の患者の療養環境を守るために，1床室を使用する。また，標準的な病室に比べ良い療養環境を整備した病床については，一般的に診療報酬で定められた額以外に追加の料金を定めることができる。

管理上からの個室の利点は，

① 診療のしやすさ：処置室へ搬送せずに病室内で診療が行えるため，急変時にも対応しやすい。また，多床室に比べ，ベッドまわりのスペースを広くとれることが多い。
② 感染防止
③ 問題行動をとる恐れのある患者の管理しやすさ
④ 病床稼働率の向上：ベッドコントロールが容易であり，性別・生活習慣に起因する空床をなくせる。

（ベッドコントロール：どの病棟のどのベッドに患者を配置するかを検討しコントロールすること。急性期病院では，頻繁にベッドコ

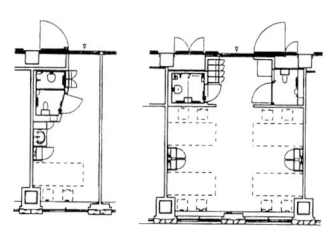

NTT東日本関東病院〈2000〉
一般的な矩形の病室。
水廻りを廊下側に設けている

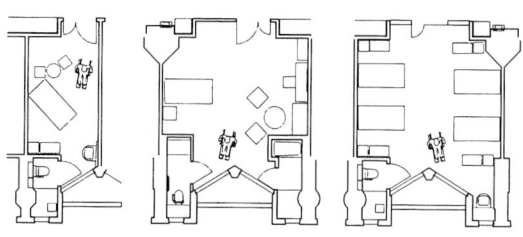

東京大学医学部附属病院入院棟〈2001〉
矩形の病室だが水廻りを外部側に配置し，患者の様子が見やすく，またベッド搬送しやすいプランとしている

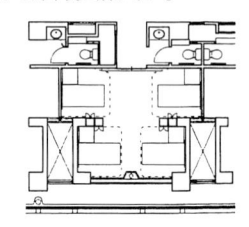

西神戸医療センター〈1994〉
最初の「個室的多床室」。病室間にライトコートを設け，自然光が入るようにした

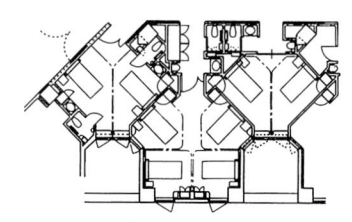

稲城市立病院〈1998〉
各ベッドに窓を設け，トイレ，洗面の使い勝手を高めた「個室的多床室」

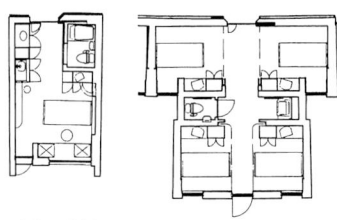

兵庫県立粒子線医療センター〈2000〉
ベッド間に水廻りを配し，よりベッドの独立性を高めた「個室的多床室」

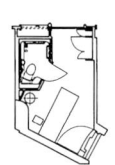

聖路加国際病院〈1992〉
全個室の病棟。特別に病室以外は全て個室としている。ベッドに横になったまま外が見える窓，出入口から患者観察がしやすいレイアウト等さまざまな工夫がされている

図3・12　さまざまな病室平面
（出典：建築設計資料集成―福祉・医療，社団法人日本建築学会編，丸善株式会社発行）

ントロールが行われている。)
⑤ メンテナンスの容易さ：患者が不在のときに清掃ができ，病室内の補修，備品修理などによる使用できないベッドを最少とすることができる。

近年，在院日数の短縮が図られ重症患者の割合が増えたことや，入院患者が高齢化して認知症をもった患者が増えたことにより，個室がより多く求められるようになってきた。最近ではすべての病室を個室とする病院も出現しており，今後急性期病棟を中心に個室化を図ることに注力されていくのではないか，と考えられる。

(2) 多床室の設計

複数の患者が療養する多床室では，他の患者の治療を妨げない配慮，少しでもプライバシーを守る工夫が大切である。例えば，咳などによる飛沫感染を防ぐためには，患者間を2m以上離す必要がある。また，ベッド間の頭の部分のみ袖壁を設け，隣の患者との視線をカットするなどの工夫も取り入れたい。

ところで，一般の矩形の4床室は，廊下側と窓側で自然採光の有無による環境の差が大きいということから，各ベッド固有の窓をもち，それぞれのベッドのテリトリーを形成した「個室的多床室」といわれるタイプの病室がある。このタイプの病室には，当初，窓側ベッドの足元側の間隔が狭い，スパン長さの拡大により看護動線が長くなる等の欠点があったが，図3・12に示すように，さま

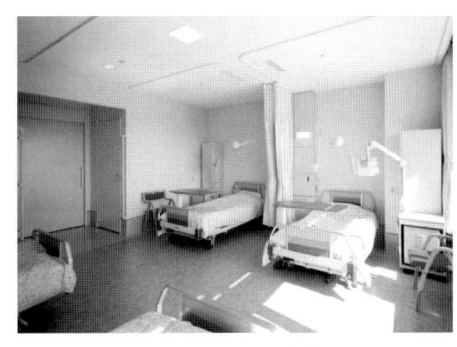

図3・13　4床室
ベッドまわりでは，患者が使いやすい位置に日常使う設備がレイアウトされている。

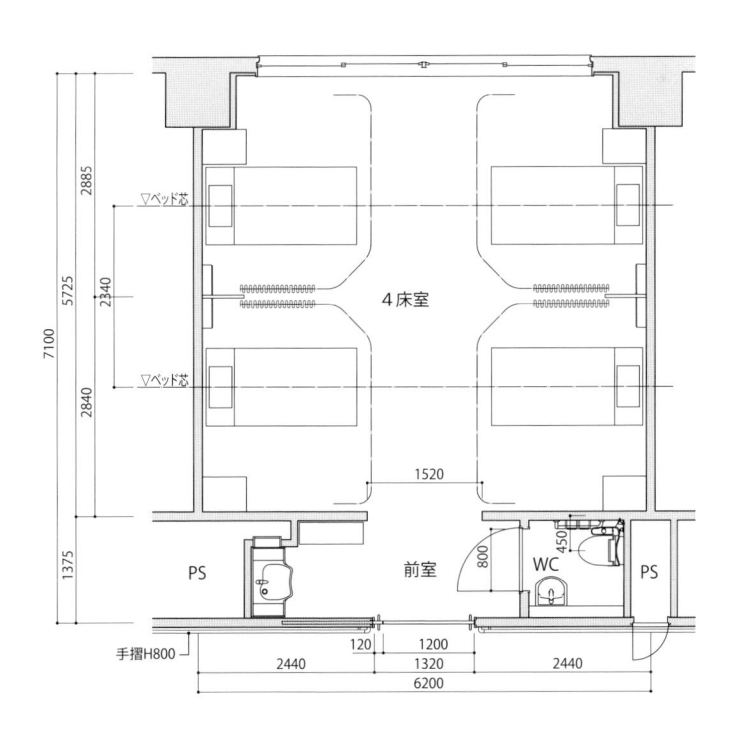

図3・14　4床室の平面計画例（1/100）
患者間を2m以上離し，飛沫感染を防いでいる。

ざまなかたちの病室が工夫され，進化している。

(3) 個室の設計

トイレやシャワーなどの水廻りは，廊下側に配置するか窓側に配置するか，検討する必要がある。水まわりを廊下側に配置すれば，窓が広くとれるので明るい病室とすることができる。一方，窓側にもってくれば，廊下側にあったときは単に通路でしかなかった水廻り前のスペースが，窓に面したくつろぎのコーナーとして生かすことができる。

また，廊下から一歩入ればベッド上の患者の様子がわかりスタッフの観察がしやすくなる。さらに，ベッド搬送時には障害が少なくスムーズである。そのため急変時に特に迅速な対応の必要がある疾患をもつ患者の病室に適している。ただしこの場合，大半の時間をここで過ごす患者の療養環境として必要な窓の大きさが確保できるか十分な検討をすべきであろう。

(4) 病室内設備

1患者ごとかつ1処置ごとに1回手洗いすることが，感染対策の大原則である。処置や介護で患者に触れた後は必ず手を洗い，他の部位や他の患者に感染させないことが重要である。そのためには，流水での手洗い，またはアルコールによる手指消毒が有効である。したがって，手洗い設備の位置やそのしつらえはとても大切である。病室の手洗いはスタッフが使うとともに，患者や付添いの者が洗面や歯磨き等で使うので，手洗い設備近くの患者に迷惑がかからないような配慮が必要となる。

ベッド廻りには，治療に必要な電源や医療ガス設備が整備されるとともに患者の日常に必要な照明とそのスイッチ，コンセント，収納，場合によってはテレビや冷蔵庫が設けられる。治療に必要なものと，患者の生活に必要なものを整理し，治療に必要な設備は，スタッフが使いやすいように，また，患者用設備は，できるだけ寝たままの姿勢で使えるようなレイアウトを工夫したい。

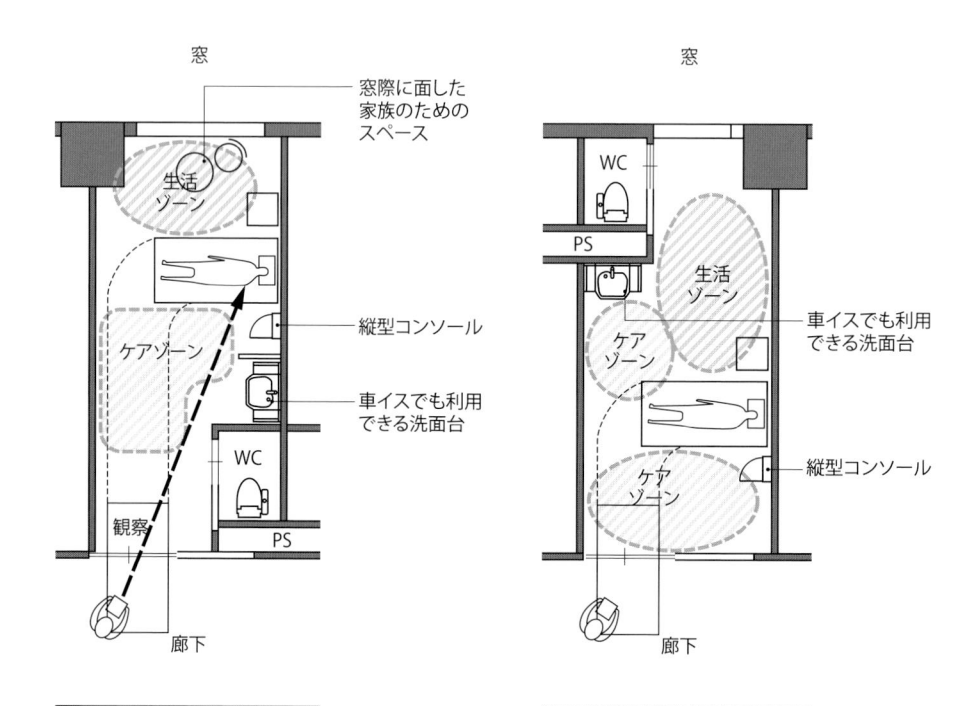

図3・15 水廻りを個室の窓側および廊下側に設けた例
WCを廊下側に配置すれば窓が大きくとれる。窓側にもってくれば，患者観察がしやすく，ベッド搬送もスムーズになる。

医療ガスやコンセント，ナースコール，スイッチ類はベッドまわりに集中するため，コンソールを設けその中に配管・配線を敷設する。コンソールは，ベッド上に横に設備類を並べてレイアウトするタイプのもの（横型コンソール）と，ベッドサイドの床頭台上に縦にレイアウトするタイプのもの（縦型コンソール）に大別される。

また，ベッド上でインターネットや病院が提供する情報をイントラネットで見られるようにするサービスを実施する病院も増えてきた。ベッドサイドの画面で治療に関する情報を確認したり，食事の選択ができれば快適になる。

(5) 家　具

家具については「生活の場」としてふさわしいものを選定したい。食事をする，手紙を書く，着替えを行うなどの日常行為と付添いの家族が過ごしやすいことを考慮し，家具のレイアウトや形状を決める必要がある。

患者用の収納は入院時の持ち物を分析し，効率的な形状を検討したい。症状や家族の訪問頻度によっては，着替えのパジャマや紙オムツなどかさばるものを多く置いておかなければならないことが少なくない。限られたスペースではあるが，必要な収納を確保する工夫をしたい。

また症状が深刻な患者の家族は終日付き添い，心身ともに疲れ果てていることが多い。スペースに余裕のある個室では，家族がゆったりと過ごせるとともに，横になって体を休めることができる家具を工夫したい。場合によっては，家族控室を病棟内に設ける。

図3・17　個室
家族が横になって体を休めることができるソファを窓際に配している。

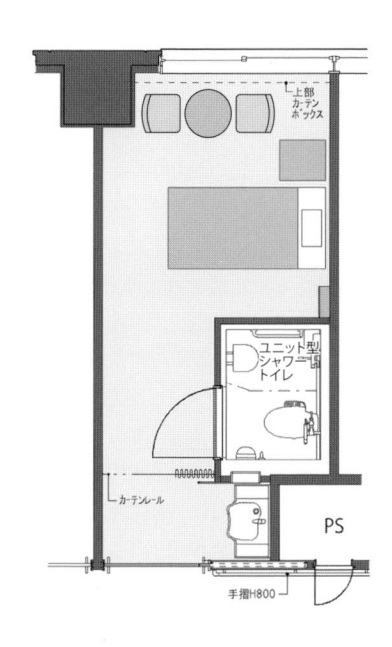

図3・16　個室の平面計画図例（1/100）
洗面台の他，トイレとシャワーを設けた例。水廻りに面積をとられるので，ベッド廻り広さが適切であるかを確認しておく必要がある。

図3・18　カウンター一体型洗面ユニット
雑菌が繁殖する恐れのあるオーバーフローの穴がなく，また，壁との間に隙間を設けてシールをしない納まりとしている。

コラム　病棟の個室化を考える

小菅瑠香（神戸芸術工科大学）

患者と看護の両面から

病室は患者にとって入院生活の大半を過ごす場所であり，そこには療養という重要な役割が求められる。患者が十分に睡眠をとり，安静に体を休め，順調に健康を回復できるような空間が計画されなければならない。一方で，看護の側からみると，病室の構成には，患者の状態観察や処置のしやすさといった効率性が条件として求められる。

このように，病棟や病室を患者療養と看護効率という2つの側面で考えるとき，病院建築の設計者たちはいつも個室か多床室かで頭を悩ませる。病室を個室にすれば患者はゆっくり静養できると考える一方で，看護効率だけを見れば多床室のメリットは大きい。

病棟計画の歴史

病棟の建築計画の歴史を見ると，野戦病院において無計画な患者の詰め込みや不衛生による院内感染をいち早く調査し，病床間隔や窓配置を検証して環境改善に取り組んだのは，かの有名なフローレンス・ナイチンゲールである。当時は病棟全体が一つの大部屋というのが一般的であったが，やがて歴史のなかで病室は細かく間仕切られるようになった。戦後になって西洋型病院が広く普及したわが国であるが，今の新しい病棟では，4床室と個室の組合せが主流である。

米国の病室構成

近年の米国における病室構成の動向を紹介しよう。

米国では日本よりも病院の超急性期化が進み，現在の平均在院日数は5日程度である。病棟が抱える問題として，患者の重症化，肥満患者の増加，スタッフの不足および高齢化などがある。

米国の病院は早くから2床室以下が主流であったが，重症化する患者の療養環境や，集中治療室から一般病室へ患者を転室させる労働力の不足などさまざまな理由をもとに，2006年，建築家たちは大きな決断をした。米国の医療福祉建築設計ガイドライン*の改訂において，新築病院の病室を原則的に全個室にすると定めたのである。また同時期，患者の回復に応じて転室を繰り返す必要がないよう，入院から退院までの医療行為をすべて同じ病室で行うというコンセプトを個室病室に盛り込んだ。

彼らはガイドラインの改訂にあたり，個室と多床室の比較研究のレビューを行った。個室のメリットとして，患者のプライバシーの保護，快適な安眠，同室者の音や臭いからくるストレスの減少などを述べている。また看護の側からは，院内感染率の低下，柔軟なベッドコントロールによる病床利用率の上昇などを挙げた。さらに，全個室病棟にすると建設費は上がるが，その後の運営が円滑に行えるためランニングコストが下がり，結果としてコスト的負荷は大きくないとも述べている。

わが国の病室構成

またわが国においても，次のような多床室と個室の病棟比較研究を行った**。多床室を主体とする50床で構成された旧病棟を，全個室の35床で構成された新病棟に移転新築した事例である（個室率を増すと廊下が長くなるので，1看護単位の病床数の縮小は必須である）。

移転前後で比較調査を行うと，看取りや同室者との関係，窓の有無などによって頻繁に行われていた旧病棟の患者転床は，全個室病棟になって解消されていた。見舞い客の滞在時間は僅かながら伸びた。スタッフからは産科などでは患者同士の交流の減少を寂しがる声も聞かれたが，総じて患者の環境満足度は高く，スタッフからは患者の睡眠導入剤の希望が減少したという話も聞かれた。

また各個室にはトイレがついたため，ポータブルトイレがほぼ不要となった。自力で移動を試みる患者が増え，早期離床の効果を考えると個室のトイレのメリットは大きい。しかしそれに伴う夜間の転倒転落インシデントは僅かに増加しており，予防策は今後の課題である。

重症患者への落ち着いた療養環境の提供を考えれば，わが国でも新しい病院の病棟個室率は増加していくと予想される。設計時には病室のしつらえのみでなく，個室化が病棟運営や患者生活の隅々に与える影響まで，総合的に検討したい。

*Guidelines for Design and Construction of Health Care Facilities, The Facility Guidelines Institute (FGI), USA
**小菅瑠香他，病棟の個室化が病床管理に与える影響に関する研究，日本建築学会計画系論文集，686号，pp.765-773, 2013

3章　部門計画

4．スタッフステーションの設計

スタッフステーションは看護作業の拠点として，人，物，情報などが頻繁に往来し，ストックされる場所である。そしてまた，さまざまな職種のキーステーションでもある。医師，事務スタッフ（クラーク）をはじめ薬剤師や栄養士，ケースワーカー，臨床工学士，システムエンジニアなどがやってくる。したがって，かつては，ナースステーションと呼んでいたが，最近では，スタッフステーションと呼ぶ病院が増えてきている。

一方，スタッフステーションは患者や家族，面会者からすると，医療スタッフへのアクセスの接点となる。かつては，ガラス窓で囲ってクローズした空間とする計画が大半であったが，最近では周囲をオープンカウンターで区切る程度の開かれたステーションとしている例がほとんどである。

スタッフステーションでは様々な行為が行われ，それに必要な設備が設けられる。図3・19に一例を示すが，スタッフステーション内の空間は，［物品コーナー］［作業コーナー］［ミーティング・記録コーナー］に大きく分けられる。

［物品コーナー］には，内服薬や点滴薬などの薬品や看護・診療材料，カルテやX線フィルム・伝票などの書類があり，それらを収納する棚やカート・薬品を冷やして保管するための冷蔵庫等を設置する。それらが使われる場所に近接して置くと使いやすい。

［作業コーナー］には，流しや作業台，医療廃棄物等複数の分別ができるごみ箱等を設ける。作業には，清潔作業と点滴終了後のかたづけや水枕の氷水の交替などの不潔作業がある。流しは，清潔専用，不潔専用の2つ以上を設け，それ以外の設備も清汚を区分して設置する必要がある。

［ミーティング・記録コーナー］は，申し送り等ができるテーブル，医師が使用する机やパソコン等を設ける。

また，院内感染を防止するため，手洗いを必ず設ける。病室への動線上である出入り口付近の使いやすく，注意を喚起する位置に配置する。

電子カルテの導入とともに，スタッフステーションの様子は変わりつつある。カルテ，X線フィルム等紙やフィルムが減り，変わってパソコンが数多く設置されるようになった。その一部はワゴンに載せられ，看護師がベッドサイドまで持って行き，患者のかたわらでカルテを開き，投薬の指示を確認したり，体温や血圧などのバイタル情報を入力したりする（図3・21）。場合によっては，

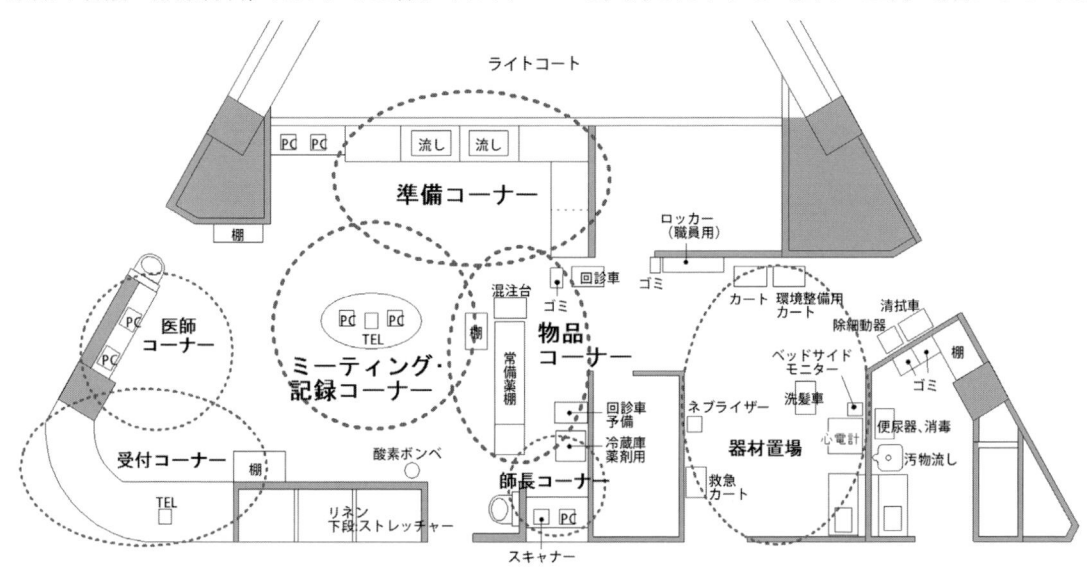

図3・19　スタッフステーションの使われ方の例
スタッフステーションはいろいろな職種のスタッフが使用し，医療・看護行為に係るさまざまな行為が行われる。
出典：医療・患者情報の電子化によるパーソナル看護拠点の出現とそれに伴う病棟平面の再構成（研究代表 山下哲郎，日本学術振興会科学研究費補助金 2005～2007年度）

必要な看護材料（注射や点滴に必要な物品，使い捨ての手袋，手指消毒液など）が載せられ，看護師とともに移動するパーソナルな看護拠点となっている。また，スタッフステーション内にワゴンの置き場所を十分に確保できないため，ワゴンを連結して，打合せテーブルとなり兼用できるような商品も開発されている。

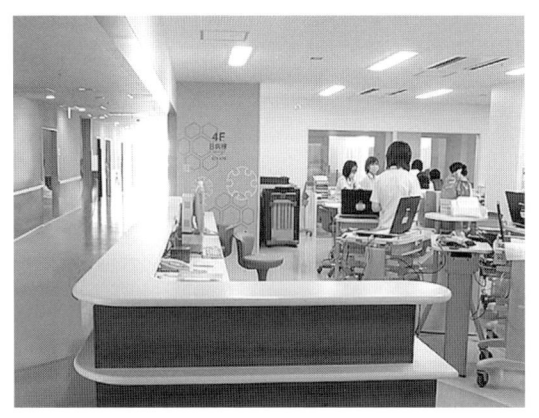

図3・20　スタッフステーションの例
オープンなスタッフステーションの例。奥のガラス窓部分は，重症個室となっている。

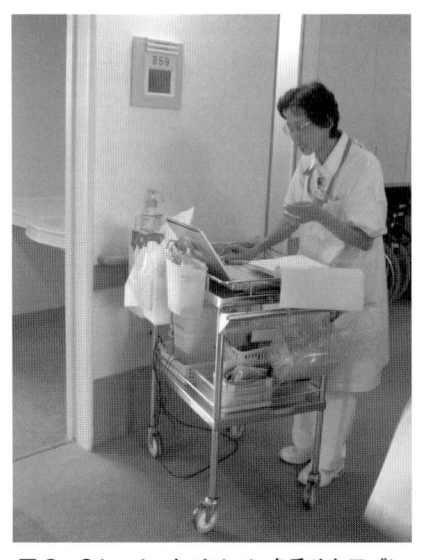

図3・21　ノートパソコンを乗せたワゴン
ノートパソコンの他さまざまな看護材料が載せられており，パーソナルな看護拠点となっている。

コラム　看護拠点の分散
鳥山亜紀（清水建設）

急性期病棟においては，特に密度の濃い患者観察が必要であるため，看護拠点を複数分散して配置する計画が見られる。

諏訪中央病院（1986年移転新築）は，病院で採用する看護システムにおける個々の看護師の役割の違いを的確に拠点設計に反映した画期的な計画であった。フロアー全体を病棟看護師長が管轄し，運営は1フロアー2単位として各単位を病棟主任が管理する。さらに，各単位を2つに分け，それぞれチームリーダーが指揮をとる。管理とケアの単位に応じて，それぞれ看護拠点が設けられている。ケアの最前線であるチームの拠点，ナースコーナーには，看護に必要なすべての物品が規格化されたトレイに配備され，看護師は常に患者の近くで直接的看護業務に専念できるようになっている。

榊原記念病院（2003年移転新築）は，心臓疾患を専門とする急性期病院である。心臓疾患では，容態の急変の際1秒でも早く手当てすることが重要であることから，患者の近くで看護を行うことができるように，病室1～3室ごとにナースカウンターとよぶ看護拠点を設けている。ナースカウンターには，パソコンが設けられ，患者情報が入手でき，医師の指示なども確認できるとともに，バイタルや投薬情報，その他看護記録を入力できるようになっている。さらに，日常的に使用する看護ケア物品，および，手洗い，医療廃棄物等が分別できるゴミ箱等がある。中央ステーションとサービスステーションには，看護に必要な物品・設備がすべて配置されており，メンバーナースはナース・カウンター・スポットを拠点として看護を行い，必要に応じて中央ステーションやサービスステーションに行く。

このように看護動線の短縮と患者観察のしやすさを目指してつくられたナースコーナーではあるが，看護師数が少ない夜勤帯では，有効に使われていない例が少なくない。一般的に急性期病棟の大きさは40床前後であり，夜勤看護師は3人であることが多い。多くの病棟では連携して仕事をするために，夜はひとつの拠点にまとまっている。

星総合病院（2013年移転新築）は，1病棟を60床という大きさとし，2チームのチームナーシングを採用している。1チームに1つずつオープンスタイルのスタッフステーションを設け，それをとりまく様に30床分の病室を配置した計画である。夜勤帯の看護師は4人で，各ステーションには，2人ずつ配置されており，夜間も患者の近くで看護が行われている。

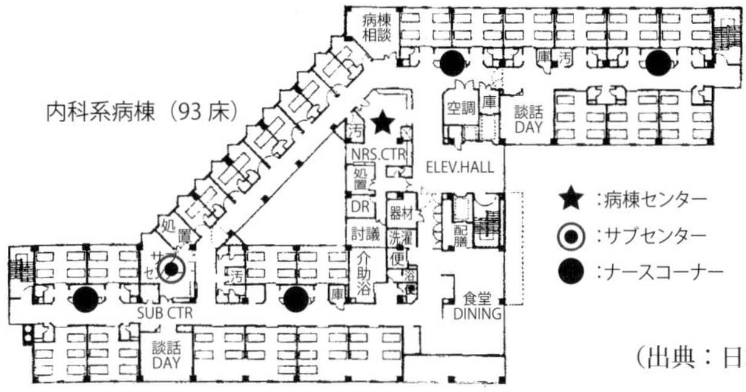

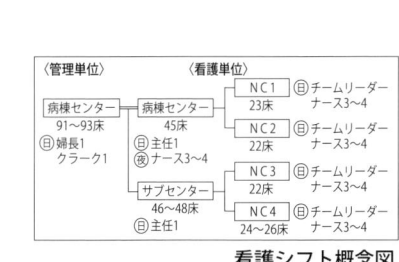

3章　部門計画

図3・22　諏訪中央病院の看護拠点と看護シフト
（出典：日本医療福祉建築協会 病院建築, NO72, 1986, 7）

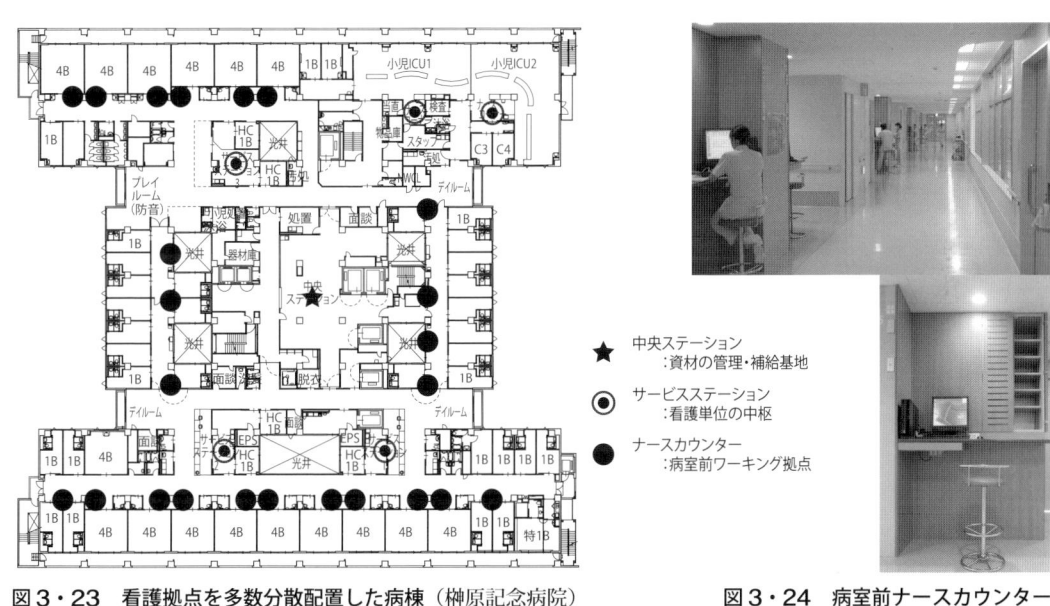

図3・23　看護拠点を多数分散配置した病棟（榊原記念病院）

図3・24　病室前ナースカウンター（榊原記念病院）

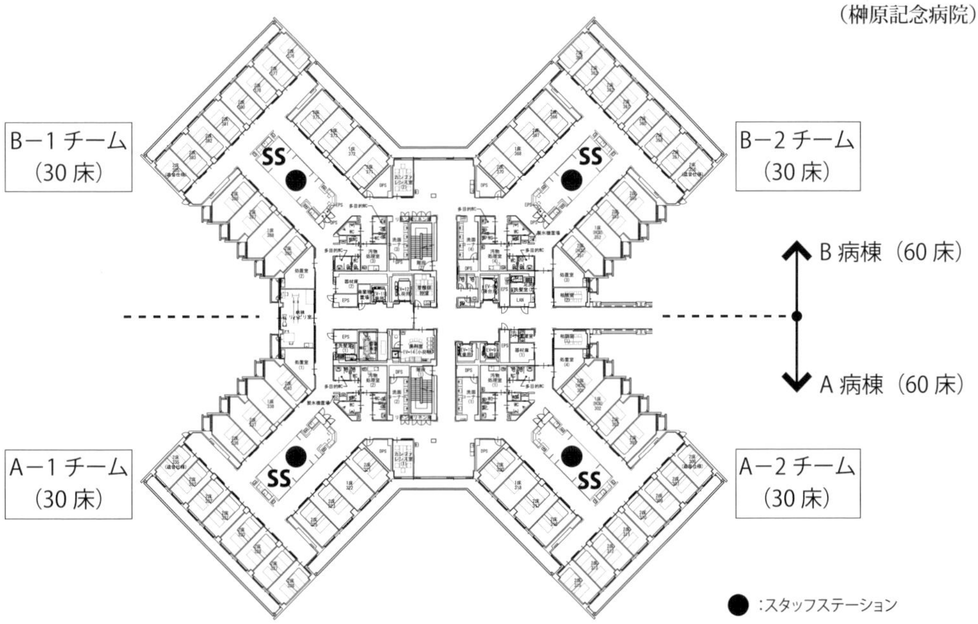

図3・25　病室群の中央にオープンスタイルのスタッフステーションを設けた病棟（星総合病院）

5．スタッフ諸室の設計

病棟にはスタッフステーションのほか，カンファレンス室，スタッフ休憩室，汚物処理室，器材庫，リネン庫など看護を行うために必要な部屋が設けられる。カンファレンス室（討議室）は，看護師およびその他の医療スタッフによる打合せや勉強会，患者や家族に対する説明や相談，実習学生の教育等，さまざまな用途に使用される。

また，本来休憩スペースは現場から離れた気分転換が図れる場所とすべきであるが，病棟のスタッフ休憩室は，看護職員が少人数となった夜間の休憩中にも緊急事態に対応できるよう，スタッフステーション近くに配置したい，というニーズが高い。

汚物処理室では，ポータブル便器や尿瓶等を利用した際の汚物の処理，および便器の洗浄・消毒，オムツ等の汚物を置いておく部屋である。蓄尿後の尿量測定等もここで行うことが多い。臭気がこもらないよう，十分な換気をとる。また，汚物を持って長い距離を移動することがないよう，病棟の中央部に設けるか，2ヶ所以上に分散配置するなどプラン上の工夫も必要である。

病棟のあるフロアーに，薬剤部のサテライトスペースを設け，薬剤師が混注業務（点滴等のために基本輸液（ブドウ糖など）の中に種々な薬を混入させる作業）の他，病棟やベッドサイドで薬の相談・指導を行う拠点となるように計画する事例が増えてきた。スタッフステーション内の一角を薬剤部のスペースとする場合と，「病棟薬局」として，独立した部屋とする場合がある。

さらに，適温の食事サービスを提供するには，中央の厨房で配膳したものを温冷配膳車で運搬する方法が一般的ではあるが，病棟に配膳室を設け，みそ汁やごはんの配膳，場合によっては，うどんや焼き物を患者の目の前でつくって出すサービスを行う病院もある。治療のためには，食事も大切なので，おいしく食べられる工夫を病院と一緒に検討していきたい。

6．特殊な病棟

(1) 集中治療室

救急搬送された重症患者や，手術・血管カテーテル等の大がかりな処置が行われた患者に対し，24時間体制で密度の高い治療や看護を集中的に施すための病棟であり，英語名称「Intensive Care Unit」の略語「ICU」が広く使われている。

狭い意味でのICUは，診療報酬上「特定集中治療室管理料」の算定基準（1床あたりの広さと人員配置）を満たした病棟を指すが，算定基準に満たない病棟であっても，他病棟より密度の高い治療を行う場合，広い意味で「集中治療室」や「ICU」の呼称が使われている。

また，大規模病院や専門性の高い病院では，対象疾患や対象患者を絞り込んだICUが設けられることがある。主な例としては，虚血性心疾患を扱うCCU（Coronary Care Unit），脳血管障害を対象とするSCU（Stroke Care Unit），極小未熟児や重症な新生児を対象とするNICU（Neonatal ICU），ハイリスク出産を扱うMFICU（Maternal Fetal ICU）などが挙げられる。

いずれの場合もスタッフが動き回りやすく，患者を見守りやすく，治療・看護がしやすい環境を整えると共に，患者の二次感染を防ぎ清浄度を維持する建築・空調計画や，人工呼吸器やモニタリング機器など多種多様な医療機器に対応した電気・情報設備計画が求められる。

ICUは機能配置上，手術部，血管カテーテル室等から短時間で移動できる位置に設ける。病室（治療室）の空気清浄度を維持するため，出入口には前室を設け，スタッフの更衣室や手洗いを設ける。

患者を見守りやすく，ベッドサイドへ短時間でアクセスできるよう，スタッフステーションは治療室と一体のオープンスペースとして計画することが多く，患者のバイタルデータをモニターする複数のディスプレイを設置し，隣接して汚物処理室，カンファレンス（討議）室，器材庫などを設ける。

感染症患者に対応した隔離室や，化学療法や重

度火傷等による易感染患者のための無菌室を設ける場合もあり，感染しない・させないため，配置位置の工夫や手洗いの設置，独立した空調など，施設上の工夫が必要となる。

ICUはベッドまわりに置かれる機器が非常に多いため，一般病室よりベッド間隔を広くとる必要がある。ベッド間隔は3.5m以上確保するのが望ましく，二次感染防止にも効果的とされる。

CCUの対象患者には，心臓カテーテルの施術後短時間で意識を回復し，自力で食事や排泄が可能になることもある。このような患者の心理面に配慮し，ベッドの一部を1床ごとに区画する場合もある。

NICU（新生児集中治療室）は，免疫力の低い未熟児や新生児を扱うため，更衣や手洗いなど感染防止には一段の配慮が必要である。未熟児を収容するインキュベーターなど24時間稼働する医療機器も多く，停電時の非常電源を充分に確保することが求められる。

(2) 産科病棟

「病棟」と称していても，妊娠や分娩は病気ではなく，妊産婦の多くは健康な女性である。そのため，出産を一生に数回あるかないかの大事なイベントととらえ，一般の入院患者とは異なる豪華な食事やハイグレードな個室など，独自のサービスを用意するケースもある。

産科病棟は機能的に，自己完結型の平面計画を行うことが多い。すなわち，診察室や検査室，処置室，分娩室，新生児室など分娩と産前後のケアに必要な部屋を病棟に併設し，院内感染を防止する観点から，妊産婦や新生児がなるべく病棟を出ずにすむようにする計画が望ましい。

病棟と分娩部が一体で運用されることから，分娩に必要な設備を備えた個室である「LDR（Labor[陣痛]～Delivery[出産]～Recovery[回復]の略）室」のように，両方の機能を備えた部屋が設けられることもある（図3・28）。

(3) 緩和ケア病棟

主として末期癌の患者を対象に，延命治療は行わず，痛みや熱，倦怠感といった不快な症状を和らげる処置とともに，こころのケアを行うことによって，QOL（Quality of Life）を最大限に確保して終末期を過ごすための病棟である。他の病棟にも増して，思いやりの行き届いた豊かな療養空

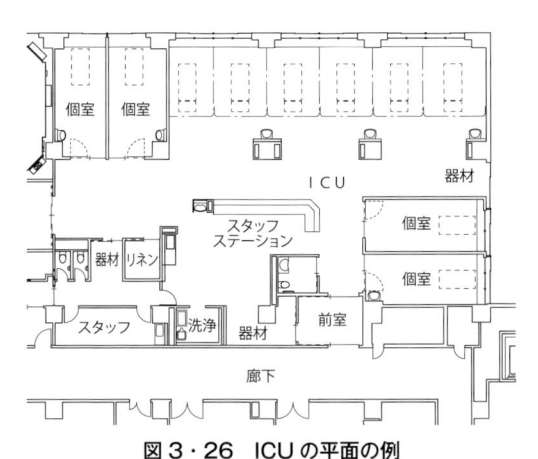

図3・26 ICUの平面の例
スタッフステーションから正対して，患者観察ができるプラン。

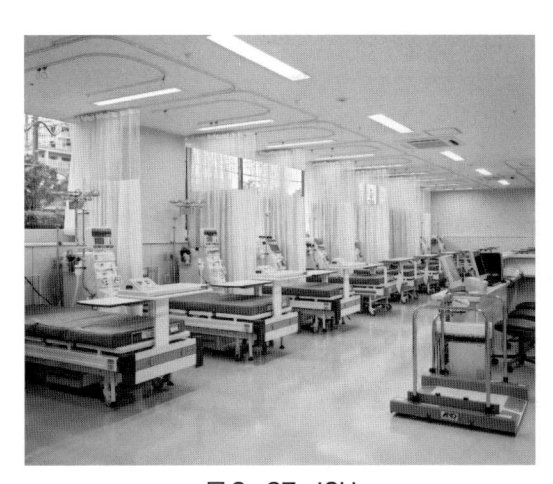

図3・27 ICU
窓側を頭として，ベッドが並べられており，「ナイチンゲール病棟」の看護しやすい計画が現代のICUに引き継がれている。

間を設計することが大切である。

病棟内には，自分の意志でひとりになれる場所や，誰かと一緒に過ごせる場を設ける。病室はすべて個室を原則とし，デイルームや瞑想室など，色々な形の共用スペースを設ける。

また，家族宿泊スペースや食事室，面会室など，患者と家族が共に過ごす場を設ける。

(4) 回復期リハビリテーション病棟

回復期リハビリテーション病棟は，急性期を脱し，在宅復帰を目指しリハビリテーションが必要な患者が入院する。主に脳血管疾患，脊髄損傷により，ある機能を失った，もしくは低下した患者を対象とする。入院期間が比較的長期にわたることから，治療環境とともに生活環境としての質も重要となる。リハビリテーション部で実施される訓練のほか，病棟での日常生活行動そのものが直接機能回復訓練となることからも，病室をはじめ，食堂，トイレ，浴室などの病棟内生活施設の充実が必須である。

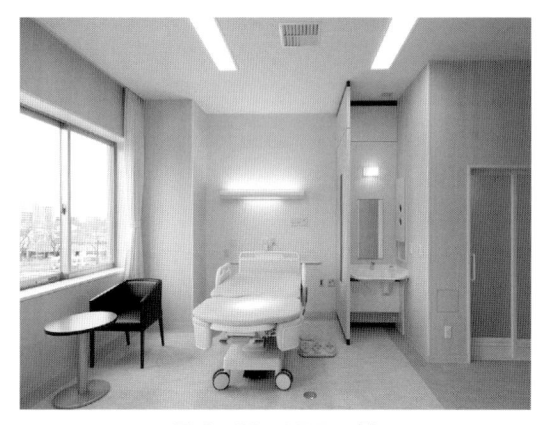

図 3・28　LDR の例
陣痛から出産，回復までひとつの部屋で行えるようになっている。天井には無影灯が収納されている。

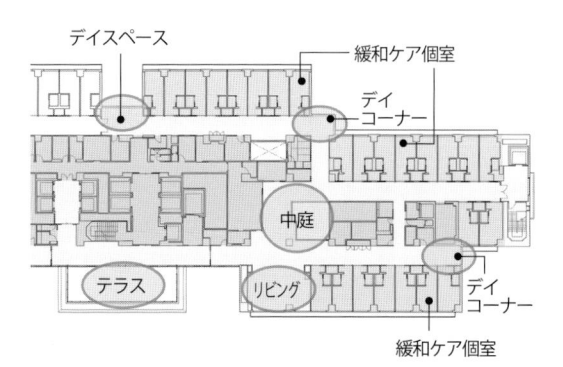

図 3・29　緩和ケア病棟例
病室以外にさまざまな患者の家族の居場所を設け，豊かな療養空間となるように工夫したい。

図 3・30　緩和ケア病棟に設けられた専用テラスの例
自然を感じられるしつらえも欠かせない。ベッドのまま出られるようになっている。

コラム ホスピス

竹宮健一（首都大学東京）

ホスピス

　ホスピス（hospice）とは，治癒が困難な患者とその家族に対して全人的なケアを行うことを目的としたケアプログラム，およびそれらを提供する場所を意味する。ケアはチームで行われ，患者とその家族が対象となる。現代のホスピスの考え方は，1960年代に英国の医師シシリー・ソンダース博士によって確立され，1970年代に入り世界各国に広がりをみせた。ホスピスで提供されるケア（hospice care）は，症状の緩和に主眼が置かれるため，緩和ケア（palliative care）と呼ばれるようになり，両者は，現在ではほぼ同義で用いられている。
　WHOは2002年に緩和ケアを次のように定義している。

　「緩和ケアは，生命を脅かす疾患による問題に直面する患者とその家族に対して，痛みやその他の身体的，心理的，社会的な問題，さらにスピリチュアル（宗教的，哲学的なこころや精神，霊魂，魂）な問題を早期に発見し，的確な評価と処置を行うことによって，苦痛を予防し和らげることで，QOL（人生の質，生活の質）を改善する行為である。」

　ケアを提供する形態によって分類すると，①独立型ホスピス，②病院の中にある緩和ケア病棟，③在宅ケアチーム，④病院内で活動する症状コントロールチーム，に分けられる。日本では，緩和ケア病棟を中心に普及しており，1990年に医療制度（診療報酬）の中に位置づけられた。日本ホスピス緩和ケア協会によると2012年2月時点で，244病棟（4,836床）が緩和ケア病棟として認可を受けている。
　一方，がん対策基本法（2006年）に基づいて策定された「がん対策推進基本計画」では，重点的に取り組むべき課題として「治療の初期段階からの緩和ケアの実施」が示され，がん治療を重点的に行う「がん診療連携拠点病院」には緩和ケアチームをもつことが設置要件に定められた。2012年4月時点で397施設が同病院の指定を受けている。

子どものホスピス

　ホスピスは，がんを対象とした包括的なケアを提供するプログラムとして始まったが，近年，AIDSやALS等の難治性の疾患にその対象を広げている。英国では，小児難病を対象とした子どものホスピスが45施設ある（2012年）。英国の小児ホスピス関連団体が発行した「子どものための緩和ケア」という小冊子によれば，小児ホスピスの特色は，1）遺伝的な原因によって，一家族に複数の罹患した子どもがいるケースも見られる，2）小児の疾患の経過期間が成人とは異なり，緩和ケアが数年間に及ぶ場合もある，3）子どもは身体的にも情緒的にも認識力においても発達段階にあり，このことが医療的・社会的ニーズと疾患・死に対する子どもたちの理解の両方に影響を及ぼす，4）家族は子どもにとって最良のケア提供者であり，在宅がケアの中心にある，と記されている。
　こうした多様なニーズに応えるため，施設には病室，家族室，プレイルーム・ラウンジ，療法室，霊安室・聖所，スタッフ諸室が用意されている。病室は原則個室で構成され，直接庭に出ることができるようになっている。また，きょうだいで利用する場合を想定し，個室間の壁に扉が設けてある部屋もある。特殊治療として，音楽療法，プレイセラピー，多感覚応用療法を行っており，それらに対応した諸室が設けられている。施設では，在宅での生活を補完するため，患者と家族のニーズに応じて柔軟なケア・サービスが提供されている。

（参考文献）
WHO: WHO Definition of Palliative Care, 2002
ACT and Royal College of Pediatrics and Child Health (RCPCH)：A Guide to the Development of Children's Palliative Care Services, 1997

3・2 外来部門

1．外来部門の特徴

(1) 機能

来院者が最初に訪れる所であり，病院の顔となる部門である。外来患者に対し，診断と処置，検査，薬剤の処方などを行う部門である。明快で機能的な施設計画とともに，庭園を設けたり，外光を取り入れるなど豊かなアメニティも求められている。

(2) 規模設定

一般的に外来部の規模設定にあたっては，予測される1日外来患者数がポイントとなる。外来率（1日外来患者数／病床数）はおおむね1.5～3.0の間に分布するが，家族による付添い等を考慮すると，実際の来院者数はこれより3割～5割程度多いと考えた方がよいであろう。

外来部門面積の40％が診察・検査・処置室，10～15％が待合に充てられる。

従来は午前中に来院者が集中し，長い待ち時間と待合スペースの不足が問題であったが，近年予約制の普及が進み混雑は緩和されてきている。更に予約による外来ピークの平準化も進んでいる中，余裕のあるスペースでプライバシーと快適性を重視した外来部門が必要とされてきている。

また近年普及している，電子カルテと連動した外来患者用呼び出しページング機器（コラム参照）を導入した場合，診察を待つ場所を限定する必要がなくなり，時間まで患者が好きな場所で過ごすことができる。院内で患者が居場所を選べる様になる為，カフェやラウンジ，庭園などの快適な空間造りが求められている。

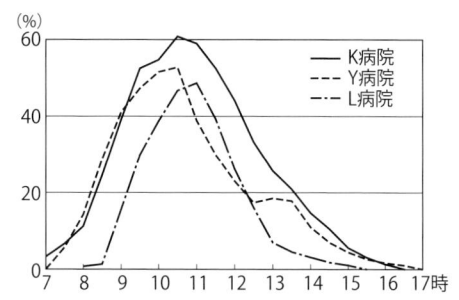

図3・31 総患者数に対する滞留患者数割合の時刻変動
午前中に外来の待合が多く発生するので，待合時間をどう過ごしてもらうか配慮が必要となる。
出典：宇田 淳「外来患者の院内行動から見た病院情報システムの効果に関する研究」

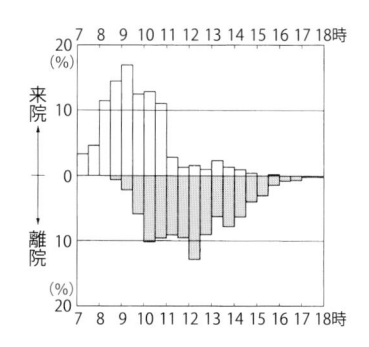

図3・32 来院患者数と離院患者数の時刻変動
外来患者の来院は午前中の早い時間帯に集中するが，予約制の導入によりピークをなくし，平準化が進んでいる。
出典：日本医療福祉建築協会

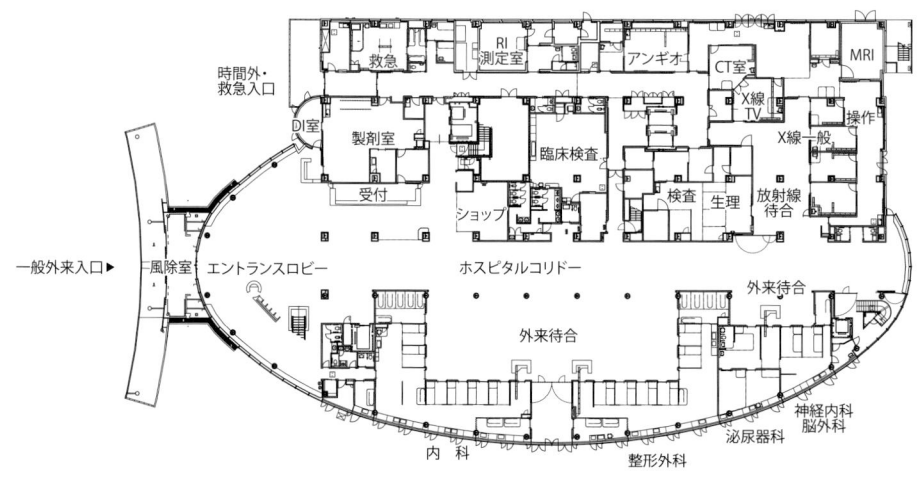

図3・33 外来部の配置例（やわたメディカルセンター）
病院に来て，最初に訪れる部門で，多くの動線が交錯する。わかりやすい平面計画が重要。

2. 外来部門の計画

初めて来院した患者でも迷う事なく，目的の場所にスムーズに移動できる様に，患者の動線を考慮して計画する。

来院した患者は，初診（新患）・再来（再診）のいずれかの受付に向かう。新患受付では保険証の提示により，カルテと診察券が作成される。再診では再来受付機の導入が主流となっている。

また，中規模以上の病院では主流となっているオーダリングシステムを導入していれば，診察終了と同時に会計と薬局にオーダーが電子的に届くので，患者会計窓口に着く頃には会計計算は終了しており，計算の為の待ち時間は最小限にできる。会計窓口または自動会計機により支払の後，患者は薬剤の引換券または処方箋を領収書とともに受け取る。電子カルテやオーダリングシステムの導入により，従来のように受付・会計・薬局・カルテ庫・診察室を隣接して設けることは必ずしも要求されない。計画上は患者動線がスムーズに流れることを主眼に置いて設計する。

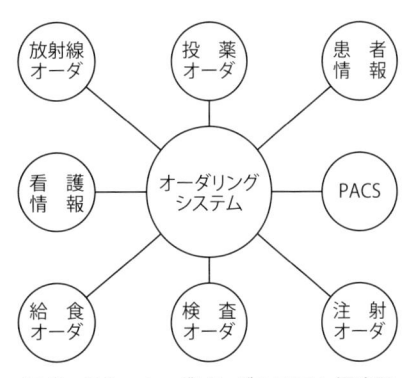

図3・34 オーダリングシステム概略図

電子カルテを中心に患者の情報のやりとりが電子的に瞬時にできる。紙データと比べ伝達の時間・労力が大幅に少ない。

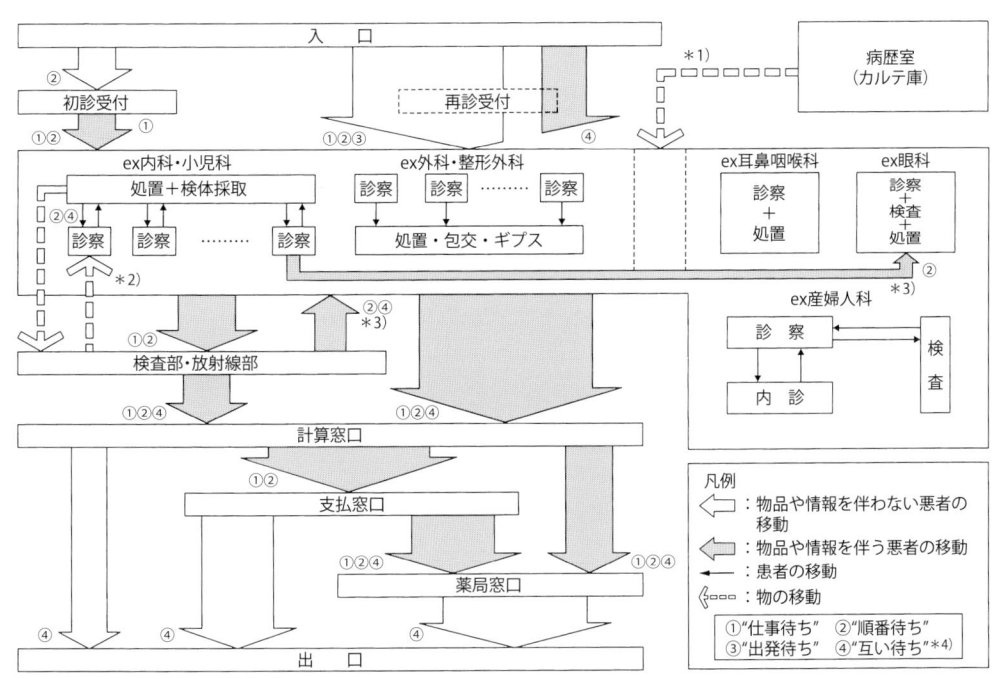

*1) 予約患者については前日に払い出す。予約外再来については，受付後に払い出しをすることになり，④互い待ちの発生となる。
*2) 内科系などの場合，診察前に検体の採取が行われることもあり，その結果待つ④互い待ちの発生が見られる。
*3) 外科受診も，検査後に再度診察を行う場合，当初の予約順の中に割り込むため，②順番待ちが発生する。
*4) 互い待ちは，現在，オーダリングシステムの普及により解消する方向にある。

資料：山下哲郎「2003年7月病院建築基礎講座」

図3・35 患者や情報の動きと「待ち」の発生に関する概念図

患者にとっては，移動した各所で待ちが発生するが，オーダリングシステムの導入などにより情報を先回りさせる事により，待ち時間を短縮できる。

出典：山下哲郎「2003年7月病院建築基礎講座」

| コラム | **外来患者呼び出しページングシステム** |

大石　茂（清水建設）

昨今大規模病院を中心に普及が進んでいる，外来患者呼び出しページングシステムとは，呼び出し情報を表示するディスプレーのついた端末を外来患者に個別に貸し出し，診察や検査などの目的に応じて端末の表示により患者を誘導する仕組みである。

利点としては以下のことが挙げられる。

- 受付後，診察・検査・会計まで患者を迷わせることなく，円滑に誘導できる。
- 患者が診察室前の待合に拘束されず，院内の好きな場所で待つことができる。
  総合待合，各科待合等，段階毎に呼び出して待ち時間を長く感じさせない運用も可能である。
- 呼び出しのディスプレー・音声呼び出しが不要なので，患者のプライバシーを確保できる。
  また，静粛な外来空間が実現できる。
  （ただし，最後の診察室への誘導はスタッフが直に声掛けするケースが多い。）
- インフルエンザ等の感染の疑いのある患者に，離れた場所で待って貰ったり，大勢の人から離れて待ちたい患者の希望に応えることができる。
- 時間外診察で，家族毎に自家用車の待って貰うなど，電波の届く範囲ならば運用上の様々な工夫の余地がある。
- 患者を探すスタッフの負担を大幅に軽減できる。

利用の流れは，先ず再来受付機兼用の呼び出し端末発行機に診察券を入れると呼出端末が出てくる。予約と連動した呼び出しが来るまで喫茶コーナーで過ごすなど，院内を自由に行動できる。呼び出し音と共に端末に表示された指示に従い移動し，診察・検査等を受ける。最後は会計で端末を返却し一連の外来診察は終了となる。

患者の姿が見えなくても呼び出せることから，大規模病院で普及してきたが，院外でも電波の届く範囲なら呼び出せるため，患者サービス上の利点を考えると中小規模病院でも採用が増える可能性は充分にある。

希望者には携帯電話の番号を登録してもらい，患者自身の携帯電話を呼び出す例も出てきており，予約・待ち・呼出の形態は急速に変化している。

図3・36　患者呼び出しページングシステム呼び出し端末
呼び出しの連絡があるまでは診察の直前まで，好きな場所で時間を過ごすことができる。

3章 部門計画

3．各室の設計

(1) 車寄せ・玄関・廊下

　車寄せは歩道と車道を分離するが，車道と歩道の段差は極力抑える。また，玄関から車道にかかる位置まで庇を延ばし，降雨時に配慮する。時間のかかる乗降，送迎バス，乗用車やタクシーの集中時を考慮し，十分な庇の長さを確保する。玄関の風除室は，風の通り抜けがないように外側と内側の扉の位置を左右互い違いにするなどの工夫したい。

　その他風除室の近くに総合案内板を置き，近傍にストレッチャー・車椅子置場を設けて来院患者や見舞客の利便性向上を図りたい。

　大規模な病院ほど，検査等で院内を移動する間に患者は自分の居場所が分からなくなりやすく，疲労や不安を感じることになる。大きくて分かりやすいサインを設けるとともに，外来を貫くホスピタルストリート（大通り）や吹抜を設けると，サインに頼らなくとも直感的にわかりやすくて使いやすい空間ができる。

図3・37　吹抜のあるホスピタルストリート
主要な動線に吹抜を設ければ，自分の居場所が確認しやすく迷いにくい。

(2) 総合受付

　総合受付には，一般に受付・会計・処方せん渡し窓口の3つの窓口が設けられる。これらとは別に入退院受付を設けることもある。入退院受付は時間も多くかかり，パジャマ姿の患者も利用するので，なるべく外来患者の目に触れないよう別の受付スペースを設ける等の工夫をしたい。また，受付は初診と再診を分ける場合もある。

　受付とは別に，総合案内カウンターを設けるケースが増えている。患者サービスの向上が主目的であるが，その他にインフルエンザ等の感染リスクの高い患者を入口で問診する目的で看護師を配置する場合もある。

　窓口はオープンカウンターとする事例が多い。その高さは，一般的には900mm〜1m程度であるが，座った状態で対応する入退院受付のカウンターと，一部に設ける車椅子対応のカウンターについては，700〜750mm程度に抑え，車椅

図3・38　総合案内カウンター
中規模以上の病院では総合案内カウンターを設け，患者サービスを向上させている。

子患者の足廻りが入るディティールとすることが望ましい。また，コンピュータ端末機が受付職員1名に1台必要となる。コンピュータ配線が錯綜するため，フリーアクセスフロアーの採用も検討しておきたい。

　中規模以上の病院では，「オーダリングシステム」の導入が進んでいる。これと同時に・自動再診受付機・自動精算機が受付まわりに設置されることがある。受付機は玄関から，自動精算機は会計窓口から見やすい位置とし，前面には患者が並んで待つのに十分なスペースを確保する。

　各診察科の受付で直に受付を行えば，総合受付を経由しない為，再来受付機等で患者に煩雑な手続きをさせない様にすることもできる。

図3・39　再来受付機
多くの患者をさばく再来受付の自動化により，患者の待ち時間・動線の短縮が可能。

(3) 薬局

　薬局についての詳細は3章4・2に示すので，ここでは外来診療部と関連する部分についてのみ記述する。

　中規模以上の病院では院外処方が主流となっている。その場合は会計で処方箋を受け取り終了となる。患者の自宅近傍の院外処方薬局を紹介する，薬剤師会のカウンターを設けることもある。

　院内処方を行う場合は，診察時に医師が作成した処方箋は，会計を経由して薬局に届く流れの運用が多い。これをもとに薬剤師が調剤を行い，服用方法を記載した薬袋に入れ，直接患者に手渡す。この作業の流れをふまえ，配置計画を行う。

図3・40　各科ブロック受付
再来の自動化や予約が多くなれば，患者が直接外来のブロック受付に来れるようになる。

(4) 待合スペース

　待合スペースは，受付を終了した外来患者が，少しでも快適に過ごせるための工夫が求められる。

　例えば，トップライトや中庭（ライトコート），アトリウムの設置によって自然光を取り入れたり，植栽を多く設置したりすることも有効であるが，十分な照度を確保し，吸音性の高い仕上材を使うといった基本的な配慮の積み重ねが必要である。待合に置かれる椅子の仕様や，テレビ設置の是非等についても，待合スペースの環境づくりの

図3・41　処方箋の受渡し
院外処方の場合は会計で処方箋を受け取るため，投薬の専用窓口はない。
院外処方薬局の室内カウンターを設ける場合もある。

一環として，病院側と十分な協議を行いたい。

患者のプライバシーに配慮し，待合の椅子もただ平行に並べるのではなく，患者同士の目が合わない様に配置を考えたり，小さな単位の待合コーナーに分けるなど，待合空間を分節する工夫をしたい。

診察室から患者を呼び出す方法については，従来はマイク・スピーカーを利用するのが一般的であったが，昨今は多目的ディスプレイに次の診察の人の番号を表示し，診察室にはスタッフが肉声で呼び込む事例も多い。更に進んで，呼び出しページングがあれば，診察の直前に診察室に誘導されるので，ディスプレイによる番号呼び出しは不要であり，患者にとっては診察室の前で自分の順番を待っている必要がなく，あまり待ち時間を長く感じる事がない。

小児科は，一般の診察待合とは別に待合を設けると騒音の問題が無い。感染症対応の待合と診察室を別に設けることが望ましい。

産科・婦人科は，プライバシーの確保と感染防止に配慮する為に，他の外来待合から目立たず，独立した場所に設けたい。

(5) 診察室

一般的な診察室は，入口を入って左側に医師のデスクを，右側に診察台や脱衣かごを置くスタイルをとる。デスク正面の壁に画像用ディスプレイを，診察台の周囲にはキュービクルカーテンを設置する。複数の診察室が並ぶ場合は，診察室の裏側に作業廊下を設け，看護師が行う各種の準備作業や診察室間の移動に供する。

診察室の間口寸法は，おおむね2.7～3.0m前後としたい。一方，奥行については3.0～4.0m前後が望ましい。院内感染への配慮から診察室内に手洗いを設置し，科目によっては診察室での処置の為の器材が置かれ，オーダリングシステムの端末の設置スペースを考慮する。

近年は，電子カルテ化が進み，検査結果や画像を端末で患者に示しながら説明することが多い。診察机もその目的に合わせた形状の物が採用され

図3・42 受付待合スペース
自然光の入る明るく開放的な受付待合。エントランスホールと一体の空間としている例。椅子のデザイン，色もインテリアに合せてコーディネートしている。

図3・43 診察待合スペース
ディスプレイで順番待ちを番号で表示し，診察室からスタッフが出てきて呼び込む

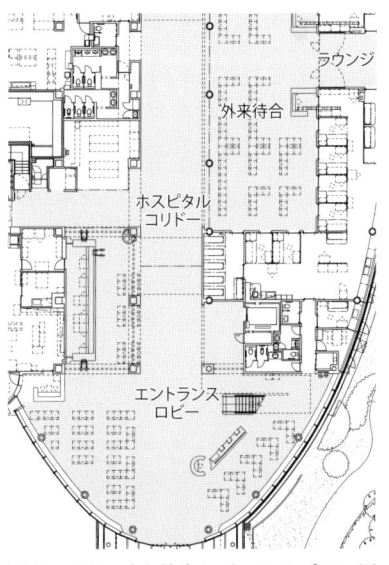

図3・44 外来待合スペースのプラン例
呼出しページングがあれば，待合には診察の直前に来れば良い。自由に待てる院内のラウンジやエントランスロビー，庭園などフリースペースの充実が求められる。

ている。

(6) 検査室等

診療科目によっては、診察室に検査室等を併設する場合がある。概略を表3・1に示すが、特殊な設備が求められる場合も多いため、その要否や配置・大きさについては、計画の初期段階での十分な打合せが必要である。以下にその例を示す。

- 整形外科：診察室内で歩行して様子を観る場合がある為、一般の診察室よりも広めにしておくことが望ましい。ギプスカットをする室は防音措置が必要である。
- 眼科：視力検査を行うため、直線で5mの距離を必要とする場合がある。平衡機能検査を行う場合は暗室を設ける。コンタクトレンズコーナーを設ける場合もある。
- 耳鼻咽喉科：顕微鏡を取り付ける専用の寝台を設置したり、蒸気を噴霧するネブライザーを置くスペースが必要である。聴力検査は既製の聴力検査ブースを置くことが多い。
- 産婦人科：診察室に隣接して内診台を置く内診室を設ける。超音波検査室を必ず設置する。

(7) 処置室

診察後、外傷の処置や点滴、採血等を行うため、診察室に隣接して設ける。科目別に処置室を設ける場合と、複数科目の共用とした中央処置室を設ける場合がある。ただし、泌尿器科や産婦人科、精神科のように、処置の内容が特殊な科目は個別に処置室を設ける必要がある。中央採血室は廊下や待合から採血している姿が見られない配慮が必要である。

中央処置室には処置ベッドを複数設けるほか、各種の器材を置くスペースが必要である。また、待合ホールからストレッチャー等が直接入るルートを確保し、後方では診察室群の作業廊下に接続させるとよい。

(8) 救急・時間外外来

救急・時間外外来は、救急指定病院には必ず設

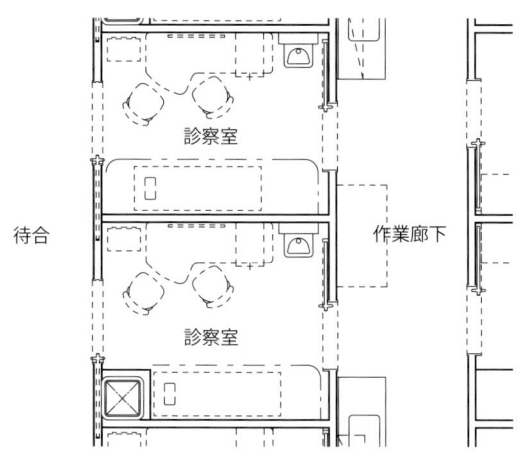

図3・45 診察室（1/100）
待合と作業廊下の両方の出入口に引戸を設け、プライバシーに配慮している。作業廊下側の扉は、患者の安心感の考え方により、取付けない場合もある。

図3・46 診察室
電子カルテのディスプレイを患者に見せながら診察を行うことが出来る机の形状としている。

表3・1　診察室に併設される検査室・治療室

科　目	主な併設室
整形外科	ギブス室
皮膚科	生検・小手術室，光線治療室
眼科	視力検査室，視野検査室，レーザー治療室
耳鼻咽喉科	聴力検査室（無響室）
小児科	隔離診察室
泌尿器科	超音波室，膀胱鏡室
産婦人科	内診室，超音波室，NST室，身体計測室
循環器科	心臓超音波室

診察室を大きくして、各科の治療・検査を行うことができるようにしている例も多い。
出典：中山茂樹 他「日本建築学会計画系論文報告集」

ける。各病院の治療レベルによって一次～三次に分類され，中小病院の場合は一次もしくは二次救急がほとんどである。

救急外来は外部から直接出入りできる位置に設け，救急車が容易に横付けできるよう計画する。小規模な病院の場合には一般外来の外科処置室等と兼用させる場合もある。

救急処置室には各種医療ガス，医療機器用電源を備える。入口近くにシャワーの付いた洗浄コーナーを設け，交通傷害等で身体の汚れた患者を洗浄できるようにする場合もある。

救急外来は救急車搬送による患者だけではなく，診療時間外の受診のために自力で来る一般的な外来患者の診察を行う場合もある。可能であれば専用の時間外診察室と待合室を設け，救急とは別の外部出入口を考えたい。

時間外の診察室は専用に設けた場合でも，画像診断部等は救急部門専用に整備することは難しい為，時間内に使う室を兼用することとなる。病院全体のセキュリティ上，夜間・休日に患者が立ち入る事のできるゾーンを限定する為，部門間のレイアウトを工夫し，必要に応じ管理扉を設ける必要がある。また，時間外の会計や投薬の場所も決めておく必要がある。

大規模病院では専門外来以外にプライマリ・ケア対応として総合外来を設けることが多い。時間外外来を日中は総合外来に利用して効率的に運用するケースもあるので，その場合は時間外外来の日中の動線への配慮も必要である。

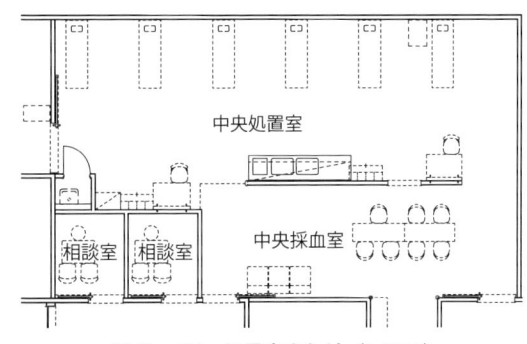

図3・47 処置室まわり（1/200）
時間外や救急の点滴室を兼用し，処置ベッドの利用率を上げている

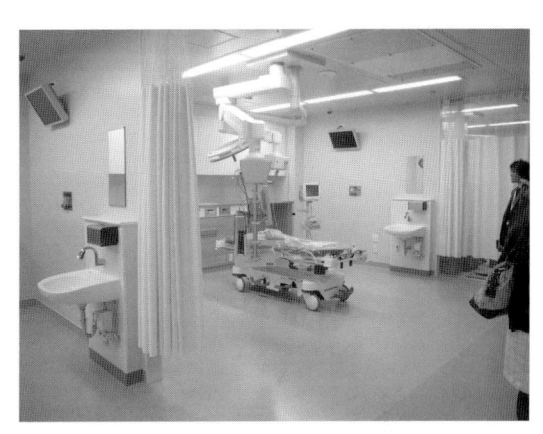

図3・48 救急処置室
救急車から救急処置室へのアクセスを最優先とする。

(9) トイレ 関連

外来まわりに設けられるトイレについて，図3・50に配置例を示す。中小規模の病院では後述の「採尿室」を兼ねていることが多く，その場合は臨床検査室との検体のやりとりを考慮して計画する。

主要トイレの出入口は主要動線に近い位置とし，扉は設けずに視線をさえぎる工夫を行う。通路幅は900mm～1m程度とし，松葉杖を使用する患者等にも配慮する。また，手洗器や小便器

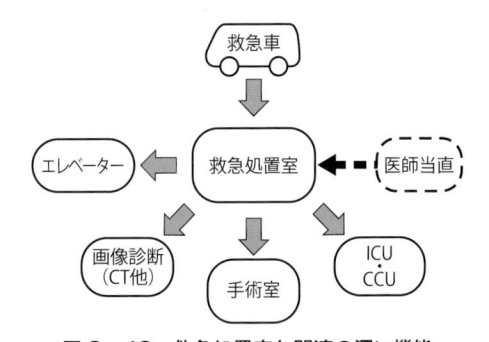

図3・49 救急処置室と関連の深い機能
画像診断部や手術室・ICU・CCU・医師当直室と，同一階の場合は近接して配置し，他階の場合は寝台用エレベーターの動線が最小限となるように配置する。

の間隔は800～900mm程度とし，杖用のフックを設ける等の細やかな配慮をしたい。

トイレブースについては万一，ブース内で利用者が昏倒した場合を考え，外から開放できるようにし，非常開錠装置を設ける。また，気分の悪くなった利用者のためのナースコールも必ず設置したい。

起立補助のための手すりも設置するが，使用時に相当な力がかかるので，設置する壁面には十分な補強を行う。

その他，ブース内に点滴キャスターを入れられるようスペースに配慮する。また，荷物置場やベビーチェアについては，患者サービス向上の観点から設置を検討したい。

車椅子用トイレは，ギプス固定により足を屈伸できない患者も利用するので，2m×2m程度の広さが望まれる。また，車椅子トイレを誰でも使えるユニバーサルデザインの多目的トイレと位置づけて広さを確保し，おむつ替えシートや，着替え台，オストメイト対応の機能を設ける例が増えている。

その他，外来廻りに必要な機能として，授乳室，相談室，電話・携帯電話ブース，売店，自販機コーナーを必要に応じて計画する。

(10) 外来診療の変化

外来における診療行為も近年変化が見られる。その主なものをいくつか挙げてみたい。

癌治療の化学療法は，従来は入院での治療であったが，今では通院による外来化学療法の割合が多くなってきている。

内視鏡による手術も外来の内視鏡部門で行われる例も出てきている。日帰り手術も現状は手術部で行われているが，今後手術内容によっては外来部門で行われる可能性もある。

その他の診療部門では，人工透析やリハビリも入院患者と外来患者の双方を受け入れている場合がほとんどである。外来患者の動線への配慮は当然の事として，病態の異なる入院患者と外来患者のゾーンを部門内で分ける工夫が必要である。

外来部門の区分けは従来，内科や外科等の診療科別であったが，臓器別に複数診療科をあわせてセンター化して外来診療を行うケースもある。複数科の判断をあわせて治療方針を立てたほうがよい場合等に患者にとっては一度の受診で済むため，患者本位の診療といえる。

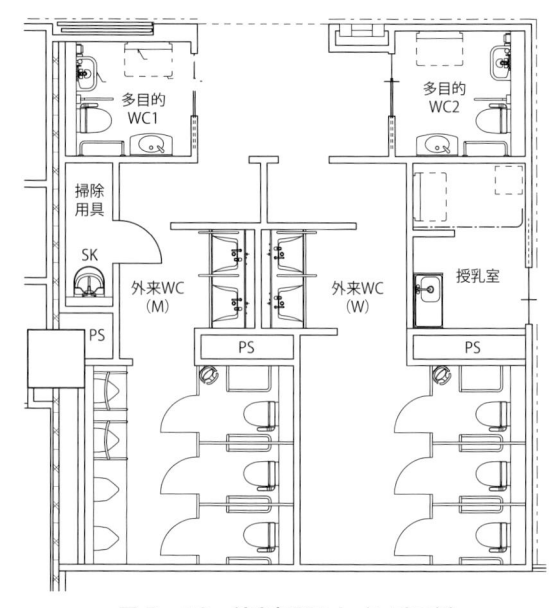

図3・50　外来部門のトイレ計画例
患者の移動に配慮し，極力トイレの出入りは扉なしで計画する。

図3・51　パウダーコーナー
患者サービスを重視し，パウダーコーナーを設けた例。

コラム　災害・テロ・パンデミック対応

大石　茂（清水建設）

　大規模災害時は病院に多数の傷病者が殺到する為，全ての患者に対応する事は不可能となる。最善の救命効果を得る為に，治療の優先度を決定する「トリアージ」を行う。トリアージを病院内に患者を受け入れる前に行う場合は，病院前庭等にトリアージ用のテント等を設けるスペースとその資材の備蓄が必要となる。病院内にも治療すべき多数の患者に対応する為に待合ホール等を非常用の治療スペースとして想定する場合は，医療ガスや非常電源を装備して置く。

　新型インフルエンザ等のパンデミック時には感染拡大を防ぐ目的で，他の患者から隔離した場所で発熱外来として診察を行う。災害時同様，病院前庭等にトリアージ用のテント等を設けるか，病院講堂等の広いスペースを発熱外来の場所に充てるべく計画する。

図3・52　トリアージ用テント
病院の外廻りスペースの非常時の利用計画をあらかじめ立て，テント等のスペースを検証しておくと良い。
出典：佐倉消防署ホームページ

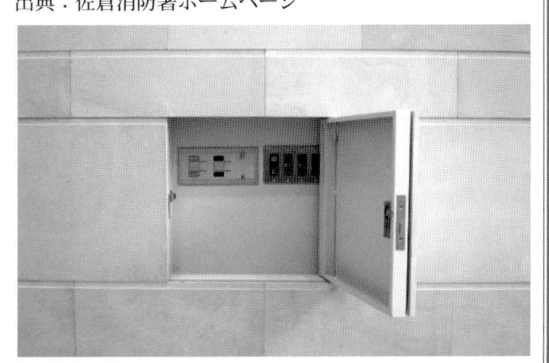

図3・53　ロビー壁面の隠蔽式医療ガス
日常は待合ロビーのため，医療ガスを隠している事例

3・3 診療部門

1. 診療部門の特徴

診療部門とは，各種検査により病気の診断を確定し，それに基づき本格的な治療を行う部門であり，以下の各部が含まれる。

- 手術部
- 画像診断部
- 生理検査部
- 検体検査部
- 内視鏡部
- リハビリテーション部
- 化学療法部
- 血液浄化部（人工透析部）
- 分娩部
- 放射線治療部
- 核医学検査部

診断・治療技術の進歩と多岐化が進むのに比例して所要室の種類・数ともに増加し，各室の建築的仕様にも特殊な対応を求められる傾向にある。

診療部門は，入院患者と外来患者の双方が利用する部門であり，患者のみならずスタッフの動きも頻繁で，医療器材や薬品など物品の供給も多い。移動や搬送に要する手間を少しでも低減するため，病院内や部門内での配置や動線計画を，効率良く計画し，働きやすい環境づくりに配慮する必要がある。

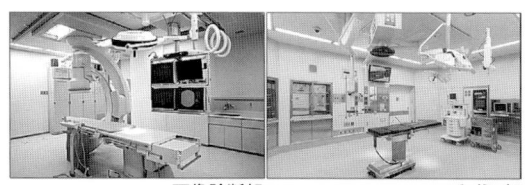

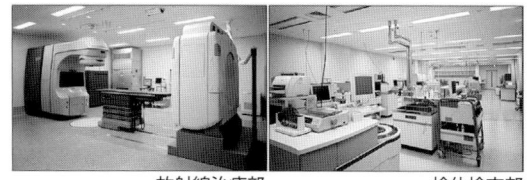

図3・54 診療部門を構成するさまざまな機能

2. 手術部の計画

(1) 配置，他部門との関係

診療部門は診療各科の共同利用施設であるが，その中でも特に手術部は様々な部署との緊密なつながりを持つ。現状では，手術を受ける患者の大部分は入院患者であるため，病棟から手術室に至る動線は，外来等の他の一般動線と交錯しないように計画する。

最近では外来手術を行う病院も増えている。当日来院して手術を受けるため，入院患者の動線とは区分して，更衣室や待機室などの専用のスペースを計画する。

救急処置室では対処できない救急患者の緊急手術に対応するため，効率的な患者搬送が可能な救急部との位置関係や搬送用エレベーターの近接配置などに配慮する必要がある。大規模病院では救急部から手術部への専用エレベーターを設けることが多い。

また，手術後の経過観察が必要な患者を受け入れるICU（集中治療室）においては，手術部と隣接した位置や同一階に計画することが望ましい。

手術部では大量の滅菌済器材を使用することから，これを管理する中央材料部との関連も深く，両者を隣接させるか，もしくは上下に重ねた位置関係とし専用エレベーター等によって直結する必要がある。

洗面等の水廻りがある場合，給排水配管が床を貫通するため，配管からの万が一の漏水事故を考慮し，手術室の直上には極力手洗いやトイレなどの水廻りを置かない計画としたい。やむを得ず，手術室上部に水配管を設ける場合は，手術室の直上階の床スラブ上で配管を処理する等の漏水対策が必要となる。

(2) 規模

手術部の規模は，手術室を何室設定するかによる。急性期病院では1室あたりの手術件数は500〜550件／年間が運用上限界との報告もあり，一日の回転数は平均2回程度である。

ただし，病院の規模や専門性によって設定に幅があり，科目や手術の部位を特定した手術室を多く設ける場合もある。急性期病院では病室50〜60床に1室程度が現在の平均となっている。

手術室の広さは，内法30〜50m^2程度が主であったが，最近では大型の医療器材が使用される傾向があり，手術室の面積は増加する傾向にある。

(3) 平面計画

手術部の平面計画には，清潔物品と汚染物品の動線管理と運用効率を考慮して様々な提案がなされているが，わが国で多く採用されている平面形は，図3・58に示すタイプである。

従前は，面積効率の観点から「中央ホール型」が一般的であった。次第に，清汚管理や空調ゾーニングの明確な区分を重視して，手術室の外周に廊下を設けた「供給廊下型」や「回収廊下型」，また，清潔器材を準備・供給するホールを中央に設けた「清潔ホール型」やさらに清潔器材の動線を分離した「供給ホール型」が計画された。

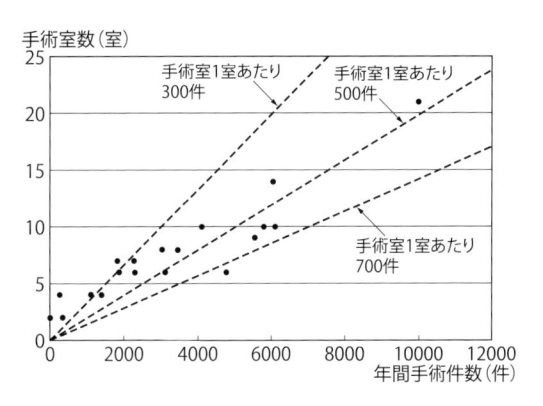

図3・56 手術室数と年間手術件数の関係

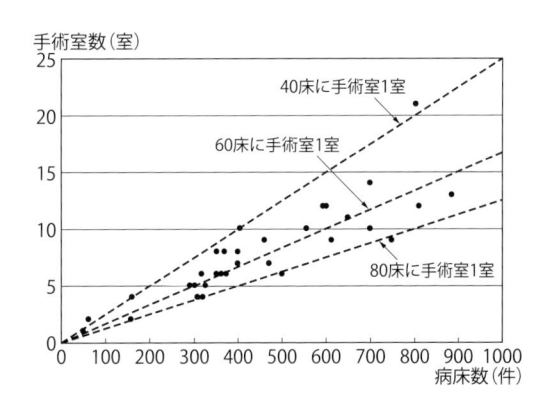

図3・57 手術室数と病床数の関係
（出典：社団法人 日本医療福祉建築協会，病院における手術部の運用に関する研究報告書）

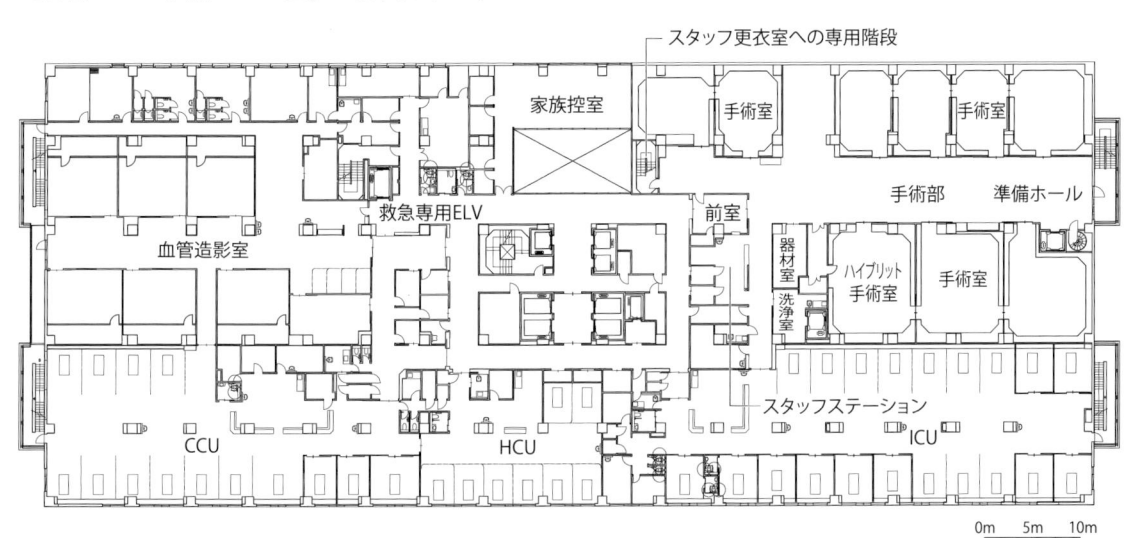

図3・55 手術部，集中治療室等の関連する部門を集約配置したレイアウト例
他の階にある救急と専用エレベーターにより連絡し緊急対応する。

近年では，器材の物流動線として，手術室の外側に廊下を配置する「新外周廊下型」や，中央ホールに器材ホールを設けることで効率的な運用が可能な「器材ホール型」も計画されている。

手術部の清潔管理に対する施設面の配慮として，空調設備により空気清浄度を高めることは第一であるが，一方で手術部全体の出入口を数か所に絞り，部門外の通過交通の無い平面計画とすることで，非清浄空気の侵入を抑え，人・物の出入りをチェックしやすくすることも重要である。

手術部の諸室としては，手術室のほか，更衣室と器材庫，麻酔医控室は必要である。さらに，規模や運用方法に応じて待機室，家族待合室，説明室，回復コーナー，スタッフステーション，病理標本切出室といった部屋が必要となる。

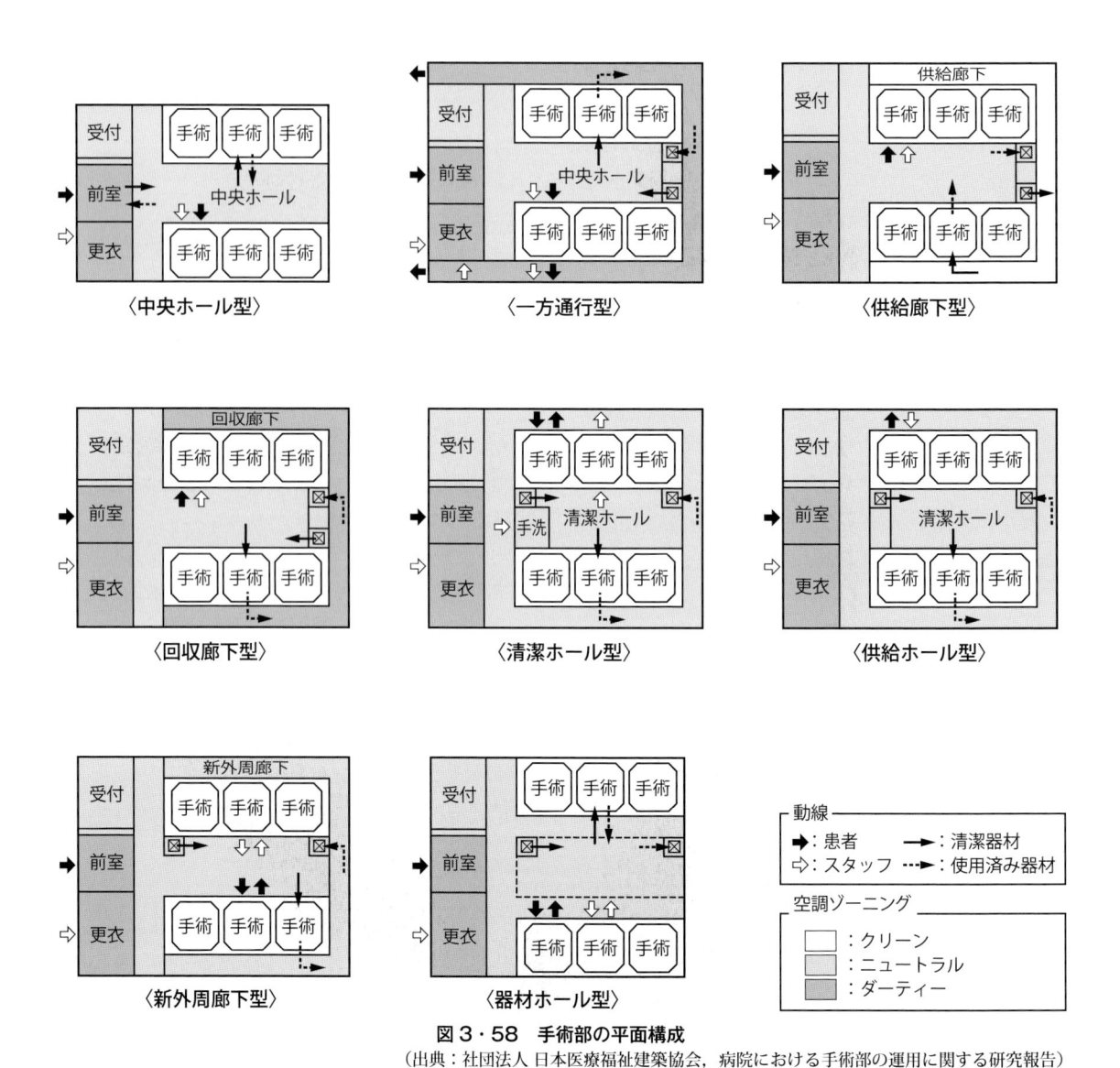

図3・58　手術部の平面構成
（出典：社団法人 日本医療福祉建築協会，病院における手術部の運用に関する研究報告）

(4) 各室の設計
① 手術室

　手術室は使用する診療科や手術部位によって，必要とされる大きさや清浄度が異なる。近年では，様々な手術に対応可能なように，手術室を標準化（コンパーチブル化）する一方で，手術の高度化に伴い医療機器が多数入るため手術室の大型化が進んでいる。

　また，最近では，手術室内にアンギオ装置やCT，MRIなどの画像診断機器を設置した，高度な診療を可能とする「ハイブリット手術室」，術者を支援するためのロボットを活用した「ロボット手術室」も計画されてきている。

　手術室は病院内で最も高い清潔度が必要である。そのため，内装には清潔維持に適した材料と納まりが求められる。床・壁ともに平滑で，拭き取り作業がしやすい材料を用い，継目には溶接やシーリング等を行って，防汚性・気密性の高い仕上げとする。

② 準備ホール

　平面計画によって様々な呼び方をされているが，前室と手術室の間に設けられるホールを指す。ここでは術前手洗いや器材の整理が行われる。

　ホールの幅は，ベッド搬送される患者やスタッフの出入りに支障が起きないよう，適正な広さを確保した計画とする。

　最近では，手術前の病棟における麻酔前投薬（プレメディケーション）を行わない病院が増加してきており，手術室に搬送される患者に配慮した安心感や信頼感，清潔感のある建築的なしつらえは重要である。例えば天井の照明はまぶしく，緊張を助長するものとなるため，患者が搬送されるルートの真上に照明が来ないように，照明を壁際に寄せる等の工夫が必要である。

　また，準備ホールに自然光の差し込む窓を設けることで，搬送される患者や手術部のスタッフの緊張感をやわらげる効果がある。

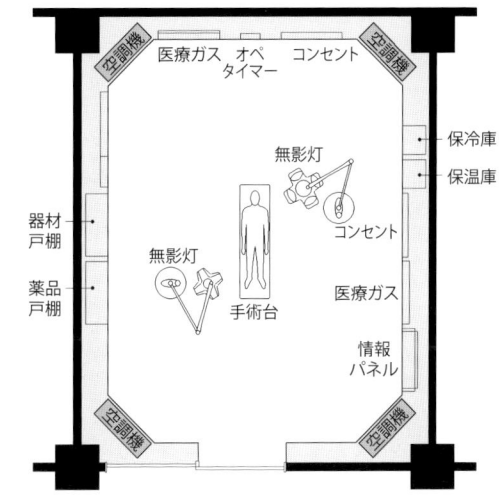

図3・59　手術室内のレイアウト例
手術台を中心に器材棚や保冷庫・保温庫等が壁面に収納される。上部には無影灯が吊るされる。

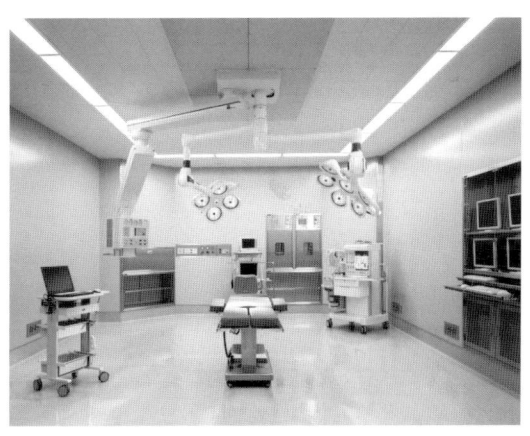

図3・60　さまざまな手術に対応可能な標準化されたレイアウトの手術室

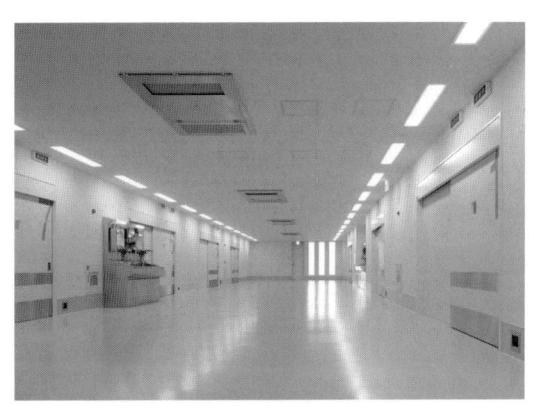

図3・61　適正な広さを確保した準備ホール
患者搬送を考慮し，壁際に照明を配置している。突きあたりには自然光の差し込む窓がある。

③ その他の諸室
ⅰ）前室

手術部の出入口には前室を設ける。従前では，これを乗換えホールと称し，ベッドで搬送されてきた患者はここで手術部内用搬送者に乗せ換えられていた。最近では前室での乗せ換えを行わず自力歩行，ベッド，車いすで手術室に入る事例も増えている。その場合でも清浄度管理の観点から前室は必要である。

ⅱ）器材庫

比較的使用頻度の低い器材等を収納するために設ける。ただし，「供給廊下型」「回収廊下型」のような清潔・非清潔分離のプランでは，清潔側のホール・廊下が器材庫を兼ねる場合が多い。

また，最近の事例として多く見られる中央ホール型では，増大する機器や滅菌材料を保管管理するスペースを準備ホール内に確保した「器材ホール型」の事例も見受けられる。

ⅲ）更衣室

入口を外部に，出口を準備ホールに面して設ける。更衣室にはトイレとシャワーを併設する。

終日，手術部門の中で働くスタッフの多い大規模病院の場合，清潔管理のために更衣室から出入りできる位置に休憩室を設け，休息や食事のスペースを確保した事例も見られる。

ⅳ）スタッフステーション

準備ホールに面して設ける。手術部の看護スタッフが手術の予約受付や記録等の管理業務を行う。準備ホールの一角にコーナーとして設ける場合もあり，手術室数の少ない小規模な病院では省略する場合もある。

ⅴ）回復コーナー（リカバリーコーナー）

手術後の患者の経過観察を行う場所である。

準備ホールの一角に設け，麻酔医や看護師が観察しやすい位置とする。病院によっては回復コーナーを設けず，患者を手術室から直接集中治療室等に搬送する場合もあり，安全な搬送動線の確保が重要である。

ⅵ）家族控室・説明室

手術部の中に設ける部屋ではないが，手術部門の出入り口の近くに配置し，手術を受ける患者の家族が利用する。

家族控室は長時間の待機を余儀なくされる場合もあるので，外光を取り入れるなど居住性には十分に配慮したい。また，手術中に術野をモニターで見ることができる設備を備えた個室を計画する場合もある。

ⅶ）日帰り手術への対応

手術当日に来院し，手術を受けて安静後に帰宅したり，手術後に入院する日帰り手術の事例が増えている。この場合，手術部門の一部に診察室や患者の待機室，回復室などの外来手術専用の部屋を計画する必要がある。また，外来や検査部門諸室との動線計画も配慮が必要である。待機室や回復室などは，長時間の滞在もあるため患者がくつろげる雰囲気作りが望まれる。

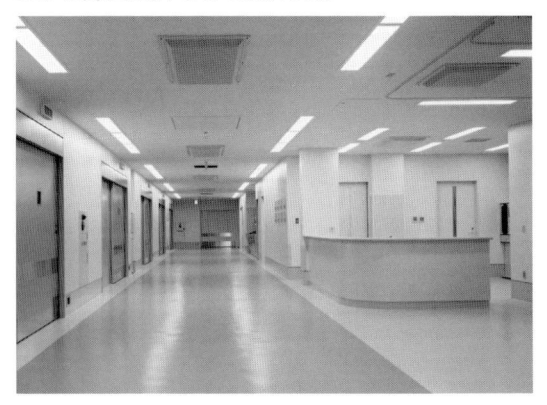

図3・62　準備ホールに面した見通しの良いスタッフステーション

図3・63　自然光の入る明るく落ち着いた雰囲気の家族控室

3．画像診断部の計画

(1) 機能

人体表面に極力傷をつけることなく体内の状態を検査するには，放射線の一種であるX線が多く用いられてきた。

一方，デジタル技術の急速な進歩により，MRIのように磁気を用いて，解析画像を表示する検査も多く行われている。このような検査を行う部署を一括して「画像診断部」と称する。

X線を用いる検査室については，X線が外部に漏れないよう，建築的な対応が必要となる。X線の遮蔽方法として一般的に用いられるのは鉛とコンクリートである。将来の改修等を行いやすくするため，厚さ1.5～2.0mm程度のシート状の鉛を，石膏ボード仕上げの内貼りとし軽量間仕切壁とする場合が一般的である。一方，コンクリートを用いる場合，厚さは15～20cm程度必要となる。

出入口の扉については間仕切壁と同様の鉛シートで裏打ちし，観察用のぞき窓には特殊な鉛入りガラス（透明樹脂製のものもある）を用いて間仕切壁に準じた遮蔽性能を確保する。

一方，磁場を利用したMRI検査室では，外部からの電波を遮へいするための電波シールドと撮影室外に強磁場が及ばないようにするための磁気シールドが必要となる。強磁場は，コンピュータの誤作動やTV画像のゆがみ，心臓ペースメーカーの作動不良等を起こすため，磁気シールドにより撮影室外に強磁場が及ばないよう計画する。十分な階高が確保できない時は，上下階にも磁場の影響が及ぶ場合もあるため注意が必要である。

(2) 配置・構成

画像診断部は外来部との関連が深く，患者の往来も多いことから，わかりやすい位置に配置する。特に救急外来がある場合，一般撮影，CT，MRIなどは緊急検査に利用される。画像診断部からスピーディーに得られる視覚的情報は，救急処置や緊急手術に欠かせず，救急外来と画像診断部を，極力近接させるよう計画したい。

画像診断部の検査室は，大きくは撮影室と操作室によって構成される。放射線技師が効率的に動けるようにするために，操作室をひとつながりとし，その片側もしくは両側に撮影室を並べるとよい。これが「操作廊下型」と呼ばれる一般的な平面計画である。

撮影室内の機器配置は，操作廊下側ののぞき窓に対して死角をつくらず，待合側からの患者の出入りもしやすいことが求められる。特に，患者を乗せる寝台部分が可動式となっている検査機器

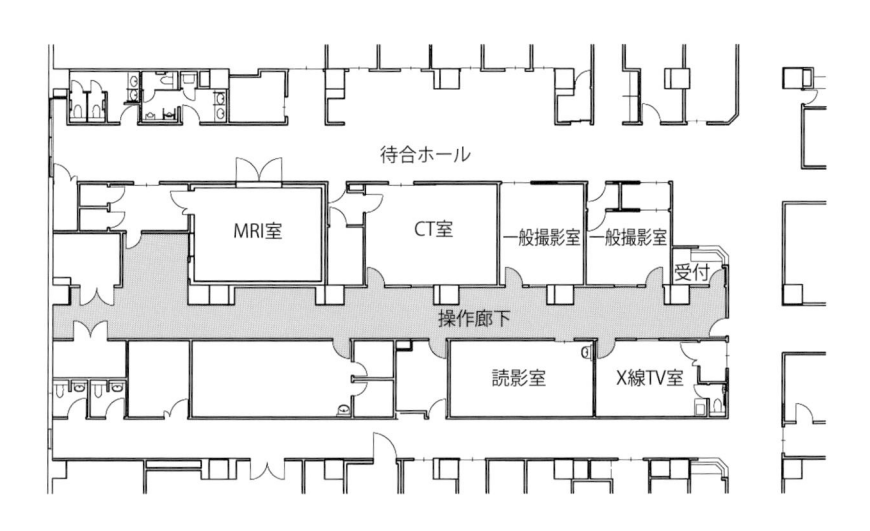

図3・64　放射線技師の効率的な動線に配慮した操作廊下型の画像診断部の配置計画例

（X線TV，X線CT，MRI）の場合，放射線技師は撮影と寝台の操作を同時に行うので，患者の安全確保や精度の高い検査の観点から，操作廊下からの視界の確保は重要である。

撮影室と操作室は操作用・電源用のケーブルで結ぶ必要があり，これらが床に露出しないよう，通常はケーブルピットを設けて対応する。また，操作室の床を，フリーアクセスフロアによる二重床とする例も多くなっている。そのため，画像診断部の床スラブを150〜250mm程度下げて計画しておくのが一般的である。

操作廊下を中心に構成されたブロックの周囲は，患者の待合スペースとなるが，操作廊下の一端をこの待合スペースに面させ，検査受付や検査技師の出入口を設け，患者の見守りや緊急時の対応がしやすい計画とする。

その他，読影室，器材保管庫，技師控室等についても，なるべく操作廊下に隣接した部屋，もしくはコーナーとして計画する。

かつては，撮影したフィルムの現像のため，暗室が必要だったが，近年では電子情報化された画像により管理することが一般的となってきている。

(3) 各室の設計

① 一般撮影室

X線撮影室としては最も使用頻度が高い。様々な部位や角度で撮影を行うため，天井に井桁状の走行レールを設け，これにX線管を吊り下げて汎用度を高める。撮影室の広さは汎用の場合4m×5m程度を必要とし，天井高さについても2.8m程度確保したい。規模の大きな病院では，撮影部位に応じてそれぞれ専用の撮影室を設ける場合もある。たとえば，立位での撮影となる胸部撮影等の場合は2m四方でも計画可能である。

② X線TV撮影室

X線による透視画像をテレビカメラで撮影し，モニターでリアルタイムに表示する。胃や食道等は，そのままではX線が透過してしまうため，患者に造影剤を飲ませて検査を行う。

撮影室の検査機器は，寝台がX線管とともに回転運動を行うため，撮影室の広さと天井高さはその運動範囲によって決まる。広さはおおむね5m×5m程度必要である。天井高さについては，おおむね2.8〜3.0mは確保したい。

注腸検査や内視鏡検査を行う場合は，洗面器の他に検査衣に着替える更衣室と，前処置のためのトイレを併設する必要がある。

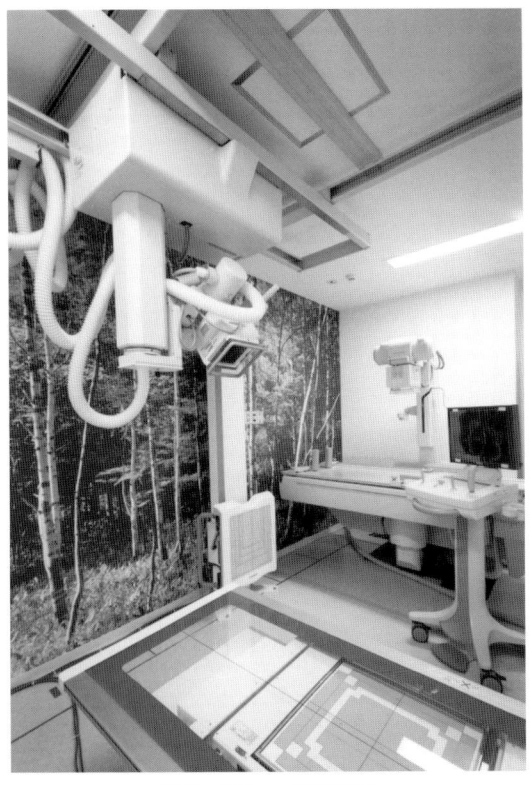

図3・65　一般撮影室
壁面写真により患者の緊張を安らげる工夫をしている。

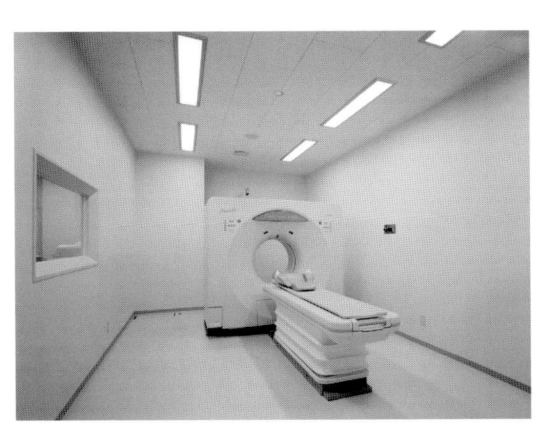

図3・66　X線CT室

③ X線CT室

　人体周辺でX線発生装置を回転させ，透過X線の強さをコンピューターで連続解析し，断面画像を得る。本体部分の機器重量は1.5～5tに達し，構造計画上，集中荷重への配慮が必要である。
　また，撮影室の広さはおおむね5×5m程度，ベッド搬送を考えた場合はさらに1mずつの余裕を見込みたい。

④ 血管造影室（アンギオ）

　患者の血管に造影剤を注入し，X線で血液の流れを観察・撮影する。また，単なる検査ではなく，カテーテルを血管に挿入し，治療を行う場合もある。その際，手術に近い医療行為が行われるので，高い空気清浄度が要求される。このため，血管撮影室は画像診断部ではなく手術部内に設置されている事例も多く見られる。また，多くのスタッフが室内で作業を行うため，おおむね7m×8mといった広いスペースが必要であり，天井高さも2.8～3mを要する。

⑤ マンモグラフィー

　マンモグラフィーは乳腺を撮影するために使われ，撮影姿勢は立位となるので機械もコンパクトにまとめられている。専用室を設ける場合でも2m四方程度でよく，一般撮影室に併設される場合もある。

⑥ 骨密度測定室

　骨密度測定は骨塩定量測定（DEXA）とも呼ばれ，X線を用いて骨のカルシウム量を計測する。高齢者や若い女性に多い骨粗鬆症の診断に利用されることが多い。広さはおおむね3m×4m程度を要し，天井高きは通常の部屋並み（2.4～2.6m）でよい。

⑦ MRI検査室

　核磁気共鳴現象を利用して，人体の断層撮影を行う。診断装置であるMRIの本体は，磁石とセンサーからなり，超電導コイルが使用されている。MRIの性能は磁気の強さにより表され，一般的に1.5テスラ～3.0テスラの機器が採用される。
　本体機器重量は，5～10t程度あり，集中荷重に対する構造的対応が必要である。また，小さく分解することが困難で重量もあるので，搬入経路について事前の検討が必要である。
　解析用CPU室を含めた撮影室の広さは，おおむね6m×9m程度必要であり，その中央にMRI本体を設置する。天井高さは2.8～3m程度となる。
　撮影室には外部からの電波を遮へいするための電波シールドと，撮影室外に強磁場が及ばないようにするための磁気シールドを施す必要がある。出入口の扉もシールド対応が必要である。

⑧ その他の諸室

　操作室には，撮影室ごとにマイク・スピーカーや照明の調光が必要となる。調光設備やマイクは，検査機器の操作卓廻りやのぞき窓付近に設置する。
　各撮影室で撮影され電子情報化された画像を確認する読影室は，操作室に隣接した部屋もしくはコーナーとして計画する。
　患者用更衣室は，各撮影室内または隣接して計画する。撮影室内に設ける場合は，カーテンで仕切り，コーナーとする。

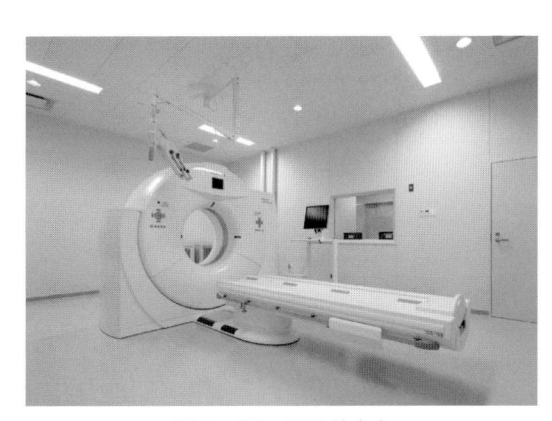

図3・67　MRI検査室

4. 放射線治療部の計画

(1) 機能

放射線治療とは，がん治療の一環として，がん細胞に放射線を照射する治療法である。放射線の種類や照射方法によりいくつかの種類がある。

体の外部から照射する外部照射治療では，リニアックと呼ばれる医療機器を用いることが一般的である。これは，直線加速器で加速された電子線を金属に当て，X線を発生させ，患部に照射して治療する。

近年では細胞致死作用が大きい，陽子線や重粒子線を用いた，粒子線照射治療施設も増えている。巨大な装置を必要とするため，施設自体も大きなものとなる。

また，小線源治療では，ラルス（RALS：Remote After Loading System）と呼ばれる医療機器を用いることが多く，粒状の小さな線源を体内に入れ，内部から放射線を照射する治療法である。患部の近くで照射することにより，周囲の正常組織に，できるだけ放射線を当てないことを目的としている。

(2) 配置・構成

放射線治療施設では，高エネルギーの放射線を用いるため，1.0～1.5m程度の厚さのあるコンクリート壁により遮蔽する必要がある。重装備な施設となるため，構造上の制約から独立した建屋としたり，地下に配置する例が多い。

治療装置は高額な医療機器であるため，治療室

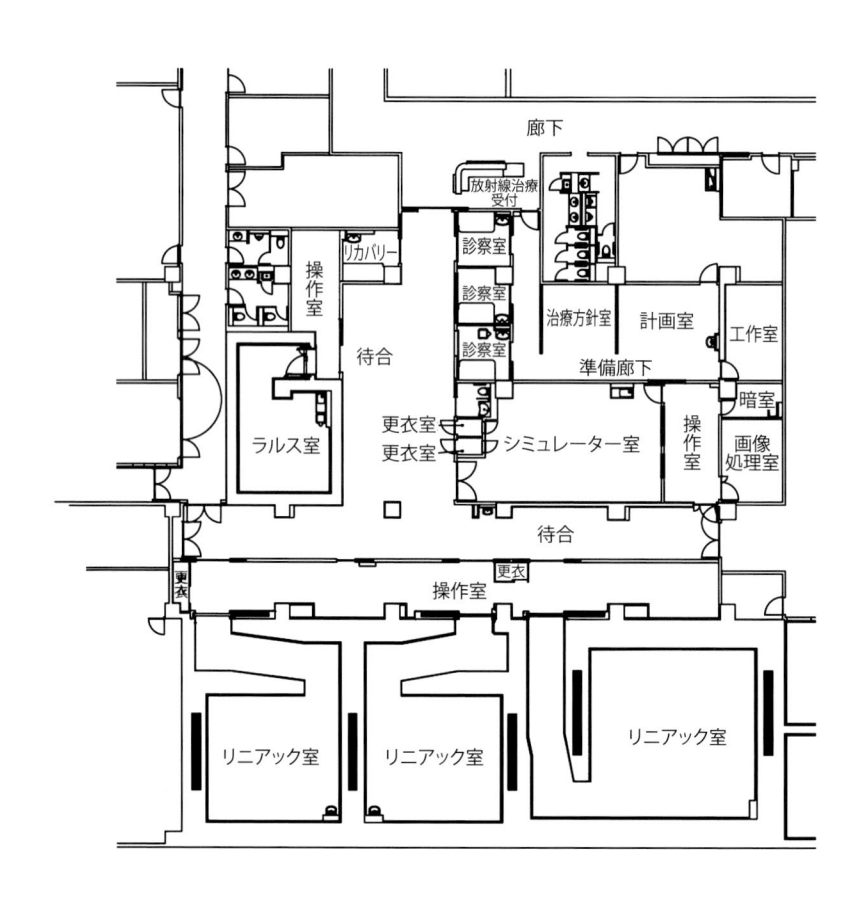

図3・68 リニアック，ラルスを配置した放射線治療部の平面例
高エネルギーの放射線を用いるリニアック室では厚いコンクリート壁と鉄板で遮蔽している。

の上部には水配管を通さないなどの配慮が必要である。

また，将来の治療機器の更新にも配慮し，外部からの搬出入開口や廊下幅などの，搬入ルートの計画も重要である。

(3) 各室の設計
① 照射室

リニアックの照射室では，高エネルギーの放射線を用いた治療を行うため，遮蔽体として，コンクリートと鉄板を組み合わせた厚さ1.0～1.5m程度の壁や床により囲まれる。

出入り口部分は，遮蔽の観点から迷路状の構造とし，専用の遮蔽扉や空調ダクト等の遮蔽の計画も必要とされる。また，治療装置と遮蔽扉をインターロック機構で連動させ，確実な遮蔽性能を確保する。

ベッドにより照射室に搬送される患者も多いことから，迷路や部屋はベッドの走行を考慮した幅や大きさが必要である。また，患者の不安感を和らげる雰囲気の内装計画とする等の配慮も重要である。

② 位置決め室

精度の高い照射位置を決定するために，X線シミュレーターやCTシミュレーターといった専用の装置を設置した位置決め室を放射線治療部内に計画する。

放射線遮蔽のため，画像診断諸室と同様の仕様が必要となる。出入口の扉については間仕切壁と同様の鉛シートで裏打ちし，観察用のぞき窓には特殊な鉛入りガラス（透明樹脂製のものもある）を用いて間仕切壁に準じた遮蔽性能を確保する。

③ 治療計画室

治療計画室は，スタッフがどのような治療を行っていくか検討するための部屋である。コンピューターやモニターなどが多く設置されるため，電源や情報配管などの設置を検討する。

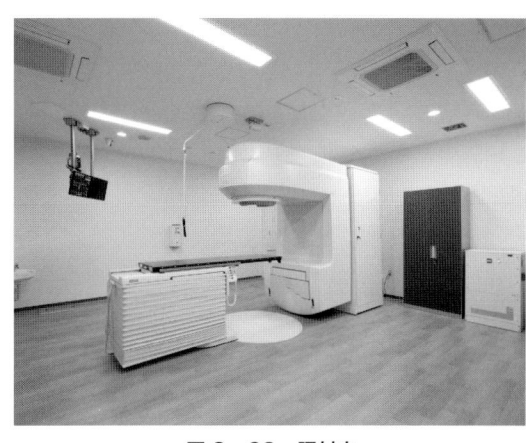

図3・69 照射室

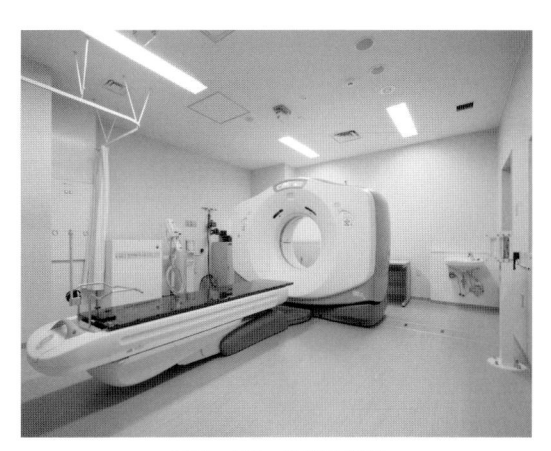

図3・70 位置決め室

④ その他の諸室

操作室には，多くの操作卓が設置されるため二重床にする必要がある。また，照射室と連絡するマイクやBGM装置の設置も計画する。

また，照射を毎回，同じ姿勢で行うために，体の一部を固定するための固定器具を用いることがある。固定具を作成するための工作室や収納するための器具庫などの検討も必要である。

5．核医学検査部の計画

(1) 機能・配置・構成

核医学検査は，RI（放射線同位元素，ラジオアイソトープ）検査やアイソトープ検査とも呼ばれ，放射線を放出するRIを含む薬を用いて，診断する検査である。そのため，放射線管理区域を設定して厳密に管理する必要があり，排水や排気は，専用の処理設備を用いて，処理を行う必要がある。

管理区域の境界や計測室の間仕切り壁などは，各室の大きさや使用する放射性同位元素の種類や量に応じた厚さのコンクリートまたは鉛を内貼りした石膏ボードとする。

管理区域の出入口は1箇所に限定し，出入口付近には汚染検査装置や，シャワー等の洗浄設備を設置した汚染検査室を配置する。また，検査前後の患者の待機室や回復室，専用トイレ等も検査部内に計画する。

内部の床，壁，天井は表面が平滑で，気体又は液体が浸透しにくい材料で仕上げられている必要がある。

(2) 各室の設計

① 体外計測室

被検者にRIを含む薬を注射等で投与すると，特定の臓器に集まり放射線を発する。体外計測室では，この放射線をガンマカメラ（シンチカメラ）で測定し，画像処理により臓器の働きをとらえる検査を行う。

② 試料測定室

被検者から採取した試料（血液など）にRIで標識した試薬を加え，試料内の微量のホルモンや酵素等の計測を行う。

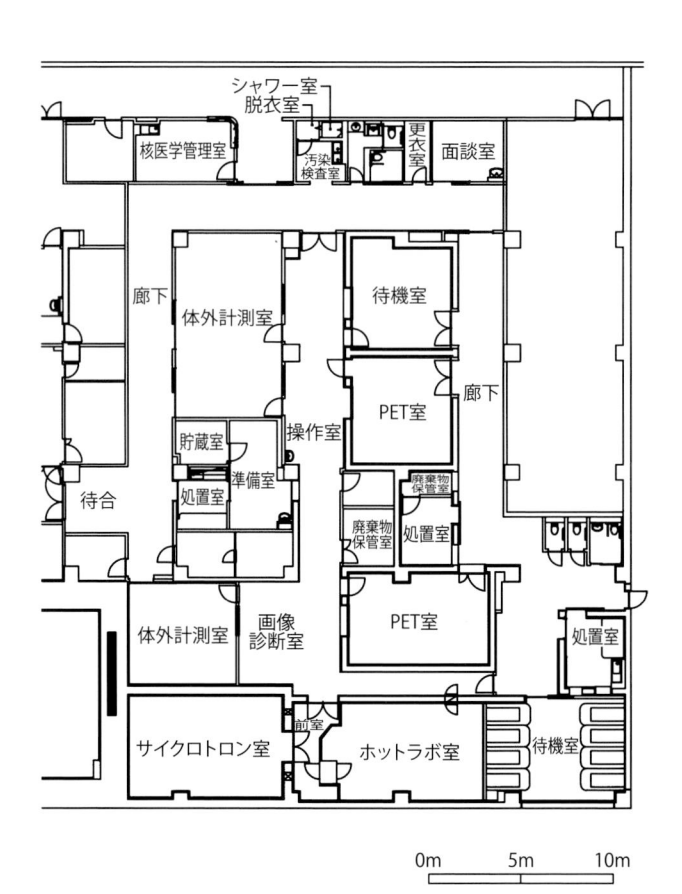

図3・71 核医学検査部の平面例
各室のレイアウトでは患者動線とともに医療従事者の被ばく軽減への配慮も重要である。

③ PET検査室

関連する検査として近年増えているPET検査は、陽電子（ポジトロン）が消滅する時に発するγ線を用いて、断層画像を得る検査である。代謝レベルを測定することで、初期のがんや脳機能の診断に用いられる。検査で用いられるポジトロン放出核種は半減期が短いため、外部からの受け入れや施設内でのポジトロン核種を作り出すための加速器であるサイクロトロンの整備など、核種の供給体制を検討する必要がある。

6．内視鏡検査部の計画

(1) 機能・構成

光学機器である内視鏡（ファイバースコープ）を消化管等に挿入し、直接患部を目視する検査。消化器、呼吸器の潰瘍、がんの検査に用いられる。また、目視検査のみならずファイバーに鉗子などを組み込んで、組織の採取や病変部の切除、ポリープを切除するなど治療目的にも使われる。

内視鏡検査は画像診断の一種であるが、医師が操作するため、建築計画上の扱いは様々である。独立した一分野としての扱いとする例が多くなってきたが、大腸や気管支などデリケートな器官の検査は透視下で行うこともあるため、X線TVと近接させる必要があり、内視鏡部に専用のX線TVを設置する場合もある。

(2) 各室の設計
①検査室

患者はベッドに横たわり、その横に医師が位置し検査が行われる。操作はモニタで確認しながら行うので調光が必要である。その場で医師が所見を伝えることもあり、プライバシーに配慮し専用

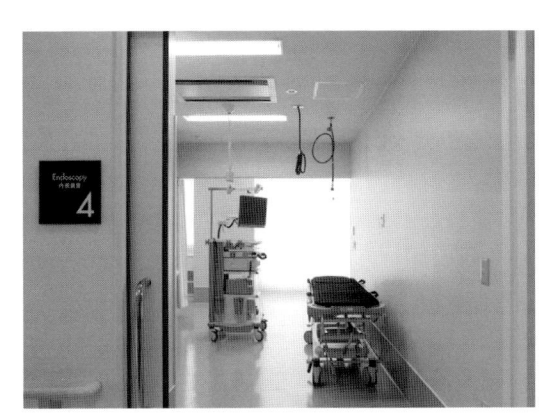

図3・72　内視鏡室

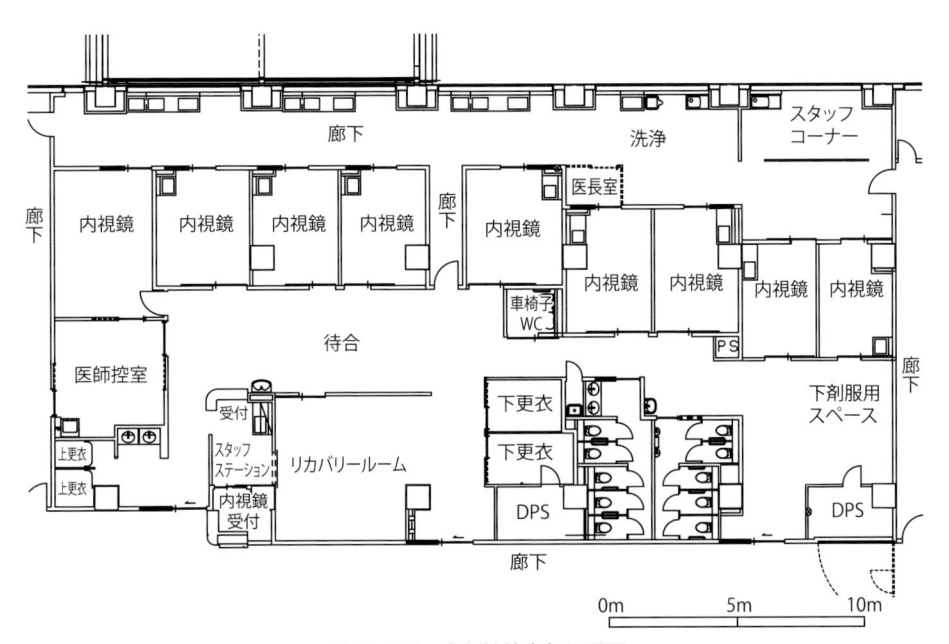

図3・73　内視鏡検査部平面図
下剤服用スペースとリカバリールームを設けている。

室とすることが望ましい。

②その他

検査衣に着替えるための更衣室，挿入経路に局部麻酔を施すための前処置室，検査後に静養し，麻酔から覚醒するためのリカバリー室（静養室／回復室），内視鏡を洗浄・消毒し保管する洗浄室が併設される。洗浄器からの排気は毒性が高いので，注意が必要である。

大腸検査では，検査前に浣腸や下剤の服用を行うため，前処置室に近接したトイレが必要となる。

7．リハビリテーション部の計画

(1) 機能・規模

リハビリテーションという言葉は，表3・2に示す各種の治療法の総称として用いられている。

いずれも，薬剤の投与や手術とは異なる物理的手法や継続的訓練によって，人体の様々な部位が持つ本来の機能を回復させるのが目的である。

リハビリテーションは，急性期・回復期・維持期に分類される。

- 急性期リハビリテーション
  病気の悪化・進行中のリハビリ
- 回復期リハビリテーション
  負荷に耐えられる時期に能力改善の為に行うリハビリ
- 維持期リハビリテーション
  目標達成後の機能低下を防ぐリハビリ

従来の，理学療法主体のリハビリだけでなく，急性期病院においては，回復の兆しが見えた入院患者の離床を促し，早期退院に結び付けるための病棟リハビリや，退院患者のアフターケアを中心とした外来リハビリに，理学療法とADLを併用する例が増えている。

リハビリのアクティブ化も進み，運動機能を用いたパワーリハも行われるようになってきている。

また，回復期リハビリテーションの診療報酬算定基準が確立し，回復期に移行した患者が転院し，集中的にリハビリテーションを行う専用病棟や専門病院が増加した。リハビリ室はもちろん，病室のベッドサイド，廊下，食堂など，病棟全体がリハビリに使用されるため，リハビリ室に準じた設備・仕上げ（手摺の設置・クッション性のある床材など）が求められるケースもある。

リハビリテーション部の規模については，表3・3のように，診療報酬上対象となる4つの疾患ごとに具体的な施設基準が示されているほか，言語療法室にも単独での基準がある。これはあくまで最低限であり，利用患者数が多い病院では，施設基準を大きく上回る面積を設定している例もある。

表3・2　リハビリテーションの内容と特徴

	目　　的	手　　段
理学療法	基本的動作能力の回復	運動訓練および電気刺激・マッサージ・温熱等の物理的治療
作業療法	応用的動作能力・社会的適応能力の回復　日常生活動作訓練（ADL）	手芸・工作・各種ゲーム・グループ活動等　日常生活動作の訓練・評価　退院後の住宅改善の検討

表3・3　リハビリテーション施設基準

		面　積	必　要　機　器
心大血管		30m²以上	トレッドミル又はエルゴメータ他
脳血管疾患	I	160m²以上	歩行補助具，各種日常生活動作用設備他
	II, III	100m²以上	歩行補助具他
運動器	I, II	100m²以上	平行棒，姿勢矯正用鏡，歩行補助具他
	III	45m²以上	歩行補助具他
呼吸器	I	100m²以上	呼吸機能検査機器他
	II	45m²以上	
言語聴覚療法		個別治療8m²以上・1室以上	聴覚検査機器他

施設基準により必要面積が異なる。使用時間を分ければ，スペースを兼用することもできる。

施設基準は，変わることがある。

(2) 構成

理学療法の施設は，大きく2つのエリアから構成される。介助器具やマットなどを用いる運動療法エリア，患部を温め代謝を促進させるホットパックや，ワイヤーによる牽引治療などを行う物理療法エリアである。

リハビリテーション部の施設規模が大きい場合には各々に専用室を設けるが，中小規模の病院では一室に集約している事例が多い。同様に，作業療法やADLについても大部屋にまとめ，リハビリの内容によってセミオープンスタイルの区分を行っている事例が多い。

以上の施設に隣接して，理学療法士や作業療法士などスタッフの控室，器材庫，トイレなどを設ける。また，屋外での歩行訓練も重要であり，施設に面して屋外リハビリスペースを設けられるような配置計画が求められる。

(3) 各室の設計

①理学療法室

運動療法エリアは，歩行訓練に必要な10mの直線を室内で確保する必要がある。また，訓練器具の中には壁面や天井に取り付けられるものも多く，位置を確認の上，補強等を十分に行う。床の仕上げはクッション性の高い材料を用い，万一の患者の転倒に備える。

物理療法エリアの器具は，電熱や動力を使用するため大きな電気容量を必要とする。発熱量も大きいので，空調・換気にも十分な余裕を見込みたい。

水治療室エリアには脱衣室を併設する。床は滑りにくくメンテナンスがしやすい材料で仕上げ，排水溝を設ける。また，換気設備を備える。

②作業療法室

行われる作業によって，大容量の電力やガス(陶芸窯など)，発熱に対応した換気設備(同)，騒音(金工やカラオケ)，塵埃など，予め設計上の対策を組み込んでおく必要がある。

ADL室は日常生活のシミュレーションを行う

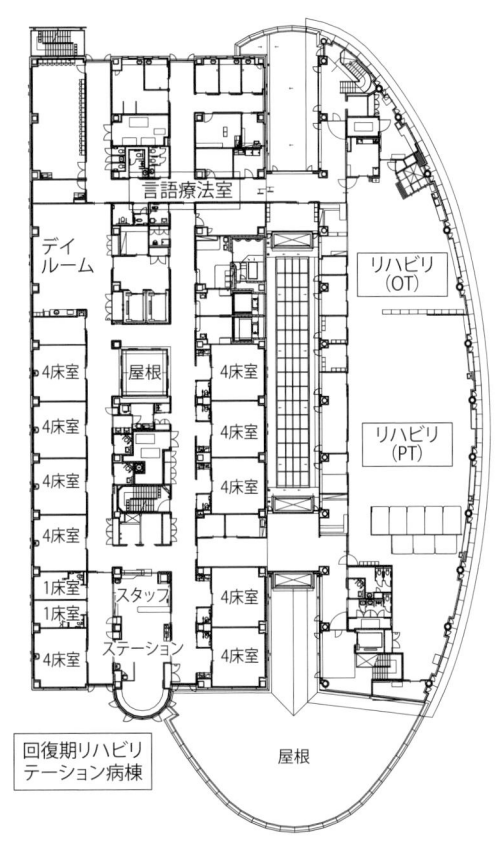

図3・74 リハビリテーション部 平面図例
回復期リハビリテーション病棟を同一フロアとし，一括運用ができる。

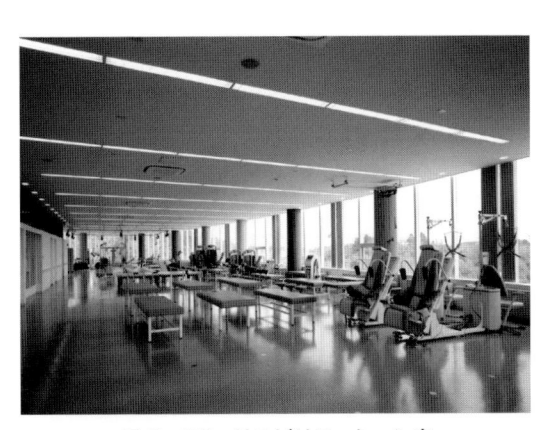

図3・75 リハビリテーション室
明るく自然光が入るようにして，患者の意欲がわく室内としている。

ため，流し台や食卓，便器，和室等，様々な住宅用設備のモックアップが設置される。これらの中には高さが可変式となっているものもあり，家庭復帰後の患者が最も使用しやすい環境を検討するために用いられる。家族が同席する場合も多いので，各施設をゆったりと配置できる部屋の広さを確保したい。

③言語聴覚療法室

周囲の騒音に影響されないよう，防音性の高い間仕切りや扉を用いる場合もある。聴力検査や教材用音声を録音するため，遮音室を設けることもある。

8. 化学療法部の計画

(1) 機能・配置

化学療法とは，大腸がんや肺がん，転移がんなど，手術や放射線治療だけでは完治が難しいがんを対象に，がん細胞の増殖を抑える抗がん剤を点滴投与する治療方法である。

抗がん剤は一般に劇薬であるため強い副作用があり，患者の容体によっては入院による全身管理が必要となるが，それまでの生活スタイルをできるだけ変えずに治療を継続したい，という患者のニーズを反映し，最近では副作用をセルフコントロールする方法が普及し，外来での治療が主流となっている。

化学療法は治療効果を上げるため，手術や放射線照射と併用されることが多く，外科治療の領域に含まれることから，中小規模の民間病院では外科系外来の処置室に併設され，外科系看護スタッフが管理するケースが多い。一方，大規模な病院では患者数に比例してスタッフも多く，組織的・施設的に独立して設けられるようになっている。いずれの場合も，一般の外来待合に直接面するのではなく，プライバシーと静かさが保たれるよう，出入口の位置や間仕切りの遮音性などに留意する。

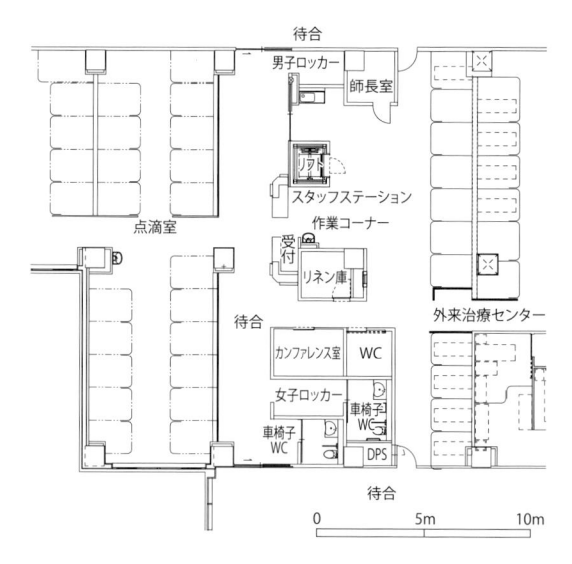

図3・76 化学療法部の平面図の例
薬局とは専用リフトで接続し，抗がん剤が搬送される。

化学療法部は薬局との関係が深い。抗がん剤は点滴の際，副作用を抑える薬などが加えられることから，薬剤師が調剤を行うスペースを併設する。がん専門病院では，薬局が扱う薬の多くが抗がん剤とそれに関連するものであるため，薬局そのものを化学療法部に近接配置するか，専用リフトで直結させる例が見られる。

(2) 各室の設計

①点滴室

点滴は長時間かけて行われるので，患者の安静を保ち疲労を最小限とするため，静かで快適な環境が求められる。ベッドのほか，リクライニングチェアを使用する場合も多く，その間隔は感染を防止するため2m以上が望ましく，間には視線を遮るパーティションやカーテンを設けることが望ましい。

また，静養室を設ける場合は点滴後の経過観察を兼ねて設ける。万が一に備えてナースコールや医療ガスを設ける。

② スタッフステーション

患者を観察しやすい場所に設ける。

③ カンファレンス室

治療計画の検討や患者・家族への説明に使われるほか，セルフコントロールの指導等，多目的に使用される。

9．血液浄化部（人工透析部）

(1) 機能と位置づけ

腎不全により排尿できなくなった患者を対象に，血液中の老廃物や有害物質を取り除き，浄化する治療を「透析」と称する。

人工透析機に血液を通してフィルターで浄化する「血液透析（HD）」と，患者自身の腹膜に腎臓の血液浄化機能を代行させる「腹膜透析（PD）」という2つの治療方法があるが，ここでは多数を占める血液透析について述べる。

透析を必要とする患者は，糖尿病に起因する腎不全が圧倒的に多く，その数は年々増え続けている。血液透析の対象患者は，日常生活を送りながら，週2～3回，1回4～5時間の透析と，糖尿病の治療を永続的に行う必要があり，精神的にも大きな負担となることから，環境面，サービス面に十分な配慮が必要である。

腎不全の初期に，血液を出し入れする丈夫な血管（静脈）を形成し，日常的に透析を行えるようにする時期を「導入期」，それ以降を「維持期」と称する。

急性期病院の透析部は，主に導入期や，他の疾病を併発している合併症患者の入院患者を対象とし，ICUで透析を必要とする患者も多い。

日常的な維持透析は専門の診療所で行われることが多いが，維持透析のみを引き受ける病院もある。

病院の性格や入院透析と外来透析の比率などから，その規模や位置を決定することになる。

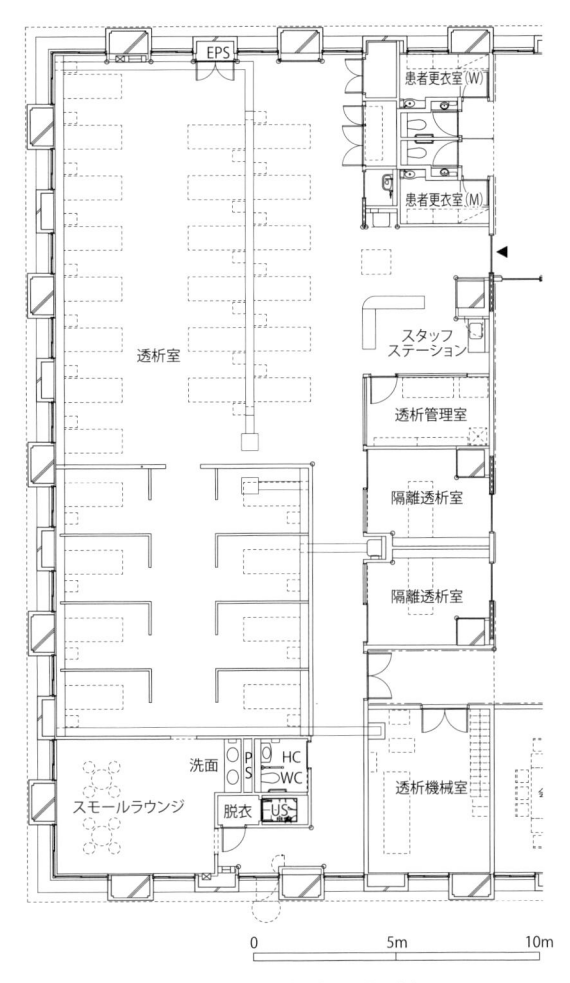

図3・77　透析部の計画例

患者動線とスタッフ動線の分離，院内感染を防止するベッド間隔や感染症個室の設定，透析配管を通すライニングの配置などに注目したい。

(2) 配置計画と構成

外来の維持透析が中心の場合，就業患者を対象に夜間透析を実施している病院では，外来からも時間外出入り口からもアクセスしやすい位置に透析部を設けるよう配慮する。

主に入院患者を対象とする病院の透析部は，垂直動線（エレベーター）に近い位置に設けると良い。

透析機器の維持管理は主にメーカーが行うが，規模の大きな病院では，他の医療機器と共に臨床工学技士（ME）が管理する。

大規模な透析システム以外に，水の供給があれば使用できる個人用透析装置もあるため，対象患者が少ない場合はこれを病棟やICUに持ち込み，患者を移動させずに透析を行うこともある。

透析には大量の水と透析液の材料，交換フィルター，リネン類などを必要とする。物資の搬入や廃棄物の搬出が頻繁に行われるので，搬送ルートが患者やスタッフの移動の妨げにならないよう配慮する。

透析部の主要機能は，透析室，スタッフステーション，汚物処理室，透析機械室，倉庫などからなる。外来の維持透析が中心の場合は，食堂やラウンジ，トイレなど，長時間滞在を余儀なくされる患者に配慮した諸室を設ける。

(3) 各室の設計

①透析室

外来患者対象の透析は，ベッドやリクライニングチェアを使用し，入院患者対象の透析は身体的負担を重視し，病室と同様のベッドを主体に使用する例が多い。

感染防止の観点から，感染症患者専用に，廊下から直接入室できる個室仕様の透析室を用意することもある。透析処置時に血液が飛散し，感染原因となることがあるので，床・壁の仕上げには清掃性の良い材料を使用する。

室環境は明るく，天井の照明や窓から見える景観などにも配慮すると同時に，個別のテレビやBGMなどの設備も用意したい。

②透析機械室

透析液の原液を希釈する水には，逆浸透膜（RO膜）を通して有害物質を取り除いた「RO水」が用いられる。

透析機械室には，RO水を製造する水処理装置と，透析液製造・供給装置，排水処理装置が置かれる。透析液は，床に設けたピットや，ベット際に設置されたライニングに通された配管から枕元の透析機へ供給され，排水は別の配管で処理装置に戻される。

前述のように，透析機械室の設備は主にメーカーが管理し，外部からの頻繁な出入りがあるため，廊下から直接出入りできる位置とし，患者動線との交錯を避ける。

機械室内は万が一の水漏れに備えて床防水を行い，周囲より床のレベルを下げるなど他室への影響を防ぐ。

図3・78 透析室
透析患者は長時間天井を眺めることになるため，天井のデザインや照明，空調などに工夫が求められる。

10. 分娩部の計画

(1) 機能配置と他部門との関係

病院における分娩部は，計画的には産科病棟と一体に配置されることが多く，運用上も産科病棟の看護チームによって管理されている場合が多い。また，手術部との関連が深く，迅速にアクセスできる位置関係とするのが望ましい。

(2) 構成

陣痛室，分娩室，新生児室，授乳室，沐浴室等で構成され，多くの場合，これらを産婦人科病棟のスタッフステーション後方に設ける。また，不妊治療を行っている病院では，これらとともに人工授精室等を設けている。

分娩の際，産婦は病室→陣痛室→分娩室→病室と移動し，新生児は分娩室→新生児室と移動する。沐浴は，新生児の体温管理の観点から分娩直後に行わない傾向にあるため，沐浴室は分娩室に隣接する必要はない。これを念頭におき，配置計画を行う。

分娩室の諸室は，同時に複数の妊婦（妊娠中の女性）への対応ができるよう考慮する。その場合，かつては2台以上の分娩台を同一室内に置く事例も見られたが，最近はプライバシーが重視され，父親が出産に立ち会う場合も増えたことから，陣痛室を含めできるだけ個室としたい。

また，LDR室を併設する例もみられる。LDRとは，陣痛（Labor）・分娩（Delivery）・回復（Recovery）という，出産に伴う一連の流れを，専用の機器・器材を備えた病室内で，産婦（出産された女性）を移動させることなく完結させる方法である。

LDRは産婦の負担を軽減できる反面，維持管理の手間が増えることから，陣痛室と分娩室のみ一体化したLD室を設け，回復期には産婦を元の病室へ戻す折衷的な考え方もあり，その選択には産科スタッフとの充分な協議が必要である。

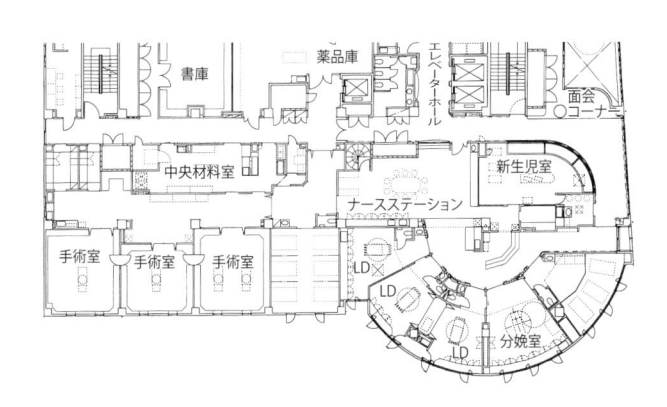

図3・79 分娩部と産科病棟の計画例（1/600）
陣痛室・分娩室・新生児室などが，スタッフステーションからすぐに出入りできる位置に設けられている。

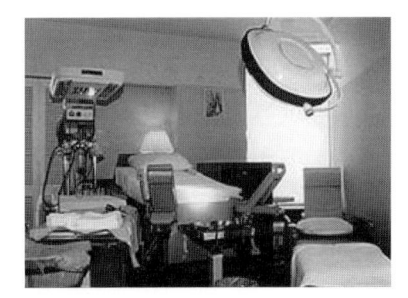

図3・80 LDR室
収納されていた機器・器材類を引き出した状態。分娩台の機能が格納された専用のベッドが置かれている。

(3) 各室の設計
① 陣痛室
　陣痛が始まった妊婦を出産直前まで滞在させる部屋である。家族が入室でき，プライバシーが守られ，かつ助産師の目が届く 3m × 3m 程度の広さ・仕様の部屋を複数設けるが，自宅での出産に近い環境が求められる場合，畳敷きとすることもある。
　滞在が長時間に及ぶので，妊婦用のトイレや洗面等を併設する。

② 分娩室
　分娩台と器材棚，作業台（あるいは作業コーナー）を設置し，分娩台 1 台当たり最少 4m × 5.5m 程度のスペースを要する。
　手術室ほどではないが清潔管理が求められ，床や壁の仕上材については継目が少なく，清掃のしやすいものを選ぶ。一方で，妊婦の心理的不安感を少しでも和らげるため，部屋の色合いや照明等については，なるべく暖かみの感じられるコーディネートを心掛ける。
　陣痛室と同じく，畳敷きの分娩室が併設されることもある。
　作業コーナーでは分娩の準備や胎盤の処理などを行う。胎盤などは外部の専門業者が回収するため，その動線が妊婦と交錯しないよう配慮する。

③ 新生児室
　一般的には（新生児数）× 2.5m² 前後を要する。母子同室の場合は（新生児数）× 1m² 前後で計画する。産科病棟の廊下につながる面会コーナーに隣接させ，ガラス張りとして見通しをよくするが，出入り口はスタッフステーションからに限定し，新生児の連れ去り防止等のリスクに備えて外部から直接入室できないようにする。
　感染症防止のため手洗いは必ず設けたい。

④ 沐浴室・授乳室
　沐浴室は新生児室から入室できる位置に設け，新生児専用の入浴設備を設置する。沐浴指導室兼

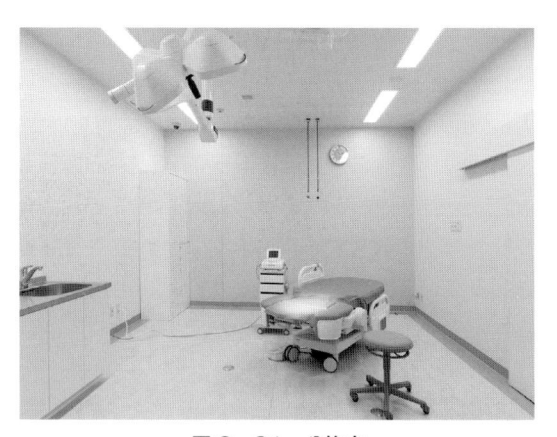

図 3・81　分娩室
分娩台と照明，器材棚，流し台との位置関係を示す。

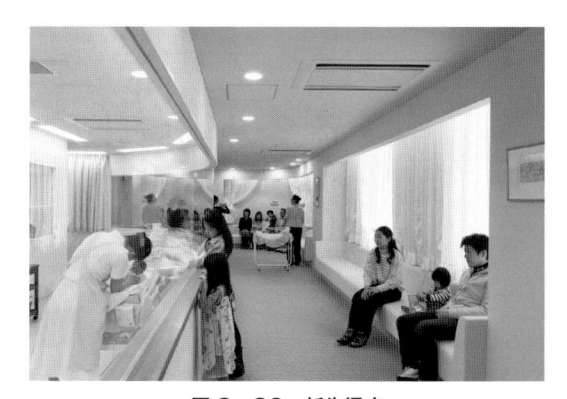

図 3・82　新生児室
産科病棟の廊下側から見る。家族の面会に配慮しているが，出入り口が設けられていないことに注目する。

図 3・83　畳敷きの室の例
近年，陣痛室や病室，院内助産所の一部を畳敷きとするニーズがある。運用や衛生管理を協議した上で採用する。

用とする場合は夫も入室できる位置に設ける。授乳室は新生児室と産科病棟の双方から入室でき，看護師の目の届く位置に設ける。

11. 生理機能検査部の計画

(1) 生理機能検査部の機能

人体の活動を各種のセンサーによって測定する検査である。外来診察の過程で検査がオーダーされる場合が多く（特に心電図），外来部から近くわかりやすい位置に設けたい。

また，入院患者の検査も行われるため，出入口や通路の幅についてはベッド搬送を想定した広さとする。

(2) 各室の設計

① 超音波室

消化器系の腹部超音波（腹部エコー），循環器系の心臓超音波（心エコー）のほか，産科や泌尿器科でも用いられる。

個々の検査室には検査機と診察台が置かれる。ディスプレイを見やすくするため，暗室にできる部屋とし，照明を調光する。

② 心電図室

心電図の測定は安静状態で行うが，マスター心電図（負荷心電図）はマスター台（踏み段）を一定回数昇降した上で測定する。よって，キュービクルカーテンで囲むブースの広さを 2m × 2.5m 前後に設定し，心電計・診察台・マスター台を配置する。マスターを行わない場合は 1.3m × 2m 前後となる。

③ トレッドミル心電図室

手すりを設けたベルトコンベアー上を患者に歩行運動させ，その際の心電図を測定する。広さは 3m × 4m 前後必要である。

④ ホルター心電図室

24 時間心電図計を患者に装着し，データを解析する。心電図室の一角をカーテンで仕切る程度であったり，別室での計画とすることもある。

⑤ 呼吸機能検査室

呼吸機能検査の大部分は肺活量の測定である。外来患者が主体であるが，手術を受ける入院患者も測定対象となる。

スパイロメーター（肺活量計）の使用時に，技師が大きな掛け声を患者に掛けるため，睡眠脳波の測定を妨げることがある。他の検査室との関係，遮音に配慮が必要である。

⑥ 脳波室

脳神経で発生する微弱な生体電流を測定する検査で，外部の電波による影響を受ける場合がある。脳波計にはノイズ対策が施されているが，脳波室に電波シールドを行う場合もある。

測定室と操作室の両室の間には観察窓と扉を設ける。外部の廊下に面し照明は調光可能とし，静粛を保つため遮音に配慮する。

⑦ 眼底・眼圧検査室

眼底検査は網膜の撮影，眼圧検査は眼球内圧の測定を行う。広さは 3m × 3m 前後とし，暗室仕様とする。

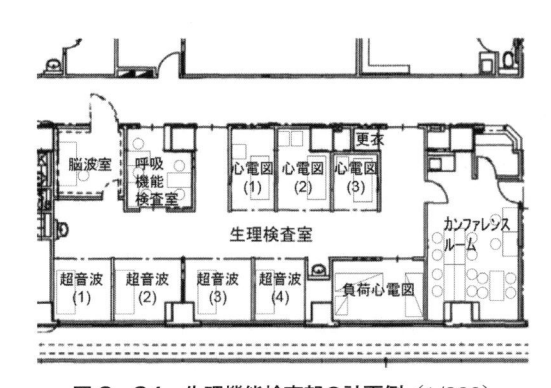

図 3・84 生理機能検査部の計画例（1/300）
遮音や暗室，電波シールドを必要とする検査以外は，大部屋をカーテンなどで仕切って使用している。

12. 臨床検査部（検体検査部）の計画

(1) 臨床検査部の機能

人体から採取した検体（血液や尿など）について，内容や性質の分析検査を行う。

主な検査種別を表に示すが，このうち細菌検査と病理検査については別室とした上，廊下に直接面しない位置に設ける。他の検査については臨床検査室として一部屋にまとめることが多い。

一般・血液・生化学・血清の各検査については，緊急性の低い検査を地域の検査センター等に外注する事例も多くみられる。逆に，院内で行う必要があるものはスピードを要求されるため，自動化・簡易化が進んでいる。

検体の多くを占める血液と尿は，入院患者については各病棟で採取したものがスタッフや搬送機器により臨床検査室に送られる。

一方，外来患者については採血・採尿を行う場所を外来部に設ける必要があるが，中小規模の病院においては，採血は内科系外来の処置室で行い，採尿は外来便所との兼用として，専用室を設けない場合が多い。

これらは計画上，臨床検査室に隣接させたいが，離れる場合には搬送距離を抑え，機械的搬送手段も検討したい。

臨床検査部の規模は，小規模病院で $30m^2$ 程度，中規模病院で $50〜100m^2$ 程度に分布する。外注率や運営方式により相当のばらつきが認められ，初期設定の難しい部署といえる。

(2) 各室の設計
① 臨床検査室

この検査室の大部分は全自動検査機やコンピューターの設置スペースで占められている。多くの電源を必要とし，給排水についても検査機器に直結される場合がある。また，検体として尿や便を扱うため，換気や汚物処理について配慮が求められる。

② 細菌検査室

細菌を培養する際に，相当な臭気が発生するため，十分な換気が必要となる。また，恒温庫や顕微鏡のほか，使用後の培地・シャーレの滅菌を行う小型滅菌機等，電源を多く要する検査室でもある。廊下に直接面しないよう計画する。

③ 採尿室

臨床検査室と隣接させ，間仕切りを貫通して採尿棚を設ける。採尿棚は両側に半透明ガラスの引戸を設け，採尿コップの出し入れがしやすく，中を確認しやすい高さ（950〜1,050mm 程度）とする。材質はステンレスやポリエステル合板等，掃除しやすいものを選択する。

表3・4 臨床検査（検体検査）の内容と特徴

種別	内容
一般検査	尿・便についての検査
血液検査	血液型や血球数，白血球の形態，血沈といった検査
生化学検査	血液の成分分析を主とする検査
血清検査	血液中の血清を使用する免疫学的検査
細菌検査	顕微鏡もしくは培地を使った培養により，検体から病原菌を検出する検査
病理検査	手術・剖検により切除された人体組織についての組織学的検査

資料：中山茂樹 他「日本建築学会計画系論文報告集」

図3・85 臨床検査部の計画例（1/300）

コラム　物流・薬剤

石橋達勇（北海大学）

●医療施設内の物流と医療機能

医療施設では，さまざまな医療機能を発揮するために，多種多様な物品が24時間365日使用されている。そのためには，それら物品を使用する場所・時間に，欲しい数量・形状で，その物品が持つ固有の情報と共に供給されることが必要であり，円滑な物流によりそれが実現する。また物品の供給だけでなく，使用した物品や，廃棄物などを使用場所から回収する物流も同時に成立することが求められる。

この搬入・分類・保管・再生・供給などの場面で構成される物流を実現させるには，物理的環境である建築空間やEVなどの各種搬送設備の整備と共に，物品管理システムの構築が必要となる。この物品管理システムとは，供給，在庫・購買，搬送，情報管理，運用というさまざまな側面から検討される，施設内の物流を成立させるための仕組みである。また近年は，物品を取り扱う各組織をも含めて，一元的に集中させてシステムの運営を行うSPD（Supply, Processing and Distribution）化の傾向にある。

なお，物流は医療施設内だけの話に止まるのではなく，「医療施設までの物流」も構築されていることが求められる。例えば，災害の発生などにより外部からの必要な物品の供給が滞ると，いくら施設内で円滑な物流を実現できる体制を整えていても，結局その施設では医療機能を十分に発揮することはできないであろう。

●物流と建築計画

医療施設内の物流を支えるために，建築計画としてどのようなことが検討されるのであろうか。まず，物品を取り扱う拠点である物品供給部門（薬剤部，中央滅菌材料部，給食部，中央倉庫，洗濯部などで構成）において，搬入された物品を保管・加工したり，回収されてきた物品を再度使用可能にするための作業を，安全かつ効率的に実施できるための平面計画が挙げられる。次に，物品の動線に関係して，物品供給部門と使用部門の位置関係や搬送設備の配置も検討内容となる。近年は上記の物品管理システムのSPD化に伴い，各物品の供給・回収の動線の集約・一元化や，物品供給部門を構成している各部を近接して配置する考えが一般化しつつある。

また，物品を使用する空間の計画も検討されるべきである。例えば，病棟での分散看護の拠点としてナースコーナーが設置される場合，この拠点に看護業務に必要な様々な物品を適切に供給・配置されることにより，初めて看護業務の効率化が可能となる。したがって，それら拠点に配置される物品の種類・数量・保管場所・保管方法等に対応した空間のディテールにまでその検討の対象が及ぶこととなる。

●薬剤の取扱いと建築計画

薬剤は，種類・数量とも多岐にわたり，また使用される部門の範囲も広く，医療施設内で取り扱われる中でも主要物品と位置づけられる。

最近の薬剤の取扱いの変化に伴い，薬剤部の建築計画も変容してきた。これまでは外来患者に対する処方薬の交付を比較的重視した配置・平面計画であった。しかし最近は，院外処方の推進により外来患者に対する処方薬の交付の頻度が低下し，これと共に病棟などの臨床現場での業務が重視されるようになった。その結果，入院患者への薬剤の供給を重視した配置・平面計画に変わりつつある。

また，薬剤を取り扱う薬剤師は，薬剤部より払い出した後の薬剤の取り扱いに関与することは少なかった。しかし，上記のとおり臨床現場での業務が重視されるに従い，病棟などで業務に従事する薬剤師数が増加し，それに伴い病棟薬局と呼ばれる業務拠点を設置する事例も散見されるようになった。

病棟薬局では，病棟で使用される薬剤の消費管理や品質管理，薬歴の作成に加え，注射薬・輸液の混注業務や医療スタッフに対しての薬剤に関する情報提供などの業務も，病棟の特性や考えに従って実施されるべきと言われている。そのために，それら業務が円滑に実施できるような空間を備え，ナースステーションとの位置関係に留意した配置計画が検討される。

3・4 供給部門

1. 供給部門の特徴

病院で行われる医療行為が円滑に行われるよう，主にモノやエネルギーといった面からサポートするのがこの部門である。24時間365日継続的な運用が必要なだけでなく，病院の支出を抑えるためにも，病院経営においても重要な位置づけの部門となってきているため，各病院の経営に対する考え方で，あり方が変わるのが供給部門の特徴になっている。

一般的に供給部門は，院内にモノやエネルギーを供給する，以下の部門から構成される。

① 薬剤部（薬剤の供給）
② 中央材料滅菌部（滅菌器材の供給）
③ 給食部（食事の供給，産科・小児科においてはミルクを含む）
④ 物品管理部（洗濯・リネン・ベッド管理や，診療材料・用度品等の供給）
⑤ 機械室・電気室（電気・水道・ガスだけでなく，空調の熱源・蒸気・医療ガス等，エネルギーの供給）

建築計画上はまとまったブロックとして構成されている訳ではなく，病院側の担当者も複数となり，設計者には広範な知識と調整力が求められる。最近では，物品管理部門をSPD部門と称してまとめたり，外部で作った給食を院内で再加熱するクックチル方式や診療材料の院外預託方式等の新しい運営形態も出てきており，それらに適した形での設計が求められるため，設計者は業務運営についての知識も得ておく必要がある。

これらの部門は，本来は搬入車両の便がよい1階に設けることが理想であるが，患者が直接は使用しない部門であるため，患者利用の部門を1階に優先配置し地下階に設けることも多い。

これらの部門には，付随して供給のための搬入車両の車路等も合わせて必要になるため，地下階に設ける場合は，車路やサービスヤードに面積をさかれるため，建設コストにも関わってくる。

この部門の計画では各対象物の物流の動線を整理することが重要である。各部門とエレベーター等縦動線との位置関係や，搬送手段がスタッフ等の人手による搬送か，中型搬送設備やエアシューター等の機械搬送を採用するか等を確認して計画する必要がある。

近年の病院内の物流を一括管理するSPD（Supply Processing & Distribution）という考え方が広がってきている。

その機能には用度品・医療器材の供給やベッド・リネン等の選択・消毒・補修，更に中央材料部や薬局までを含む場合もある。建築計画上も一体の

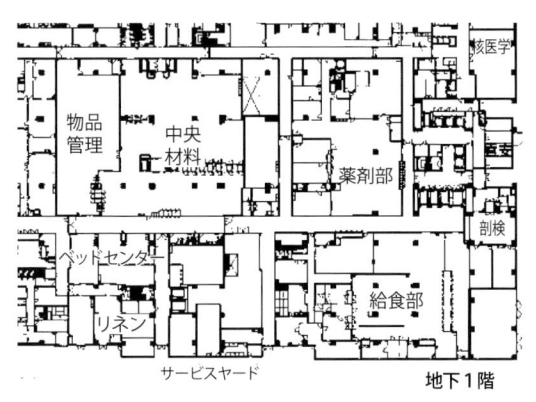

図3・86 大病院の供給部門の事例

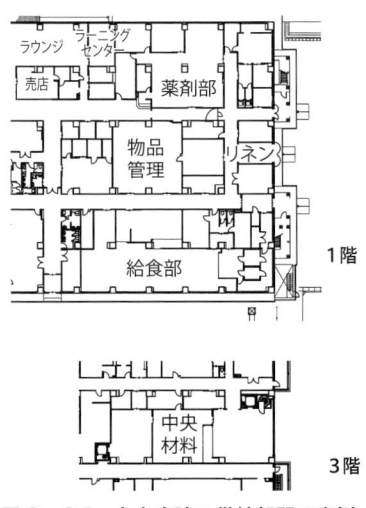

図3・87 中小病院の供給部門の事例

部門として扱う場合もある。SPDは購買の一本化，在庫量のコントロール，メッセンジャーによる定時定量搬送等による，高効率で低コストの物流を目的としている。その目的を更に追求し，薬局を除く業務全般を外部委託する事例も見られる。

2．薬剤部の計画

(1) 機能・配置・他部門との関係
(a) 機能・規模

病院で使用される薬品全般について，管理・供給・情報提供を一括して行う。取り扱う薬品の種類は年々増加する傾向にあるが，一方で在庫日数の短縮等による効率化も行われている。また，調剤業務の自動化が進む一方で，小頻度の処方等に対応した手作業のラインも残る。院外処方の有無による取扱量の差も大きい。このように様々な要素が影響するため，薬局の規模算定を一概に述べることは難しい。

一般的な流れは，医師が処方する処方箋に基づき薬剤師が内服薬等（調剤）や注射薬（製剤）を準備し，薬品カート等により各病棟に払い出す。薬剤の払い出しは病院毎のルールに則り，定時・臨時・緊急等に分けて行われる。

(b) 構成

調剤室・製剤室・薬品庫・事務室・DI室を基本とする。病院の規模・種類により，当直室・無菌製剤室・試験室等が加わる場合もある。

現在では外来については院外処方とすることが多いため，設置場所は従来の受付横ではなく，薬剤の搬入と病棟への供給を考慮した場所に設置される。

また院外処方を基本とする場合でも，一部の投薬や救急対応のため，薬渡し窓口（投薬口）を設置する。また，最近薬剤師に求められる業務として，相談・説明業務がある。相談や投薬指導等に対して，投薬相談室（おくすり相談等）を設置する場合も多い。

これらの各室は，1階受付や救急近傍など患者の利便が良い場所に設ける必要がある。患者の来ない調剤室・製剤室や事務室のエリアと，患者利用の投薬口・相談室の配置に，各病院の業務に合わせた検討が必要である。

一方で，小規模病院では，各室に細かく分割するのではなく，調剤室と薬剤室のみ，もしくはこの2室を統合して1室とした方が，使い勝手が向上する。

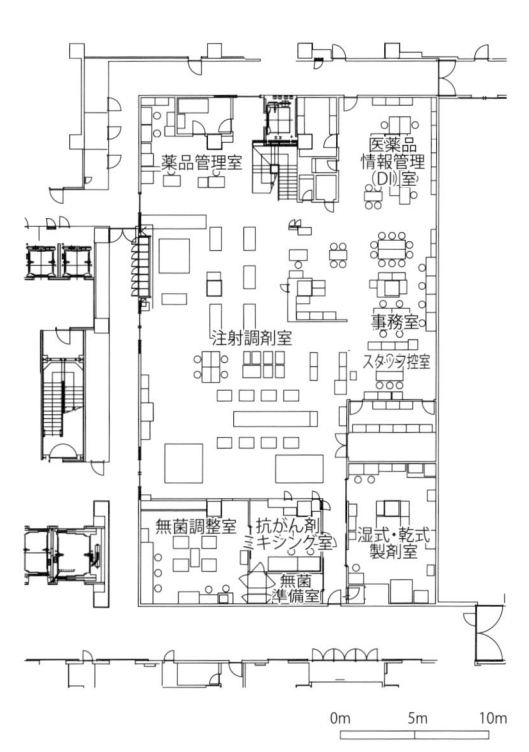

図3・88 大規模病院の薬剤部の事例

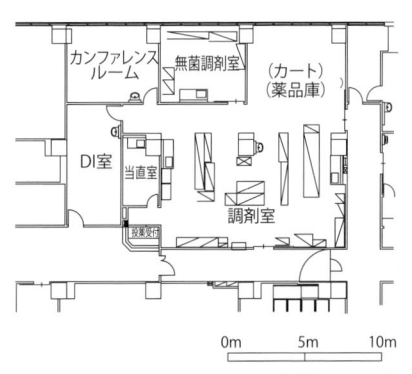

図3・89 中小規模病院の薬剤部の事例

(2) 各室の設計
(a) 調剤室

調剤室においては外来患者への対応だけでなく，入院患者に対する調剤（病棟調剤）を行っている。また，各種処置・検査・手術に必要な薬品類（点滴薬・麻酔薬等）の供給も行う。外来において院外処方が行われている場合には，これらの業務が主となる。

薬品は粉末（散剤）・個形（錠剤）・液体（水剤）・ゲル（軟膏）といった様々な形態を取るため，それぞれ別の調剤ラインが必要である。各ラインの終端は薬渡し窓口の近傍とし，直前に監査スペースを設置する。

調剤室は給排水や電源を必要とする機器が多く，また空調系統は清潔管理上独立が求められて，クリーンベンチ用の排気設備や，散剤の飛散に対する集塵用設備など，独特の設備対応が必要となる場合が多い。

(b) 製剤室

製薬会社で市販されていない薬の調製・混注（ミキシング）が必要な際は，クリーン度が求められる製剤室を設置する場合もある。特にがん治療のための抗がん剤の製剤は薬の毒性も強いため，隔離された部屋で行う必要がある。

(c) 薬品庫

調剤室からの出入りがしやすく，外部からの購入薬品の搬入等を考慮した位置に設ける。保管される薬品の種類と在庫日数の設定によって規模は異なる。

麻薬・劇薬等も取り扱うため，薬剤部全体として外部に対しての管理を行う必要がある。部門のゾーニングや，出入口の位置，扉のセキュリティ管理や施錠等，検討が必要である。

(d) カートプール

病院の各部門への払い出しは，薬剤カート等により行われる。各部門へ払い出しするカートを準備・保管する場所としてカートプールはまとまった面積が必要となる。薬の受け渡しについては薬剤師自身が各部門へ薬品を搬送・供給する場合や，搬送設備等による機械搬送を行う場合もあるので，病院ごとの搬送計画の確認が必要である。

(e) DI※室

患者に対する服薬指導を行うにあたり，医薬品情報の収集および伝達を行うための専用室である。面積の算定はなく，1人用のデスクを置くことのできる最小面積でよいが，他室との兼用はできない。

※ DI：Drug Information

図3・90 調剤室
製剤のためのクリーンベンチが設置される場合もある。

図3・91 薬品庫
薬品棚が設置され，各種薬品が保管されている。

3. 中央材料滅菌部の計画

(1) 機能・配置・他部門との関係

(a) 機能・規模

手術・診察・処置・検査等で使用したメスや鉗子といった鋼製小物・医療器材（ディスポーザルを除く）を洗浄・滅菌・保管し，各部門に供給する部門である。小規模な病院の場合には，手術室に隣接して専用の洗浄滅菌室を設けるのみとし，その他を外注化して中央材料部を設けない場合もある。

鋼製小物（図3・92）・医療器材を最も多く使用する手術部との関係が深く，隣接配置とするか上下階に配置して専用の搬送設備等で直結させるのが望ましい。

手術部以外の部門に対しては，廊下経由の搬送が一般的である。

(b) 構成

一般には，洗浄・組立室と既滅菌保管室の2室を貫通式（パススルー：両扉）の滅菌機（オートクレーブ）で接続し，これに事務室・更衣室を隣接する形態を取るが，小規模な病院の場合には，事務室や更衣室を置かず，中央材料室として1室とする場合もあり，この場合の滅菌機は正面からの出し入れ（片扉）のみとなる。当然のことながら，衛生管理上は2室に分けた方が好ましい。

図3・92　鋼製小物
左：メス，右：鉗子。

(2) 各室の設計

(a) 洗浄・組立室

ウォッシャーディスインフェクター（熱水消毒・洗浄装置）等を設ける洗浄ラインと，洗浄後の器材を手術・処置等の種類に応じた組み合わせにセットする組み立てスペースで構成される。

汚染器材の受け渡しは，窓口カウンターまたは直接出入り口から行う。搬送カートが一時的に留置されるので，廊下側にワゴン溜まりを設けるのが望ましい。

洗浄・組立作業が終了した器材は滅菌機に入れられる。滅菌機の方式は蒸気およびEOG（酸化エチレンガス）が主流で，器材の材質や緊急度に応じて，これらを併用する。

EOG方式については排気（酸化エチレンは毒性が強い）に十分注意する。大型病院の場合は，ガスボンベの設置場所，供給ルートにも注意が必要である。

滅菌機には，フロアタイプとテーブルタイプ（小型滅菌機）があり，フロアタイプの場合にはカートインできるように床をフラットにするため床スラブを300mm程度下げ，配管スペースを確保する。

(b) 既滅菌保管室

基本的には倉庫であるが，清潔管理区域に属し，管理区域外との滅菌済器材の受け渡し（払い出しと称する）は，通常パスボックスを通じて行う。

蒸気滅菌機（オートクレーブ）から滅菌器材を取り出す際，残留蒸気が室内に拡散するのを防ぐため，滅菌機の出口付近を垂壁で囲い，天井換気を設ける。

既滅菌保管庫にはディスポーザルの医療器材も保管される場合が多い。滅菌機を通さず直接搬入されるため，清潔管理の観点から運営管理上の検討が必要になる。

図3・93　中央材料滅菌室
右奥が滅菌機（オートクレーブ）。

4. 給食部の計画

(1) 機能・配置・他部門との関係

(a) 機能・規模

給食部は，最近では「栄養管理部」という名称の病院も多い。これは病院での食事の提供が治療の一環であるという考え方からである。

給食部は，入院患者の食事を調理する部門であるが，一般的な厨房との大きな違いは，患者一人一人の病状によって提供する食事の内容が異なる点である。大きくは一般食（常食）・特別食（特食）の区分があり，それぞれの調理ラインが設けられる。特別食はさらに，全がゆ・流動食・無塩食・糖尿病食・アレルギー食など，患者の食事能力や個別の疾病・症状に応じて細かく設定される。一般食についても複数のメニューからの選択が一般的となり，業務の複雑化が一層進んでいる。これらは管理栄養士による厳密な栄養管理のもとに調理され，配膳車で各病棟に運ばれる。

食材搬入の容易な1階，もしくは地下（地上からの車路がある場合）に設けるのが望ましいが，スペースの都合で2階以上に設けられる場合もある。配膳車の動線を最小限とするため，搬送用エレベーターに隣接させるように計画するのが望ましい。病床数の多い病院では，衛生管理上・運営効率上から給食用専用のエレベーターを設けることも多い。

部門の規模としては，給食部全体でおおむね $1.0 \sim 1.3m^2$ ／床を要するが，クックチル方式や院外調理方式（セントラルキッチン）の普及により，この値は変動することが予想される。

また最近では衛生管理を重視し，HACCEP (hazard analysis critical control point) 対応が求められ，食材（肉・魚と野菜）と塵芥の動線分離が必要になり，更衣・履き替えなども厳密に管理される。

(b) 構成

一般的には，厨房（下処理室・調理室・カートプール・洗浄室），食品庫，事務室，更衣室，休憩室などと専用トイレが最低限必要である。この他，規模に応じてプレハブ式冷凍庫・冷蔵庫，厨芥室（ギャベジ室）等が設けられる。産科・小児科がある場合は調乳室を併設する場合もある。

給食部を管理する管理栄養士の業務は，これまでの調理管理から今では栄養管理となってきているため，栄養相談なども重要な業務になっており，外来でのスペースも必要になってきている。院内で職種の壁を越えて栄養サポートを実施するNST（栄養サポートチーム：Nutrition Support Team）専用の部屋を外来等に設ける場合もある。

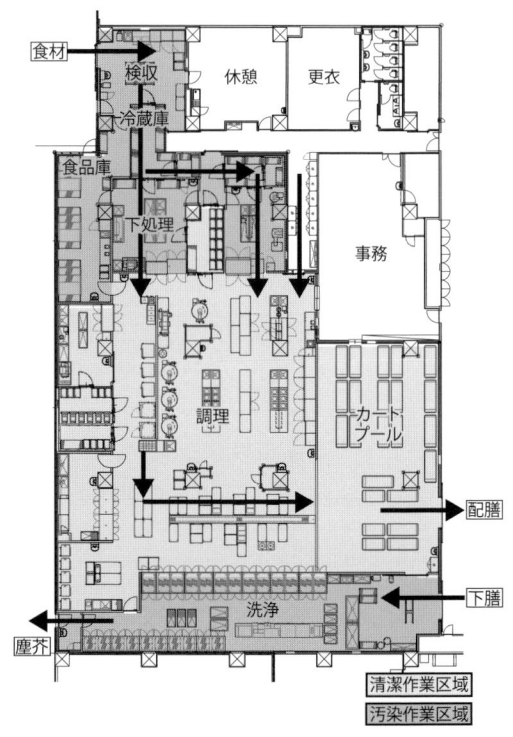

図3・94 厨房図面，ゾーニング図

厨房の計画では人や食材，配膳車（カート），塵芥（じんかい：ごみ）等の動線だけでなく，調理の流れや事務室からの管理等にも注意が必要となる。

(2) 各室の設計
(a) 厨房（調理室）

作業の流れを追っていくと，下拵え（したごしらえ）→調理→盛付→配膳の順となり，これと並行して炊飯が行われる。この流れに沿って効率の良いラインを想定しながら計画を行う。

かつては厨房の床はタイル貼りとし，清掃は流水とデッキブラシ等で行う方式が一般的であったが，濡れた床が雑菌の繁殖場所となる恐れがあり，最近では塗り床材や合成樹脂シートの溶接工法で床を仕上げ，清掃は消毒洗浄液とモップ等で行う方式が主流となっている。ただしこの場合であっても床が全く濡れずに済むわけではないので，床防水と排水溝は必要である。

加熱方式により熱気がこもりやすいので，空調・換気については余裕を持った計画を心がける。また，厨房からの排気は相当の臭気を伴うので，院内への拡散を抑えるのみならず，窓からの侵入や近隣への影響が防止できるよう，排気口の位置についても十分な検討が必要である。

厨房の排水については，他の排水と合流する手前にグリーストラップを設けて油脂やゴミを除去する。グリーストラップはメンテナンスに適した位置とする必要がある。

また，下拵え室や洗浄室からの生ゴミの搬出ルートの確保も重要である。

(b) 配膳車（カート）プール

配膳車（カート）プールは配膳車を駐機する場所であるが，最近では適温配食のために温冷配膳車の使用する病院が多いので，天井から充電できるリール電源等が必要になる。また，温冷配膳車は大型で搬送が難しいため，搬送ルートの検討や配膳車プールの壁の衝突防止や養生などが必要である。

また衛生管理上，配膳と下膳ではカートを分けるため，下膳車の配置場所等も検討が必要である。

(c) 洗浄室

下膳カートにより回収した食器を洗浄する室で，不潔区域であるため，清潔区域の厨房とは区画して設ける。洗浄後の食器は滅菌保管庫で保管する。この部屋から下膳で出る厨芥のルートを，清潔区域を通らずに確保することも必要である。

(d) 事務室

搬入された食材の検収，情報システムや帳簿への記録，メニューの決定等を行うため，管理栄養士が常駐する。搬入用出入口と厨房の両方に面する計画するのが望ましく，それぞれ窓を設けて出入りと厨房の動きが見えるようにしたい。

また，院内の他部門との連携も重要になっているため，他部門のスタッフが直接事務室に入れるルートも必要になってきている。

図3・95 厨房
衛生管理上，下拵え室や洗浄室と明確な区画が必要になっている。

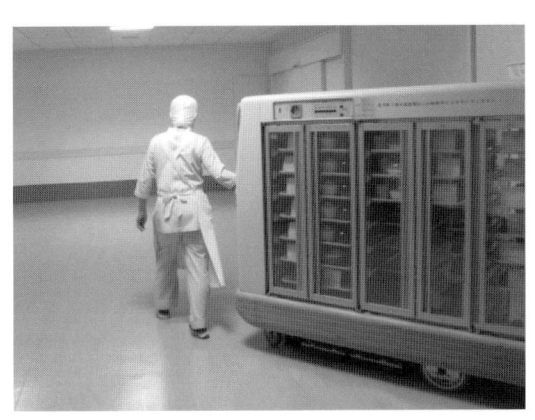

図3・96 配膳車（カート）
病棟の給食の配膳は，適時適温のため，保温保冷配膳車が使われることが多くなってきている。また，衛生管理上，下膳は別のカートを用いる。

コラム　セントラルキッチン

中田康将（清水建設）

病院の調理方式には，調理してすぐ患者に提供するクックサーブと，調理後すぐに冷凍し患者提供前に解凍・最終料理するクックチルの2つの方式がある。

最近，いくつかの病院を経営する大きな医療法人等においてはセントラルキッチンを設ける事例が出てきている。セントラルキッチンとはクックチルを用いた給食提供方式で，病院の厨房とは違う場所で調理を行いチルド（冷却）し，それを院内に持ち込んで再加熱（最終調理）し患者に提供するものである。

過去においては病院の中に厨房は必置の室であったが，衛生管理が可能なことを条件に院外での調理も許されることによる。また，病院に求められる「適温適時給食」の「最終調理から2時間以内に食事に供すること」という条件に合致すればよいため，可能になっている。

セントラルキッチンの採用が増えてきているのは，健全な病院経営のために更なる業務の効率化が求められることや，クックチルの技術が確立されてきたこと，クックチル方式の調理による味が良くなってきていることも一因である。

クックチルの採用は，チルド（冷却）された食事を再加熱カートで最終調理をするため，調理員の業務の平準化や朝食調理のためのスタッフの削減等が可能である。

セントラルキッチンからの食事提供を採用する場合，院内の厨房設備は縮小が可能である。一方で，クックチルに即した厨房設備（サテライトキッチン，再加熱カートや冷凍庫等），搬送計画等の検討が必要である。

また，セントラルキッチンを採用する場合には完全な厨房を院内に持たないため，災害時の食事提供やセントラルキッチンや搬送途中での事故等によるバックアップが求められる。

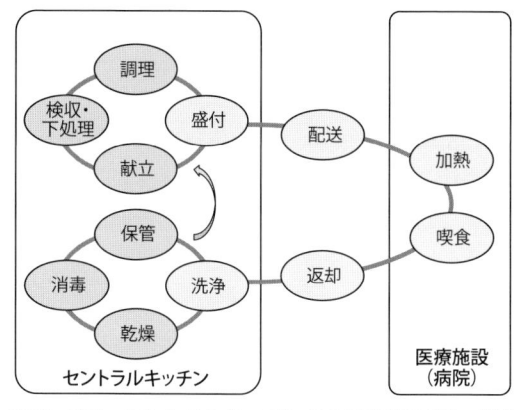

図3・97　セントラルキッチンからの食事の流れ（例）

図3・98　セントラルキッチンからカート搬送風景

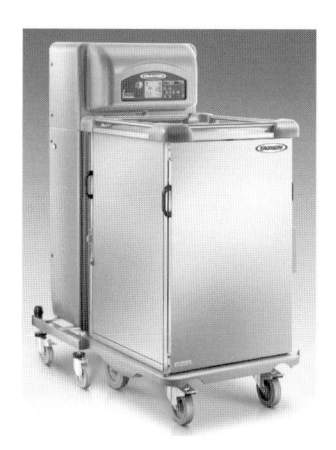

図3・99　再加熱カート（例）

5. 物品管理部・中央倉庫の計画

(1) 機能・配置・他部門との関係

1) 機能・規模

外部からの物品購入・仕分け，院内各部門への供給を主業務とする。取扱品目は，従来，事務機器や事務用品・伝票類が中心であったが，最近では各部門で個別に発注されていた医療器材・診療材料やシリンジポンプ（点滴静脈注射を施行するための医療機器）・輸液ポンプ等の医療機器等もここで一括管理するケースが増え，所要面積も増加傾向にある。

特に本格的な物品管理センター（SPD：Supply, Processing & Distribution）の一部として機能させる場合は，数百 m^2 程度のまとまった面積を確保する。SPD は最近大規模病院を中心に計画されるようになったが，中小病院への普及はこれからである。

物品管理部には大量の物品が出入りするので，搬入する自動車が寄り付きやすく，搬送用エレベーターが近い場所を選ぶ。

2) 構成

広義の物品管理部門は，物品管理・中央倉庫，洗濯・リネン・ベッドセンター，ME 機器管理という部門で構成される。

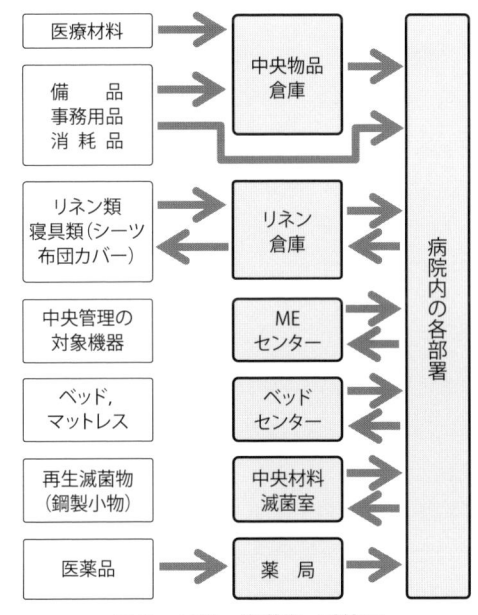

図 3・100 搬送物 系統図

計画段階において，院内での物品搬送を整理することで各部の設計条件が決定する。

(2) 各室の設計
(a) 物品管理・中央倉庫

物品管理部門の中央倉庫は，これまでの用度品だけでなく医療器材・診療材料を一元管理する部門である。

納入業者の納入頻度や院外倉庫の活用などの運用により，必要面積にはかなりの幅がある。

病院スタッフが物品管理を行う事務室を置くことも多い。

(b) 洗濯，リネン・ベッドセンター

病院では，通常，シーツや布団カバーといった寝具の洗濯については外部の専門業者に委託されることが多い。その仮置きや受け渡しのため，清潔リネン庫・不潔リネン庫を設けることが多い。また，一時的な洗濯のために大型の洗濯機・乾燥機を設置する場合もあるので，重量・振動対策等に注意し，給排水・換気設備に配慮する。

洗濯・リネンの必要規模は業務の外注度によって異なるが，おおむね数十〜百数十 m^2 程度を確保する。

各病棟には清潔リネン・不潔リネンそれぞれの一時的な保管庫を設ける必要がある。

また，ベッドのメンテナンス・清掃・洗浄・季節の保管等のためにベッドセンターを設ける場合もある。

(c) ME※機器管理

最近では，ME 機器管理も供給部門の重要な一部門となっている。

シリンジポンプや輸液ポンプ，人工呼吸器等の医療機器を対象として，日常のメンテナンスと搬送業務を主に行う。集中化して有効活用するように一元管理を行う。

各病棟では ME 機器管理室からの搬送を受けるために専用棚を設けて，機器の貸し出し・返却を行うとともに，機器の充電を行うことが多い。

※ ME：Medical Electronics または Medical Equipment

図 3・101　中央倉庫
病院内で使用する診療材料を一元的に管理する。各部門へ定期的な払い出しを行う。

図 3・102　洗濯室
院内の選択物を管理するが，最近では院内の設備は小規模になってきている。

図 3・103　ME 機器管理室
院内の ME 機器を一括して整備管理する。

6. 機械室・電気室の計画

(1) 機能・規模

給水・給湯・空調熱源・給蒸・受変電・発電等に関わる設備機器を収容しており，全体面積の4〜10％程度をこれに充てている。また，機械室・電気室に各所に分散する機械室やシャフト等を合わせると，おおむね全体面積の8〜15％が設備スペースに充てられている。

設備の仕様の違いや，スペースの関係で一部の機器を建物外や屋上に設置する場合もあり，設備スペースの内容や規模は事例による差が大きい。

大規模な病院では，これらの大部分を建物の1ヶ所に集約した「エネルギーセンター」を計画する事例も多い

設備スペースにはメンテナンスのアプローチや機器更新時の車の寄付き等にも考慮が必要であるが，一方でスペースの関係や水害対策のため最上階に設置する場合もある。

病院は24時間稼働が基本のエネルギー多消費型施設であり，地球環境保全の観点からも，無駄が少なく，維持管理がしやすい設備計画が求められている。

水害の恐れのある場所では，災害対策のため2階以上の設置の検討が必要である。

(2) 構成

設備関連諸室は，電気室，発電機室，ボイラー室，機械室等で構成され，これらを含む各所に配置された機械の遠隔操作や運転監視を行う中央監視室を併設する。また，防災設備の各種機器を設置して防災センターとして計画する場合もある。

電力供給設備（変電設備・自家発電設備・蓄電池設備等）については，医療施設としての重要性を考えると天候に左右されずに，機器の点検，改修の故障時の修理が行える屋内電気室が望ましいが，屋外設置可能な「変電設備キュービクル」が用いられることもある。また，自家発電設備についても小容量機器であれば屋外設置用の機器が利用できる。

また，上水道からの給水を受ける受水槽については，むしろ屋外設置とする事例が多数を占めている。

屋上もしくは建物外にこのような機器を設置する場合は，美観上の観点や周辺への影響等に慎重な配慮が求められ，また，構造上の荷重設定や設備機器の耐候性にも注意が必要となる。それでも，建物のキャパシティを最大限，医療活動に提供するためには有効な手段であるため，設計者には十分な検討が求められる。

図3・104　機械室
空調機器やポンプ類等の設備機器を設置する。

図3・105　屋上機械スペース
スペースの都合で，一部の設備機器を屋外に設置する場合も多い。

3・5 管理部門

1. 管理部門の特徴

(1) 機能・特徴
　管理部門は，病院部門の中で診療行為には直接関与しないが，病院全体を運営管理するため，各部門と関わりの深い部門である。
　その内容は，大きく2つに分けることができ「管理・事務・情報関係」と「患者利便・福利厚生関係」である。

(2) 配置・規模
　管理部門の配置は，外部と密接な関係のある管理・事務関係の諸室以外は比較的自由で，スタッフ・患者の動線・利便性を主に考慮して配置する。
　管理部門の規模は，病院全体の8%前後を占めている。病院規模が大きくなるほど，運営内容を細分化して関係諸室を独立していることが多い。また，病院も患者及び職員にも選ばれる時代となり，厚生関係諸室を充実させる傾向がある。

表3・5　管理・事務・情報関係諸室の例

区分	所要室
管理	理事長室，院長室，副院長室，看護師長室，事務長室，応接室，看護事務室，当直室（医療，事務），会議室
診療	医局，研修医室，休憩ラウンジ，ミーティング室，シミュレーション室
事務	後方事務室（経理・総務・人事・用度），医療事務室（外来・入退院事務）
情報	病歴室，図書室，情報管理室，サーバー室
医療社会事業	地域医療連携室，医療相談室
保守警備	施設課，防災センター，警備室
霊安	霊安室，遺族控室
その他	医療安全管理室

2. 管理関係諸室の計画

(1) 機能・特徴
　管理関係には，病院幹部（理事長，院長，副院長，看護師長，事務長等）の執務室や応接室，秘書室と，医局，会議室といった診療部門スタッフの関連諸室がある。チーム医療を意識して，看護職・事務職を一括にしたスタッフセンターを設けている場合もある。

(2) 配置・構成
　スタッフ相互の連携の為，一箇所に集中配置することが望ましい。また，このエリアは，外部関係者との接点でもあるため外部からのアクセスしやすく，かつ，患者と交差しない動線を確保する。

(3) 各室の設計
(a) 医局（医師室）
　医局とは，病院における医師の執務・研究・休息の場である。各科の科長のための個室を設定することもあるが，一般の医員は大部屋で机や棚とパーティション等によって個の領域を確保することが多い。休息のためのスペースは，医局の一角

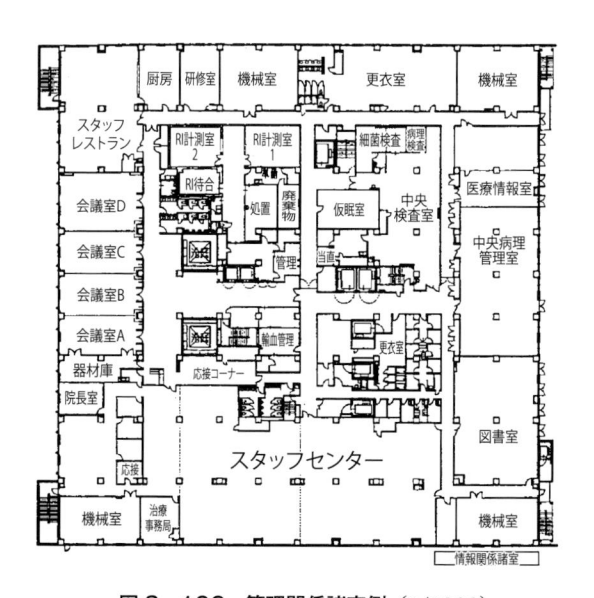

図3・106　管理関係諸室例（1/1200）
1フロアに管理関係諸室をまとめた事例。
医局と看護職・事務職を1ルームにまとめスタッフセンターとしている。

かまたは，別の場所に設定することもある。臨床研修医や地域連携のための地域の医師の控え室なども，医局に近い場所に設定し，診療会議や研修会議等の共同利用がスムーズに行えるよう考慮したい。医局周りの環境整備は，医員の相互交流の場であり，チーム医療を構成する基盤スペースとも考えられるため，重要度は増している。

(b) 当直室

当直は，医師や事務員，薬剤師，検査技師，放射線技師などが行う。一般的には ICU，産科，検査，薬剤などのそれぞれの部門に分散配置しているが，大規模病院になるほど「当直センター」を設定し，運営・管理を効率化させることもある。当直室には，トイレ，湯沸室，シャワー等の生活設備が設定され，男女のエリア分けも考慮したい。

3．事務関係諸室の計画

(1) 機能・特徴

病院における事務は，医療事務と後方事務（一般事務）の2つに大別することができる。前者は，患者に対する受付・会計と入退院の手続き，診療報酬やカルテの整理・保管等の業務を行う。後者の後方事務は，病院全体の職員管理（人事・給与等）や施設管理，外注管理等の業務を行う。

(2) 配置・構成

2つの業務は，必ずしも密接な作業を行っている訳ではないので，前者は，外来窓口周りに，後者は，管理エリアに配置するケースが多い。

(3) 各室の設計

(a) 医療事務室（医事課事務室）

医療事務室は，外来と入退院の患者に対応する部分である。メインの玄関近くに配置させることが多い。病院規模が大きくなるにつれ，窓口機能を細分化し，外来と入退院の患者対応の個別のカウンターや部屋を設ける。窓口は個別であっても，事務室は共通として，できるだけ人員の配置を集約する効率的な配置計画が望ましい。

(b) 後方事務室（一般事務室）

事務室は大部屋でOAフロア対応として自由なレイアウト設定が望まれる。執務，保管，会議のスペースをまとめる。接客のための応接室を設定し，外部からのアプローチにも配慮する。

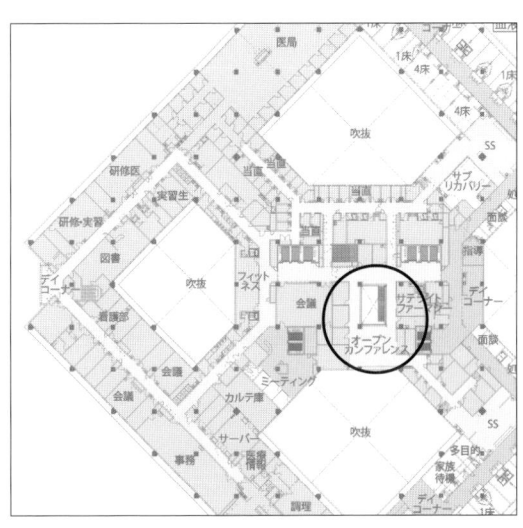

図3・107　コミュニケーションづくりの例（伊勢赤十字病院，1/1500）

チーム医療の導入により，医局周りのコミュニケーションを円滑にするために，スタッフのメイン動線に，交流の場（カンファレンス）を設けている。

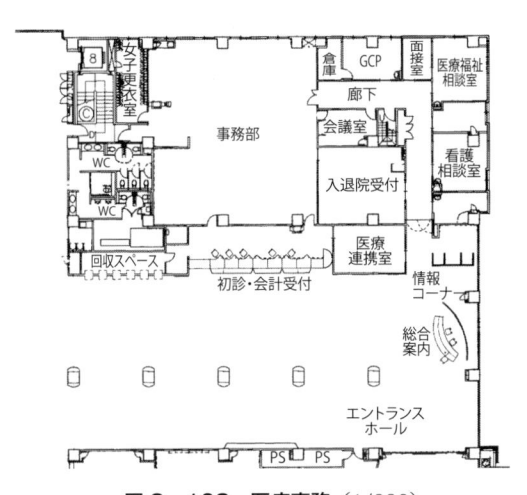

図3・108　医療事務（1/600）

医療事務室を中心に入退院受付，相談室を集約配置している。

4．情報関連諸室の計画

(1) 機能・特徴

病院の医療情報の要は，カルテである。各専門医やコメディカルスタッフが連携して診療行為を行うための共通情報である。カルテには，紙カルテと電子カルテがあるが，電子カルテ化の動きが高まっている。これは診療情報の一元化（一患者に付き1カルテ）と検索や保管の効率性といったメリットがあるが，導入のための費用と操作・運用の備えが必要となる。

(2) 規模・配置

電子カルテの導入なしの場合カルテ庫を，導入有りの場合サーバー室のスペースを確保する。電子カルテ導入とともに，情報関連諸室は管理されたエリアに設定される。

(3) 各室の設計

(a) 病歴室（カルテ庫）

保管諸室には，カルテ・フィルム等を保管する病歴室と医師が閲覧するための閲覧室，及び事務室から構成される。電子カルテ等の導入により病歴庫のスペースはなくなり，サーバー室を含む情報管理署室の面積へと配分が大きく変わる。

(b) 図書室

データを保管し利用することから図書室と病歴室の共通点は多い。今日的水準の医療を維持するために，図書室機能の充実は求められ，医局からの利用が便利な位置に設定するのが望ましい。

(c) サーバー室

病院におけるIT化は，診療業務と管理業務の2つがある。診療業務には，カルテを中心とした診療情報，外来・入院の患者登録，診察・検査・入院予約，診療報酬請求事務等の電子化である。

また，管理業務には，給与・経理業務，病院運営に関する統計処理，供給部門関連の請求・供給手続き等の電子化である。

外来診療のカルテの電子化が進めば，カルテの保管や閲覧のスペースや搬送の問題は解消される。その代わり，サーバー等によるデータ保管の確実性（データの多重保管）や，院内ネットワークのセキュリティ確保など，カルテを含む病院情報管理に対する配慮が必要となってくる。サーバー室では，空調，漏水，停電対策，更新メンテナンス等への検討が重要である。こうした業務は医療事務担当部署（前述の後方事務）の管轄となる場合が多く，中小規模の病院でも病院のIT化に合わせた整備が必要となる。

図3・109 図書室（1/800）
医局に隣接し，廊下側からも直接アクセスするレイアウトとしている。

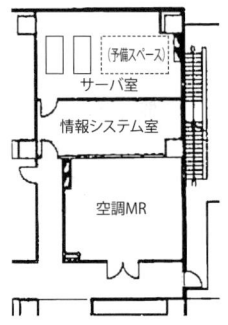

図3・110 サーバー室（1/300）
サーバー室の前室に情報管理室を設定し，入退出の管理を高めている。サーバー室には増設・更新のための予備スペースを考慮する。

5. その他の諸室

(a) 地域医療連携室

地域医療連携室とは，地域の「かかりつけ医」の医師と病院の医師が連携して，役割・機能分担し，個々の患者に対して継続した総合医療を提供するための情報窓口である。病院と地域医療との患者に関する情報共有を行い，そのための紹介，問い合わせ，連絡等の調整を行う機能を持つ。そのほかに保健・福祉との連携を図る機能も合わせ持ち，医療ソーシャルワーカー（MSW）を交えて，退院後の地域や家庭における生活についての調整なども行う場合がある。部屋は，面接室と小さな事務室とがあればよいが，面接室については患者や家族のプライバシーに対する配慮が必要である。外来に近い場所に設定される。

(b) 施設課

施設課では，建物設備，各種工事の管理や将来を見据えた維持管理計画の立案等を行っている。近年は，ファシリティマネージメント（FM）の概念を導入し，病院が保有管理するすべての施設を有効・適切に計画・運営・管理する動きが重要性を増している。

(c) 警備室

警備室は一般に時間外受付として，救急外来に設けられ，職員や物品の出入り管理も行っている。防災センターと兼用となっていることが多く，火災警報等の異常警報監視盤が設定される。仮眠室，当直室を併設する場合もある。

(d) 霊安室・剖検室

遺体の搬送は，救急や病棟から行われることが多いため，寝台用エレベーターや救急処置室からの動線を意識する。また，霊安室の設定場所は，外部への搬出を考慮して外部に面した位置に設け，一般患者や近隣住民の目に触れないような出入り口と搬出車両の駐車スペースを確保する。遺族用の控え室を併設する場合もある。遺体は，ストレッチャーに乗せたまま遺体搬送車を待つ形式の霊安室が多い。また，その場で，焼香が行われる場合もあるため，排気が周辺に滞留しないよう，十分な換気設備を備える必要がある。

剖検室がある場合には，霊安室と隣接させ，病院の規模によっては，剖検室との間に遺体冷蔵庫を設置する。

図3・111 防災センター
防災センターでは，各種警報盤類が埋め込まれる壁面を確保し，視認性と操作性を考慮する。

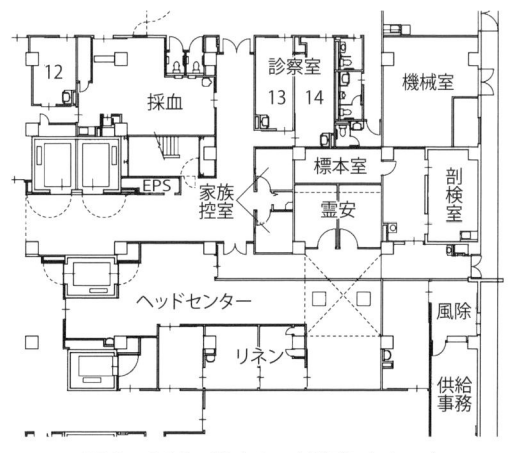

図3・112 霊安室・剖検室（1/500）
霊安室，家族控室，剖検室をまとめてレイアウト。
一般利用者からの視線に触れない動線を確保している。

図3・113 剖検室

6. 患者利便・福利厚生関係諸室の計画

厚生関係の諸室は，患者や見舞のための利用者の施設と，職員のための施設とがある。

(1) 患者利便施設

(a) 機能・特徴

患者利便施設は，病院の診療機能とは直接関連しないが，病院内で過ごす人にとって，その快適性を向上させるものである。最近では，売店と軽食との組み合わせとして，小規模なコンビニを設置し，そこに椅子・テーブルを設けて簡単な食事・休息のできるスペース（イートイン）を設けるケースも出てきている。

(b) 規模・構成

これらは，病院事業のなかで採算性を考慮すると，ある程度以上の需要がないとその設定が難しいと言われている。

(c) 各室の設計

①売店

小規模なコンビニのような内容で，実際にコンビニが病院にはいる事例も多い。病室で利用する紙オムツや見舞い用の花類，日曜雑貨，書籍雑誌，軽食菓子類等も販売する。車椅子での利用を考慮した内部レイアウトとする必要がある。外来部分とは少し距離を置いた位置のほうが，入院患者が利用しやすい。

②レストラン・カフェ

見舞客による利用が主となる。食事制限を受けていない入院患者も利用する。魅力的なメニューと食事を楽しむ空間をアピールする試みも多くなってきている。

小規模でもカフェ専用のスペースを設け，うるおいの場を設けることも大切である。外部に近い位置で外の環境とともに気分を転換できる雰囲気づくりに配慮したい。外部コーヒー専門店等の外部委託する例も多い。

表3・6　患者利便施設・福利厚生諸室

区分	所要室
患者・見舞客等 利便施設	レストラン，喫茶室，売店，自動販売機コーナー，理容室，美容室，現金自動預け払い機，ビジネスセンター
職員用 福利厚生施設	更衣室，休憩室，職員食堂，保育室，クラブ活動室

患者利便施設，職員福利厚生施設の部分で病院の快適性に関する評価への比重が大きくなっている。

図3・114　売店
入院患者が利用しやすい配置・レイアウトを考慮する。

図3・115　レストラン事例
最上階の屋上庭園に面した店舗で，病院を利用する患者や家族のくつろぎの場となっている。

③現金自動預け払い機（ATM）

現金自動預け払い機の設置場所は，会計窓口に近い位置が望ましいが，入院患者の利用を合わせて考慮する必要がある。

設定に当たっては，防犯上の対策を中心に金融機関との調整を要す。最近では，売店部門にコンビニが入る場合，コンビニ系列の金融機関の現金預け払い機を設置する場合も多くなっている。

④理容室・美容室

専用の理美容台と洗髪ユニットが設けられ，給水・給湯・排水が必要となる。蒸しタオル器やヘヤードライヤー等，消費電力が大きい器具を含むため，同時利用を想定して，電気容量は十分な余裕を見込む。

⑤情報サービス

携帯電話や医療機器の機能向上等により，医療機器への影響が少なくなっているが，病院内のパブリックスペースにおけるマナー推進のために，病院内では，携帯電話の使用にルールを設けているのが一般的になっている。この状況において，入院患者であっても治療計画上支障がない場合，外部との通信，外部ネットワークへの接続を可能にする方策が求められている。携帯電話が利用のできる個室ボックスを設定し，また，病室内ではTV端子以外にLAN端子をベッドサイドに設定するサービスを行う場面も出てきている。

また，患者への情報提供用に，自由に閲覧できる端末を用意したスペースを確保したり，気分転換をはかることのできる患者専用の図書コーナーを設けたりして，患者への情報サービスを行っている。

図3・116　カフェ事例
入院患者や見舞の方，そして職員が気軽に利用できる。

図3・117　患者と家族のための図書室

(2) 福利厚生施設
(a) 機能・構成

職員の福利厚生については、ハードとソフトの両面で、離職防止の観点からも充実させる傾向にある。特に保育室の設定は職場の女性の比率の高い病院においては、若い医師や看護師の職場を選択する際の重要なポイントになっている。

(b) 各室の設計

①更衣室

更衣室の広さは、設置されるロッカーの大きさによるが、標準的には幅900mmで3人分のロッカーの場合、（利用者数×0.6）m^2 程度が目安となる。これに洗面台やシャワー室や便所等を設置する。女性更衣室には、洗面台の他にパウダーコーナーを設定することもある。防犯上、セキュリティに配慮したゾーニング・プランを検討する。

②職員食堂

職員食堂の広さの算定は、概ね1席当たりの所用面積として 1.2〜1.5m^2 程度を目安とする。

厨房を病棟の食事サービスと兼用した場合には、厨房に隣接させる場合が多い。しかし、大規模な病院の場合には、単独で職員食堂用の厨房を持ち、病棟厨房とは異なる場所、管理部門内等に設定することが多い。この場合には、食材や厨芥の搬出入ルートを検討し患者動線からは離して計画する。

小規模な病院の場合には、職員食堂を会議室として利用する場合もある。そのときには、複数のエリアに区分することができるよう可動仕切りを設定する場合がある。

図3・118 職員食堂

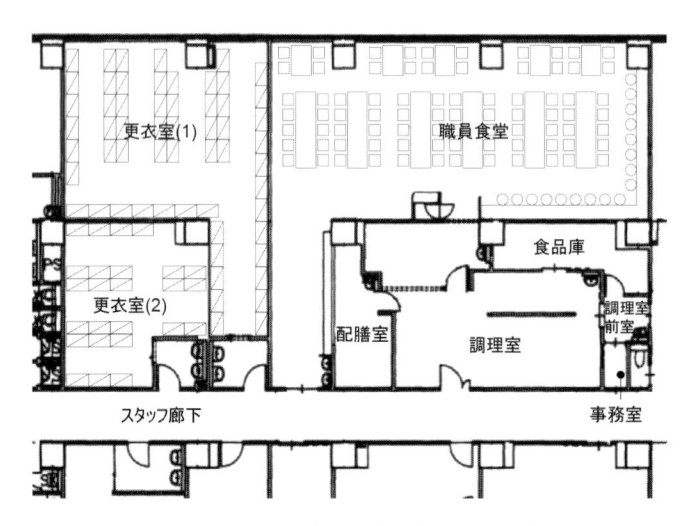

図3・119 更衣室と職員食堂（1/300）

患者動線からは区分されたエリア（管理部門）にて、くつろぐことができるよう配慮する。

3章 部門計画

③保育室

保育室は，利用対象として，院内職員の乳児から幼児までのお子さんを授かる場合が多い。医療施設に併設されるメリットとして，病児保育（病気のお子さんも看護スタッフがみる）を行う場合もある。乳児と幼児では，部屋を間仕切り，活動エリアを分離する。配置は院内では職員出入口近くや管理部門に設定し，敷地内または敷地外別棟で設定する場合と様々である。庭の利用も含めて，日当たりのよい場所が望まれる。

図3・120　保育室

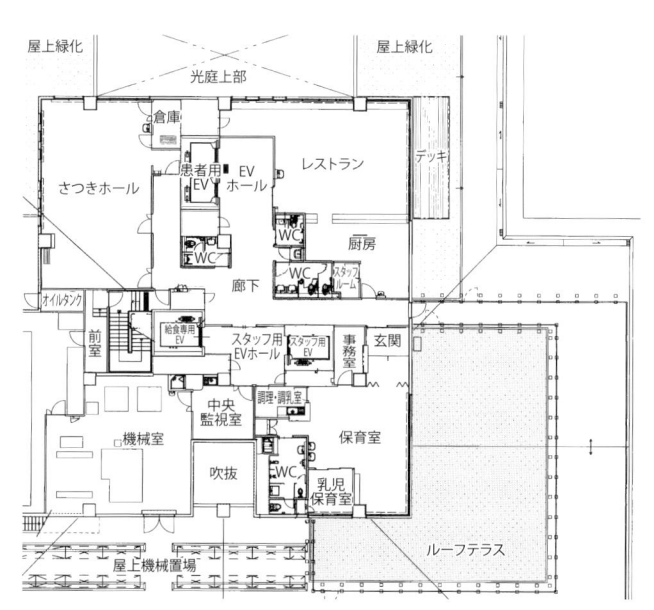

図3・121　保育室（1/500）
日当たりの良さと職員の出入り専用の動線を確保して病院の最上階に設けることもある。

> コラム　医療の情報化
>
> 宇田　淳（広島国際大学）

医療情報システムの拡がり

病院に情報システムが導入されるようになり，45年が過ぎようとしている。そして，今ではほとんどの病院で何らかの形で情報システムを利用している。

病院情報システムの発展過程は，病院管理の分野では「医事会計システム」，診療支援分野では心電図自動解析システムが1970年代から始まった。その後，「臨床検査システム」「調剤システム」「看護支援システム」などの各部門システムが，各部門の効率化と医療の質の向上をめざして使われ始めた。最近では，大学病院などの大規模病院以外の中小規模病院でも，業務の見直しや医療の質の向上や職員の育成を目的として，積極的に電子カルテシステムの導入がなされる。さらに，複数の医療機関の患者診療情報を安全に連携させ，地域医療のサービス拡充に貢献する地域医療ネットワークへと進展している。

情報化は施設のあり方を変える

情報化は，院内に設置されるコンピュータの台数を確実に増加させた。その結果，病院建築にも変化がもたらされている。電気のコンセント，情報コンセントが壁に多く付けられるようになった。そして，電源容量が増加し，電源施設のUPS容量が足りなくなった。診察室では，モニタ，プリンタの設置が必要となった。モニタ画面は，医師，患者から見やすいように，かつ，医師には，入力しやすい環境整備が必要となった。新たな診療用机などの什器が必要となった。院内には，無線LANが導入されるなど，情報化による設備の改築が余儀なくされている。電子カルテの導入は，カルテ庫や搬送機器をなくした。外来診療部のカルテ棚もなくなった。外来看護の主たる業務と言うと語弊があるが，カルテ整理は完全になくなり，病棟での引継も，コンピュータの画面を見ながら，ということになった。近い将来，入院患者の心電や脳波，血圧，体温などのバイタルチェックは，ケーブル接続による計測や目視によるカルテへの転記を行ってきたが，センサーから無線で計測器に情報を送ることができるようになる。

さらなる情報化の進展により，医療は「遠隔医療」，「遺伝子治療」，「ゲノム医療」，「ロボット手術」，「再生医学」，「代替医療」など，新しい時代へと突入していく。情報システムの発展は，情報の共有化をさらに促進し，完全自由な競争社会を形成し，結果，情報格差や，地域格差，規模による格差を無くすことが期待され。時間が短縮し，人がつながり，ネットワークの利用価値が相乗効果をもたらす。それは，病院の外来独立，巨大診療所の普及，手術センターや救急センターなどのICU，CCUなどを中心とする入院施設と療養施設などとの分化，検査センターや検診（健診）センターなどの分業化といった，新しい時代を創るかもしれない。

必要とされる医療CIOの育成

医療の情報化の進展に伴い，医療分野では国の内外で医療CIO（Chief Medical Information Officer）に関する議論がなされている。医療CIOに求められる能力は，情報化戦略の立案・実行，情報技術に基づいた経営戦略の提案，部門間や外部との調整，情報システムによる組織や業務プロセスの改革，組織全体のIT資産の調達や保持，情報システムの安全管理，個人情報保護，新しい情報機器の医療分野への活用，そして，行政データの分析に関する最高意思決定といえる。そして，患者に代表される国民，関連産業，行政の協働が，医療情報部門の管理者像を，医療施設や行政に描いている。

地域の現状と将来を厳しく見極めながら，多様化する時代のニーズに的確に応えると同時に，新しいサービスを提供することで患者に選ばれる，これからの医療施設のあり方を医療サービスの質の向上などのソフト面，建物や設備といったハード面，それらを統合した経営面といった多方面から検討できる人材育成が急務ということである。

4章
医療施設が配慮しなければならない環境問題

- 4・1　快適な環境づくり……….128
- 4・2　病院のBCP………………..132
- 4・3　地球環境への配慮……….137
- 4・4　ライフサイクル…………..142

4・1 快適な環境づくり

1. 患者・家族にとって快適で安全な環境づくり

病院施設の設計においては，"病院は病気を治す場"から"患者を治す場"ととらえ，機能を追求するだけでなく，病気と闘う患者を取り巻く環境を向上させることが求められるようになっている。患者を取り巻く環境の向上は，患者が自らの力で治ることを促進することに寄与する。苦痛や不安を抱えた患者やその家族が心穏やかに過ごせるような環境を創出したい。

建物の内外に積極的に光や緑を取り入れるのも患者環境の向上に有効である。絵画・彫刻などのアートを利用することにも積極的に取り組んでいきたい。

(1) 日常の生活空間のイメージを取り込む

普通，病院はできることなら行きたくない場所である。病気への不安により心身ともに弱っている患者とその家族が少しでも不安をやわらげられる空間づくりが求められる。

治療や療養の間は日常の行為や生活の場に不自由を強いられ，患者はつらく非日常的な時間を過ごすことになる。患者を取り巻く環境を少しでも日常の生活空間のイメージに近づけることが大切であろう。制約の多い患者環境の中に，季節や時間の流れなど自然のリズムや変化を感じる場や，患者自身が選択できる複数のデイルームやどこでも待てる待合など日常の空間イメージを取り込みたい。

患者を取り巻く環境を考える上で，ベッド上の患者環境には十分配慮したい。入院患者はベッドの上で長い時間を不安な気分で過ごすことになる。意識のある状態でベッドの上で過ごす時間が多いことが住宅の寝室との大きな違いである。ベッドから寝たまま外の風景が見える窓のつくりや天井のデザイン，寝たままの状態で操作できる照明や空調などのスイッチ，見やすいTVの配置や床頭台などのデザインも重要になる。また，ベッドで搬送される際に患者が目にする廊下やエレベーターの天井の設えにも配慮したい。

また，最近では外部のコーヒーショップなどを外来待合廻りなどに設ける病院も増えている。外来患者の利用だけでなく，日常生活の連続として入院患者も利用できるようにしたい。

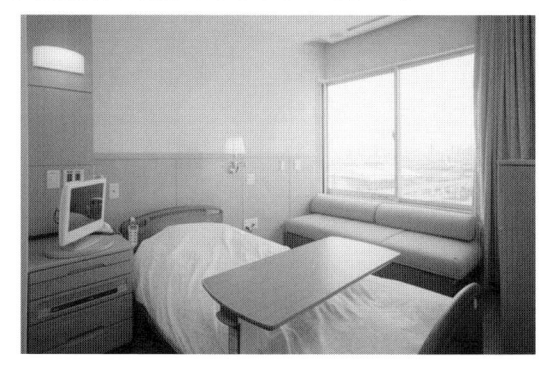

図4・1 病室のベッドからみえる風景
ベッドから寝たままで風景がみえる窓形状。ベッド左の縦型のコンソールには医療ガスのアウトレットが収納され，未使用時は病院らしい雰囲気がでないように配慮している。

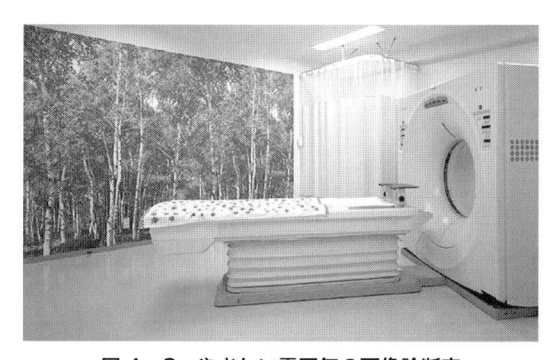

図4・2 やさしい雰囲気の画像診断室
樹木の写真がプリントされた壁紙を貼って，閉鎖的で威圧的な医療機器の雰囲気を和らげている例。

図4・3 眩しくない病棟廊下天井
ベッド搬送時に，仰向けの患者が眩しく感じないように片寄せに配置した廊下天井照明の例。

4章　医療施設が配慮しなければならない環境問題

また，窓の無い部屋に医療機械とひとり取り残される画像診断室等のインテリアは，巨大な機械の冷たさを軽減する工夫をしたい。

(2) わかりやすい空間づくり

受付・診察・各種検査を済ませて会計を経て薬を受け取る。待ちと移動を繰り返す外来は，はじめて来院する患者にもわかりやすい空間とすることで，少しでも不安を和らげる施設計画が必要である。たとえば，ホスピタルコリドーと呼ばれる大通りを中央に一本通し，各部門にはそこからアクセスし，用が済んだらまた大通りに戻るという動線計画とするとわかりやすい。さらにホスピタルコリドーが吹抜けや中庭などの風景が見える特徴的な空間であれば，より記憶に残り効果的である。こうした軸となる空間により，サインに頼らなくても行き先が認識できるウェイファインディングの考え方が重要となる。

また，廊下の構成がわかりやすくできていることも重要である。曲がり角が少なく，見通しの良い廊下は自分の位置を認識しやすい。

病院はサインや掲示のスペースが多く必要となる。サイン計画にあたってはわかりやすさとともにインテリアの重要な要素となるため十分に配慮して計画したい。案内・誘導・表示など設置する場所に応じてサイン機能をうまく整理し，色・形・文字を明確に使い分けなくてはならない。白内障などの疾患により見えにくい色や車椅子患者の低い視線から見みえにくい高さなどさまざまな利用者に充分配慮する必要がある。

病院内に絵画やアートワークを設置することも多くなっている。サインアート・照明・床や壁の色・置かれている家具も重要なウェイファインディングの要素となる。

具合が悪くて病院に来て，行き場所を探して迷うのは患者にとって非常につらい。病院をわかりやすく計画することこそが，快適な環境づくりの第1歩となる。

図4・4　シンボル空間としてのホスピタルコリドー
ホスピタルコリドーの吹抜けを中心に各部門が見渡せ，建物全体像を把握しやすく，わかりやすい空間構成の例。

図4・5　ボランティアコンサートができる吹抜け
十分なスペースはコンサートなどのボランティア活動も開催でき，患者や来院する人々のアメニティを向上する場所としても活用できる。

図4・6　中庭のある外来
外来エリアに面した中庭から見える風景により自分の位置が認識しやすく，心穏やかな待合空間を創り出す。

(3) 自然を取り入れた環境づくり

　快適で安全な環境をつくるためには，庭園や景色など自然を最大限取り込んだ計画を行いたい。自然を感じられることは患者にとって有力な癒しの環境であり，時間の流れや季節の移り変わりなど外部の変化やリズムを実感でき，日常の生活を想い起こす空間の設えとしてその役割は大きい。

　外来などでは，待っている場所から庭を眺めることができれば，待ち時間の印象は違ってくるだろう。

　最近では，病棟などに自然を感じられる屋上庭園を設ける事例も多い。周りを気にせず休息できるスポットや木陰でたたずめるパーゴラの設置，植物に触れたり，香りをかぐことのできる樹木の選定やレイアウトなど四季や風を感じ，五感に作用する庭園としたい。

　またユニバーサルな仕掛けとして車椅子に乗ったままでも手が届く高さに設えた花壇（レイズッドベッド）の設置や手摺のあるベンチなども検討したい。

　リハビリ施設のある病院においては積極的にリハビリガーデンの計画を取り入れたい。歩行距離がわかるサインなどの仕掛けのある回遊コースや，あえて高低差を設けたスロープや階段，手摺を設定したコースなど，リハビリの段階に応じて選べるリハビリ庭園は回復を促す環境となろう。

図4・8　外部と一体感のある待合
待ち時間に待合に面した庭の四季を感じられる設えの例。

図4・9　風を感じるためのアートを設置した中庭
風によりゆれるアートを設置，室内にいても自然を視覚的に感じることができる病棟中庭。

図4・7　室内で自然を感じられる院内緑化
自然を感じられる院内緑化を取り込みインテリアの要素とした例。

図4・10　周囲を気にせず休息できる屋上庭園
着衣を気にせず直接病棟から出られる屋上庭園，パーゴラの下のベンチで自然を感じられる。

4章　医療施設が配慮しなければならない環境問題

2．スタッフにとって快適な職場環境づくり

　病院設計におけるキーワードとして従来"患者のために"や"家族のために"という言葉がよく使われてきたが，最近では更に"スタッフのために"という言葉が使われる。
① 　適正なスタッフスペースの確保
② 　スタッフ動線の短縮と適度な分離
③ 　リフレッシュできる環境
　これらを整備することによりスタッフが本来業務に専念でき，その結果として質の高い医療を実現する病院となろう。

① 　適正なスタッフスペースの確保

　スタッフの職場環境づくりで重要なのは十分なスタッフスペースの確保である。病院計画において従来治療空間を優先し，スタッフのための空間が二の次となりがちであった。緊張の連続する医療現場で働く医療スタッフの職場環境向上のために，快適で充実したスタッフスペースを確保したい。

　また，管理部門を集約し，異なる職種へスタッフ間の交流をうながすことで，よりコミュニケーションのとれる職場環境にも考慮したい。

② 　スタッフ動線の短縮と適度な分離

　スタッフ動線の短縮はスタッフの職場環境の向上を考える上で重要である。また患者動線と医師や看護師などの医療系スタッフの動線を適度に分離することにより，業務が効率化し本来業務である医療行為に専念できる。ただし，病院の規模などにもよるが，完全な動線分離は患者側から見るとスタッフの顔が見えなくなってしまい不安になるとともに患者の容体急変などの状況の把握も難しい。適度な動線分離により患者と医療スタッフのコミュニケーションがはかれるよう考慮したい。

③ 　リフレッシュできる環境

　スタッフのアメニティ向上のための施設として，職員食堂や託児所の充実がある。充実した職員食堂は，はりつめた医療現場に従事する医療スタッフの息抜きの場であるとともに，スタッフ間コミュニケーションのための重要な場所となる。また，昨今の看護師不足の社会情勢の中，子育て中の看護師らが安心して就業できる環境を整えることは，上質な医療提供に不可欠になりつつある。

図4・11　眺めがよく外光のはいるスタッフラウンジ
充実した広さのスタッフラウンジは様々な専門職のスタッフが集うコミュニケーションと休憩の場として利用できる。

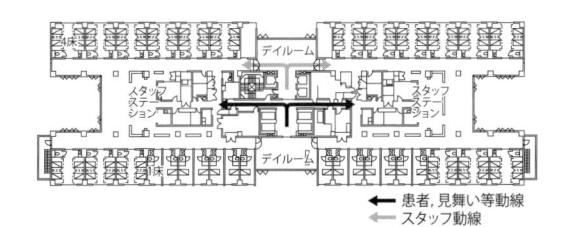

図4・12　患者とスタッフの動線分離の例
適度な動線分離により業務が効率化し医療業務に専念できる環境。

図4・13　院内に設けられた託児室
24時間365日可動する病院に勤務するスタッフが安心して就業できる環境づくりの例。

4・2 病院のBCP

1. 病院のBCP(Business Continuity Plan)

BCP（事業継続計画）とは，一般に企業が自然災害，火災などの緊急事態に直面した場合，事業資産の損害を最小限にとどめつつ，中核となる事業の継続あるいは早期復旧を可能とするため，平常時の備えや災害時の事業継続方法・手段を検討しておくことであり，近年企業経営において重要視されている要素の一つである。

病院の場合，クリニックや中小規模病院において災害時に求められる機能は，人命の保護・安全確保であるといえよう。この場合，発災直後には通常の医療機能は大きく低下するが，この低下の度合いの軽減と復旧に向けての対応を早めることを意識した災害対策が必要となる（図4・14）。それに対して，災害拠点病院（24時間緊急対応し，災害発生時に被災地内の傷病者の受入・搬出が可能な体制を有する病院）に準じる病院では，災害発生直後から一時的に急増する平常時以上の医療需要（災害医療）への対応も含めて，医療機能継続に重点をおいて災害対策を考える必要がある。

病院におけるリスクには，様々なものがあるが，病院設計時に考慮すべき想定リスクとして，次のような項目がある。

〈自然災害エリア〉
・地震，津波，洪水
・異常気象（集中豪雨，台風，竜巻，豪雪）

〈社会リスク等〉
・火災
・事故，故障
・暴力，テロ
・情報漏洩
・パンデミック（感染症の世界的な大流行を示す）

(1) 地震による病院への影響

地震のリスクに対して病院に求められる機能は，「人命保護」「診療機能維持」「資産保護」である。

病院の地震による被害・機能低下には以下のようなケースがあり，複合することもある。

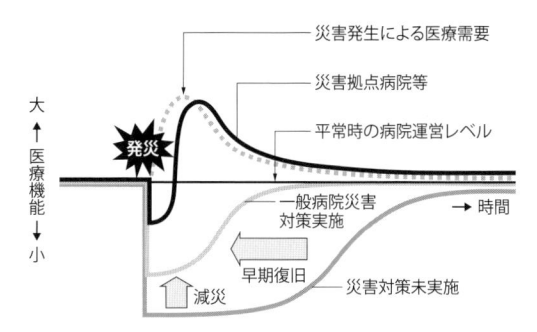

図4・14 医療機関の災害時の医療機能特性と災害対策の実施による復旧に要する時間

図4・15 医療機関における地震被害の例

(a) 建物の損壊

地震の揺れによって，構造体に大きな損壊を生じ，継続利用をあきらめなければならない場合。傾向として旧耐震建物（1981年の建築基準法改正により構造基準が大きく変更された。それ以前に竣工の建物）が被害を受けやすい。

(b) ライフラインの途絶

電気，水（上水，下水），ガス，通信といったライフラインの途絶により，建物の被害が少ないのにも関わらず，診療機能を継続できない場合。

(c) 仕上げ材や設備機器等の破損・落下

建物の構造的な被害がなくても，天井材や天井付近の設備機器，配管等が揺れによって破損，落下し，診療機能や入院機能が継続できない場合。

(2) 「耐震性能」の設定と確認

耐震性能を設定することは地震時に許容し得る

被害の程度，保持すべき機能の程度を決めることである。病院の地域において求められる機能を考慮して適切な耐震性能を設定したい。

(a) 建物の性格と耐震性能

クリニックや小規模な病院では，最低限確保することは，人命の安全確保と考える。この場合，現在の建築基準法に基づく「耐震構造」で十分である。災害時に医療機能を継続する必要のある病院では，建物の内部の機能保持のためにも「制震構造」や「免震構造」が望ましい。

(b) 免震構造

地域における拠点病院などの場合，建て替え時の構造形式としては，免震構造を検討したい（免震構造については「構造計画」参照）。免震構造のメリットは，建物本体の構造が被害を受けないとともに，建物の揺れが一般耐震構造の建物に比べ1/2～1/5程度に低減されることである。ゆっくり揺れることで患者の不安を軽減し，高精度な医療機器や家具の破損・転倒を防止できる。また，ELVをはじめとする設備の稼働を保ち，継続した医療機能を確保することができる。ただし，耐震構造よりも初期費用がかかり，免震装置の定期メンテナンス費用なども発生することを理解した上で導入を決定する必要がある。

(c) 耐震診断

増改築を繰り返している病院の場合，建設時期を確認し，旧耐震建物か新耐震建物であるかを区別して整備の対応を決める。

昭和56（1981）年以前の旧耐震基準により設計された建物は，震度6，7といった大地震に対する検討がなされておらず，倒壊の危険性がある。そのため，まず耐震診断によって大地震時の倒壊危険性の有無を確認することが求められる。

(d) 耐震補強

耐震診断の結果，耐震性能が不足していると判断された場合，耐震補強や建て替えを検討する。病院における耐震補強は，病院機能を維持しながらの工事を求められることがほとんどのため騒音や振動，粉じん対策に留意が必要である。

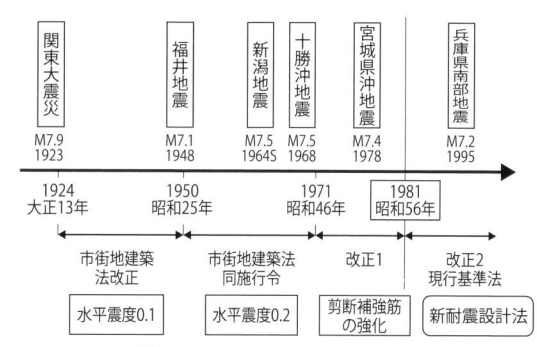

図4・16　建築基準法の変遷と過去の大地震との関係
大地震の後に建築基準法が改正され，構造躯体の耐震性が強化されている。竣工年により新耐震建物かどうか確認する。

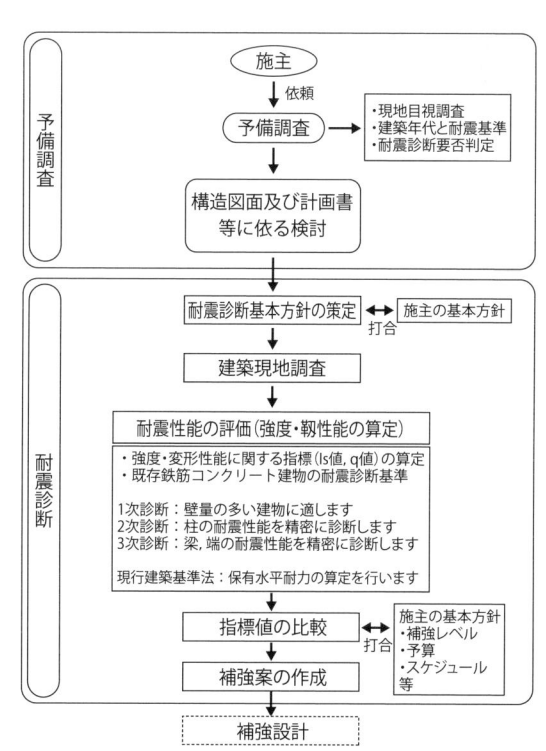

図4・17　耐震診断のフロー（鉄筋コンクリート造の場合）
予備調査で耐震診断の要否を判定。(IS値：構造耐震指標，q値：保有水平耐力に係る指標)

(3) ライフライン途絶への対策

地震時に建物が無事であっても設備機能を維持できなければ病院は機能しない。また，途絶後，どの程度の機能維持ができるか把握し，備える機能を事前に設定しておきたい。

電気・給排水・ガス・通信等のライフライン途絶の対策としては，ライフライン利用手段の多重化，途絶後の病院内のバックアップシステムの採用と外部からの供給の受け入れやすさに配慮する。

(a) 電気

電気は，非常用発電機により，限られた容量の中で非常時にどの機能を生かしておくべきか，優先順位を明確にして有効に使うべきであろう。燃料の安全な備蓄方法，適切な備蓄容量，そして，復旧過程での燃料の調達・供給方法を検討する。

(b) 水

上水は，通常使用する水量の約半日分を目安に受水槽に蓄えられている。災害時の利用の優先順位を設定し，周知徹底しておくとよい。また，井水は，水質や法規制を守った上で利用可能であれば，インフラ途絶時には有効である。排水については，水の備蓄に見合う容量の緊急排水槽を地下ピット等へ確保したい。

(c) 通信

通信は，災害時に公衆電話回線がダウンしてもインターネット回線は有効である場合が少なくない。地上の地域インフラに影響の受けない衛星電話の装備も確実な通信手段である。

(d) 医療材料・食糧等の備蓄

医薬品・食糧等の備蓄スペースは，入院患者・職員に加え，避難住民用の備蓄も考慮したい。

(e) 人的な対応

日頃から災害時を想定した水やエネルギー等の確保に留意し，日常の点検を怠らないようにする。同時に「災害対策マニュアル」を作成し，地域の他病院や地域住民との連携も含めて災害時を想定した「災害訓練」に取り組む等，職員の意識の向上にも努めたい。

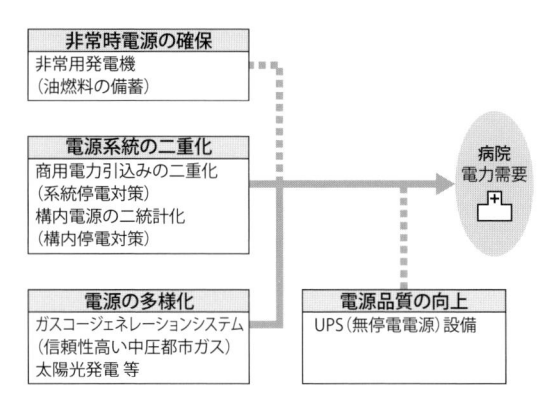

図4・18 電源供給の信頼性向上の工夫 電源の多重化を図る

コジェネレーションシステムは発電も同時に行う熱源方式のため停電時へのリスク回避が可能となる。

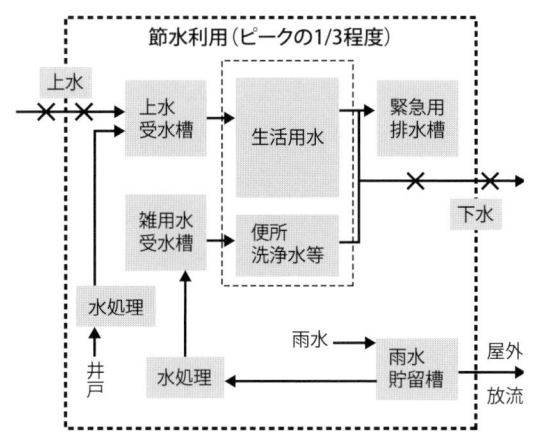

図4・19 災害時給排水フローの例
上水と排水の両面で自立確保。

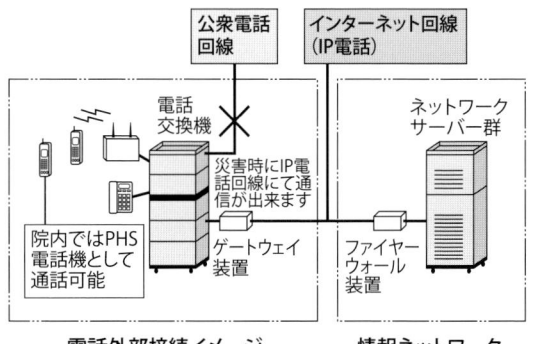

図4・20 複数の通信回線の利用
インターネット回線を使ったIP電話の検討。

4章　医療施設が配慮しなければならない環境問題

(4) 水害リスクへの対策

集中豪雨，高潮，津波，洪水などの災害リスクについては，行政が作成するハザードマップや，過去の災害の履歴を調べて，対策を検討する必要がある。たとえば，病院の機能維持にとって重要な医療・設備機器については，冠水レベル以上に設置するなどの対策を講じる。

(5) 火災への対策

火災への対策では，発火原因をなくすこと，初期消火設備の配置，延焼防止対策，防災管理上の情報設備の一元化，避難設備の充実が重要である。

建築基準法・消防法などの関連法規の遵守は当然であるが，当該病院ごとの火災リスクへの十分な検討が必要である。

様々な容態の方がいる病院では，階段により避難することが難しい患者もいる。火災時における避難の安全性を向上するために，病棟を複数に防火区画し，出火した区画から，火災のない区画に水平避難することを検討したい。

また，火災時に移動させることができない患者のいる手術室やICUなどでは，耐火構造による籠城区画を設け，安全性を確保する。このような避難設備，防火区画のあり方は，その運用面ともあわせて病院と検討を進めておくことが望ましい。

(6) パンデミックへの対応

近年，パンデミック（新型インフルエンザやSARSのような新しい感染症）の脅威が増している。地域の中核病院などでは，院内感染対策だけでなく，地域に目を向けた感染症全般に対する施設対応も重要な課題の一つとなっている。

感染症患者の来院に対し，外部から直接入ることができる個別の待合や診察を設けたり，内部より使用できる手洗いやトイレの設置，単独系統の換気設備と室内を陰圧に保つことができる設備などにより院内での感染症の拡散を防止できる。

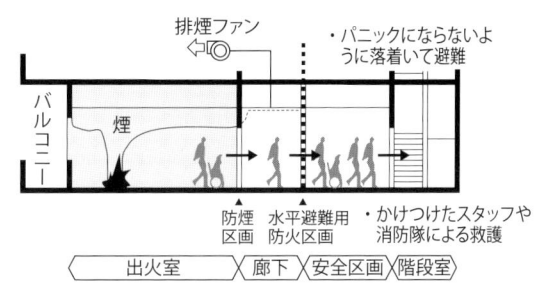

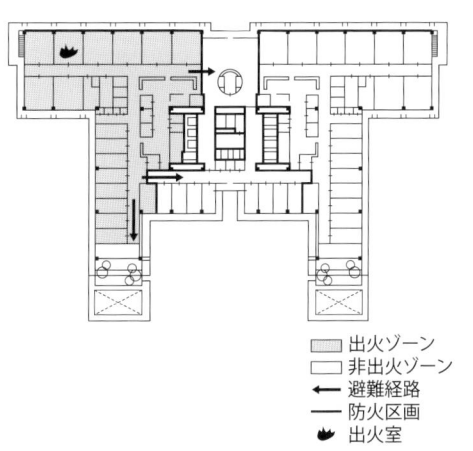

図4・21　水平避難
出火ゾーンより非出火ゾーンへ水平避難することにより安全性を確保する。

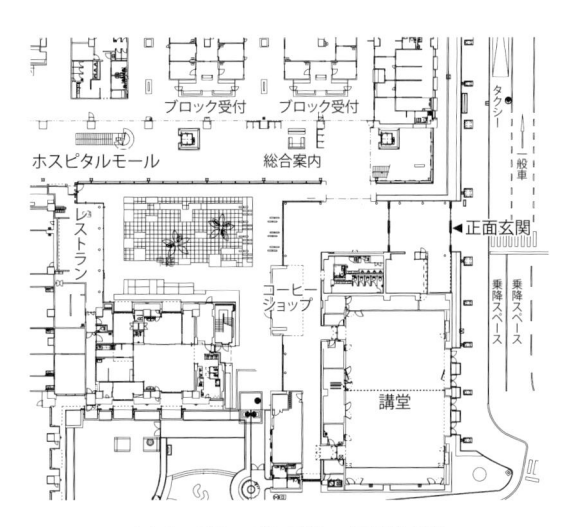

図4・22　パンデミック対応の例
パンデミック対応や被災者受入れのためエントランスに近い位置に一般利用者とは区画した空間を用意。日常的には講堂として利用。

コラム　災害

小林健一（国立保健医療科学院）

●はじめに

平成23（2011）年3月11日に発生した東日本大震災では，広範囲にわたる津波被害により，多くの犠牲者を出した。しかし医療施設に限らず，建築物は技術的に，津波災害への確実な事前対策を講じることはできないのが現状である。強いていえば，津波襲来の危険性がある立地を避けることであろうか。

一方わが国は，古来より数多くの地震に見舞われてきた地震大国であることから，地震災害への備えは建築物の重要課題とされてきた。人口の多い都市部を襲った平成7（1995）年1月17日の阪神・淡路大震災は，建築物やまちづくりにおける地震対策の重要性が，広く社会に認識される契機となった。

●医療施設の機能的被害

阪神・淡路大震災では，新耐震基準以前の建物がとくに大きな被害を受け，鉄筋コンクリート造の医療施設も無残に破壊された。また構造体が地震力に耐えても，水・電気・ガスや通信設備が破壊されたことにより，医療施設は大きく機能低下した。

医療施設は，大規模地震などの災害が発生した際には，院内の患者や職員の安全を確保するだけでなく，外来患者・入院患者に対する継続医療の提供，さらには負傷した被災者への災害医療の提供が期待される，非常に重要な施設である。つまり医療施設においては，「建物が多少の被害を受けても，中にいる人びとの生命を奪わない」という通常の建物における目標設定では不十分で，「いかに医療提供機能を維持するか」を目標に，対策を立てることが求められる。

今日の診療行為は，CT・MRI・アンギオといった画像診断装置をはじめ，さまざまな医療機器により支えられているが，これら医療機器が地震災害発生後にも正しく機能する保証はない。電気や水の寸断により，医療機器が使用できなくなる事態は大地震のたびに報告されている。医療機器以外でも，地震管制装置や電気の停止によりエレベータが使用できなくなれば，ストレッチャー搬送や車いす利用患者の搬送について人手で行うこととなる。また水や食事を上層階にある病棟へ運ぶのも人力に頼るなど，診療活動以外のところに多くのマンパワーが割かれることとなり，医療施設のパフォーマンスは大きく低下する。都市生活を支えるライフラインが停止したとき，医療施設は原始的な代替手段により運営せざるを得なくなることを，あらかじめ想定しておく必要がある。

●医療施設の地震対策に関する状況

医療施設の地震対策は，阪神・淡路大震災を契機として数々の取り組みが進んでいるが，建築設備に関するものとしては，建物の耐震化の推進，免震構造の採用事例の増加，災害拠点病院の制度化などが挙げられよう。

免震構造については，阪神・淡路大震災の被害状況を目の当たりにすることで普及が加速し，中規模〜大規模病院を中心に採用する事例が増えており，今日では大規模・高機能な病院では免震構造の採用が常識化している。

災害拠点病院は，被災地内における災害医療の提供拠点，被災地外からの後方支援拠点となるものとして平成8（1996）年より制度化され，現在では600余りの医療施設が指定を受けている。災害拠点病院は，救命救急センターもしくは二次救急医療機関であって，広域医療搬送・域内搬送・被災地内の病院支援を行う機能を有し，災害派遣医療チーム（DMAT：Disaster Medical Assistant Team）を派遣できることとされている。建築設備に関しては，診療機能を有する施設は耐震構造とし，通常時の6割程度の発電容量をもつ自家発電機，衛星電話や広域災害・救急医療情報システム（EMIS）などの情報通信手段，患者の多数発生時用の簡易ベッド，食料・水・医薬品の3日分程度の備蓄，ヘリコプターの離着陸場の整備などが指定要件となっている。

ただし，医療施設単体での地震対策には限界があることが，東日本大震災においても浮き彫りになった。ライフラインの確保や物品供給の中長期計画など，さまざまな角度から事業継続計画を講じておくことが求められている。

4・3 地球環境への配慮

2章で説明したように、病院は24時間365日休みなく稼働する、エネルギー多消費型の施設である。建物用途別のエネルギー消費量を比較した表（2章の図2・15参照）からも分かるように、病院はエネルギー使用量が最大の用途であり、言いかえれば地球環境への負荷も最大の用途となる。したがって、省エネルギー対策や地球環境への負荷軽減対策が特に求められる。

本章では、地球環境への負荷軽減対策を病院自体の省エネ化と、病院から排出されるものの管理といった2つの視点で説明する。

1．省エネルギー対策

(1) 省エネ法の概要

「エネルギーの使用の合理化等に関する法律」（以下「省エネ法」という）は1970年代のオイルショックを契機に制定された法律である。その後、地球環境問題への関心が世界的に高まる中で幾度かの改定がなされた。2009年からは、病院を含む一定規模以上の建物の新築や改修時の省エネ措置に関する届出と、運用時の定期報告が義務付けられたのとともに、省エネ対策が著しく不十分と判断された場合の罰則規定も設けられるなど、行政の対応も厳しさを増している。

また2014年からは、省エネ性能の評価基準が、国際的にも使われている一次エネルギー消費量（二次エネルギー（電気や都市ガスなど）に変換される前の、化石燃料・原子力燃料・太陽光といった自然から得られるエネルギー量に換算された数値）を指標としたものに見直された。評価項目も、外壁や窓の断熱性能（PAL＊（パルスター）という）と設備性能（空調・換気・給湯・照明・昇降機）に加え、太陽光発電等による創エネルギーの取組みも盛り込まれ、建物全体の省エネ性能をより総合的に評価できるものに改められている。

(2) 病院における省エネルギー対策

病院で使用するエネルギーを用途別に比べてみると、空調用と給湯用に費やすエネルギーの割合が特に多い。また、使用する部門別に比べてみると、24時間稼働する病棟部門が最も多く、全体の34％を占めている。したがって、病棟部門の空調と給湯の省エネ化を図ることが、最も効果的であるといえる。

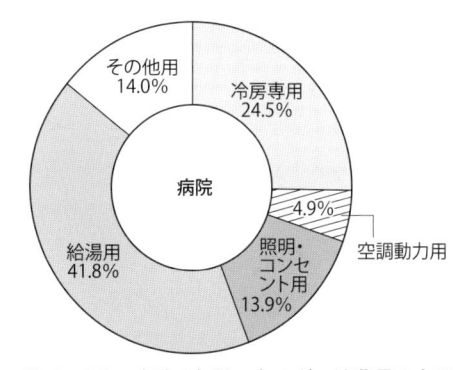

図4・23 病院の年間エネルギー消費量の内訳
病院は空調と給湯に費やすエネルギーが高い
出典「住宅・建築省エネルギーハンドブック2002（平成13年11月、㈶建築環境・省エネルギー機構）」

（円グラフ：給湯用 41.8%、冷房専用 24.5%、その他用 14.0%、照明・コンセント用 13.9%、空調動力用 4.9%）

表4・1 病院の部門構成とエネルギーの消費

部門	面積比率	稼働時間	エネルギー消費量比率
外来	13%	9時間	11%
中央診療部門	22%	10時間	29%
供給部門	8%	10時間	8%
病棟	**35%**	**24時間**	**34%**
管理部門	10%	9時間	8%
厨房	2%	18時間	5%
共用部門	10%	24時間	5%

本データは(財)省エネルギーセンターがH15～16に実施したエネルギー消費に係る実施調査による研究（一種指定工場）54件に基づいています。
病院のエネルギー消費の34％は病棟が占める
出典：病院の省エネルギー（一般財団法人省エネルギーセンター）

(3) 空調設備の省エネ対策

空調については、建物方位やゾーン別に配慮して対策を考えるのが良い。日射熱負荷の多い面とその他の面、外壁に近いエリア（ペリメータゾーンという）と内部のエリアなど、場所による熱負荷の違いを考慮して空調計画を行うと良い。また時間別に使用量をコントロールすることも効果的である。人やモノの動きの少ない夜間の換気量を日中よりも抑えることで、エネルギー消費総量を

抑えることもできる。

空調負荷を減らすためには，建築計画上にも重要なポイントがある。例えば，西日を避けるために建物を東西軸に沿って配置と効果は大きい。加えて，複層ガラスや屋上緑化の採用による断熱性能の強化や，バルコニー，庇などの日除けによる日射熱取得の軽減対策を行うことで，空調負荷は大きく削減できる。

(4) 給湯設備の省エネ対策

給湯については，熱ロス防止と節水運用が重要である。局所式給湯方式は，循環式給湯方式と比べて温水の熱ロスが少ない。用途や使用頻度に応じて採用を検討したい。給湯温度を下げることも省エネルギーに効果的だが，低くしすぎるとレジオネラ菌が繁殖する恐れがある。厚労省の通知により60℃以上とすることが定められている。

水栓や便器においては，節水器具を積極的に採用したい。また使用時間を制限するなどの運用上のルール作りも省エネ対策として効果がある。

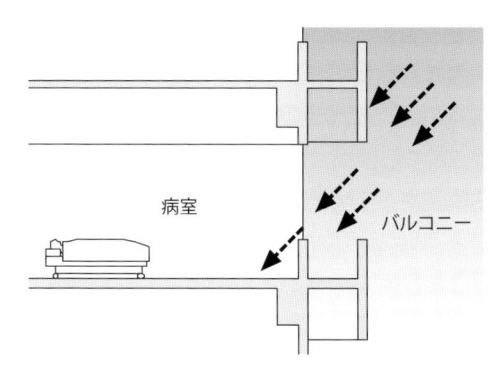

図4・24 バルコニーや庇による日射負荷低減イメージ
ペリメーターゾーンの日射を制御すると，省エネ効果が大きい。

図4・25 断熱性能が向上する屋上庭園
屋根面からの熱負荷軽減に役立つ屋上庭園の事例。アメニティの向上やCO_2吸収にも効果がある。

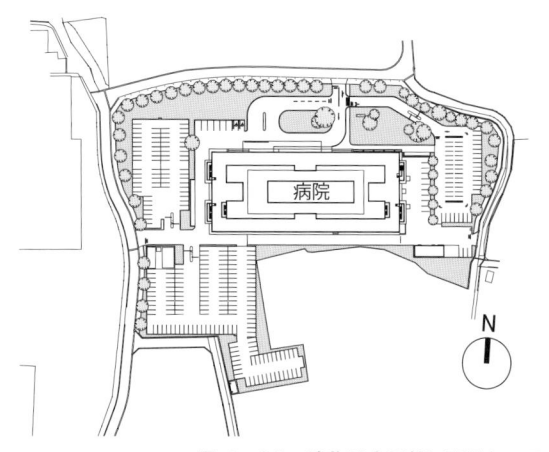

図4・26 建物は東西軸に配置し，日射熱の負荷低減に配慮した例（新東京病院）
長方形型病棟の場合，東西軸に沿って建物を配置することで強烈な西日を避けることができる。

(5) そのほかの省エネルギー手法

空調や給湯における省エネ対策以外にも有効な手法がある。表4・2でいくつかの例を紹介するが、これらの要素技術を、用途や使用目的などと照らし合わせて、採用を検討したい。

表4・2 省エネルギー手法の例

- 熱源のベストミックス化（ガス＋電気等）
- 蓄熱や深夜電力によるエネルギー利用の平準化
- 高性能、高効率機器の採用
- 空調機械室の分散配置による搬送エネルギーの削減
- 全熱交換器による廃熱利用
- LED照明器具の採用
- 照明の感知式自動点滅スイッチ
- 照度制御と最適な点滅区分設定

省エネルギー技術を採用するために機械を設置するスペースが必要となる場合があるため、設計当初から採用技術を検討しておきたい。

また、建物の運用時における改善の仕組みを作っておくことも省エネ対策上望ましい。建物の消費電力や設備機器の稼働状況などを自動計測・集計することができるシステムを導入することで、運用状況を把握することができる。その内容を分析し、運用上の改善を図ることで、より効果的な省エネ対策を行うことができる。

(6) 自然エネルギー利用

化石燃料だけに頼るのではなく、太陽光や自然風などの自然エネルギーを利用することも積極的に検討したい。

自然エネルギーをアクティブに活用する例としては、太陽光や風力による発電、地中熱による外気の予熱予冷、室温よりも外気温が低い季節における外気冷房、雨水を貯留してWC洗浄用の中水として利用するなどがある。将来的なエネルギー供給不安への対策としても、積極的な採用を検討したい。

機械に頼らずに自然エネルギーをパッシブに活用する例もある。病院が立地する場所の風向き調べ、中間期には積極的に窓を開けて自然通風を行えば空調を止めることもできる。衛生管理上は窓を閉め切って機械的に空気の質を管理したいという考え方もあるが、病院の性格や用途に応じて採用を検討したい。また、病院は平面計画を行う上で奥行きが大きくなりがちであるため、外光が届かないエリアが多くなりがちである。その場合には、光庭をつくることで自然採光を確保でき、照明負荷を少なくすることができる。

少しの配慮を積み重ねることで、より省エネでより快適な病院建築を計画できるよう心掛けたい。

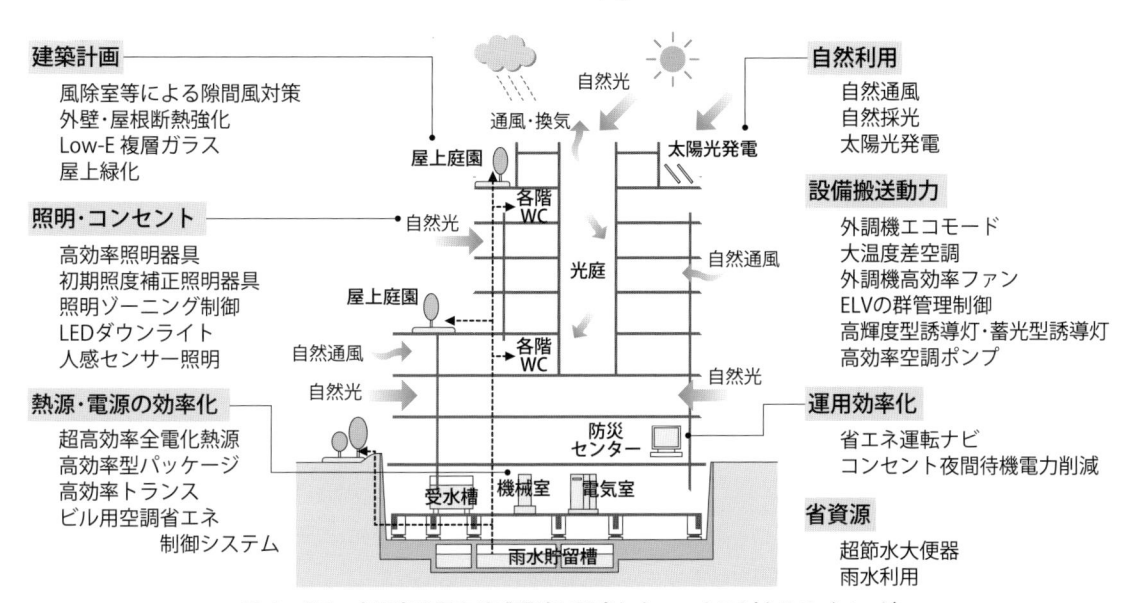

図4・27 太陽光発電や地球環境に配慮したエコホスピタルのイメージ

2. 地球環境への配慮

1997年の京都議定書以降、地球温暖化対策においては、その重要性と緊急性から、国際的な枠組みの中で目標設定と取組が行われてきたが、温室効果ガス排出量世界トップの中国とアメリカが不参加であること、1990年を基準とした削減目標設定では日本が欧州諸国に対して不利であることなどから、日本は京都議定書延長からの離脱を余儀なくされてしまった。

しかしながら、地球環境問題が解決したわけではない。むしろ、状況は悪化の一途をたどっている。こうした中で、施設用途の中で最もエネルギーを消費する病院建築においても、CO_2排出量を抑制することが求められる。

また、医療行為を行う中で発生する汚染水や使用済み注射針などの医療廃棄物など、病院特有の廃棄物がある。これらを適切に廃棄することで感染防止や、周辺環境、地球環境への悪影響も合わせて抑える必要がある。

(1) $LCCO_2$の削減

建物の建設から解体までの期間において発生するCO_2の総量を、$LCCO_2$（ライフサイクルCO_2）という。前項で取り上げた省エネ対策を行うことで、運用時のランニングコストを抑えることができるのと同時に、排出するCO_2の量も削減できる。省エネ対策を考えるうえでは、地球環境への負荷軽減という視点も忘れてはならない。

(2) 医療廃棄物

医療機関から排出される廃棄物のうち特に注意したいのが感染性廃棄物である。感染性廃棄物に該当するか否かは、血液を含むものか、感染病床や手術室などでの治療に使われたものか等により判断される。近年は感染防止と業務合理化の観点から、注射針や手術用メス、処置用手袋などディスポーザブルタイプのものを使うことが増えている。これらは専用の密閉容器に入れて保管し、専門業者へ委託して廃棄するケースが多い。そのため、廃棄物の保管場所やごみ出しルートなどを、病院の平面計画を行う際に設定する必要がある。特にごみ搬出にエレベータを使用する場合は、専用のものを設けることが望ましいが、中小規模病院の場合は兼用とすることが多い。運用方法について、病院及び行政とよく打合せを行う必要がある。

(3) 病院特有の排水

病院からの排水には感染や水質汚染のリスクを伴うものが多い。人工透析では、透析用の薬品や体内の老廃物が排水される。この中には高濃度のBODやCODを含む酢酸やブドウ糖が含まれる為、適切な処理が必要となる。感染性の可能性のある排水には、薬品消毒や加熱滅菌等の設備の設置を検討する必要がある。

また、厨房からの排水には多くの油分や浮遊物質が含まれている。これらを直接下水に排出しないために、グリーストラップが設けられる。規模の大きい病院になるとさらに厨房除害設備の設置が求められるため留意したい。

(4) 病院特有の排気

感染性病床やインフルエンザなどの感染隔離室、検査室からの排気にも留意したい。まず病院建物内においては、感染性物質が周囲へ伝搬しないようこれらの部屋を陰圧管理する。その上で、排気が再度建物内に侵入しないことや、周辺環境へ影響を及ぼさないことを目的に、排気用ダクトを屋上まで立ち上げることが多い。普段は感染対策として使用しない部屋でも、一時的に感染対策用に使用される場合もあるので、排気ルートの確保と排気量の切り替えができるようにしておくことが必要となる。

また、検査室に設置される安全キャビネットは、HEPAフィルターを通して排気することで、作業空間を陰圧に保ち、作業者が有害物質に接触するのを防ぐためのものである。安全キャビネットからの排気ダクトも屋上まで立ち上げるケースが多いため、排気ルートの確保を事前に行う必要がある。

コラム CASBEE

古井利和（清水建設）

　CASBEEとは，Comprehensive Assessment System for Built Environment Efficiency の頭文字をとったもので，日本語に訳すと「建築環境総合性能評価システム」と言う。建物がどれだけ省エネルギーに配慮しているのか，地球環境に与える負荷がどれだけ少ないかといった環境配慮に関する指標のみならず，室内の快適性や景観への配慮なども含め，建物の品質を総合的に評価し，5段階で格付けをする手法である。米国のLEED（1996～）や英国のBREEAM（1990～）などと同様に，建築物の資産価値を左右する総合環境性能を評価する手法として日本で開発・運用されている。

　CASBEEの評価は，BEE（建築物の環境効率）という値を算定して行われる。BEE値は，BEE＝Q（建築物の環境品質：Quality）／L（建築物の環境負荷：Load）にて求められる。建物自体の環境品質（Q）が優れているほど，また，敷地外に与える負荷（L）が少ないほどBEE値は高得点となり，CASBEEのランクも高評価となる。

　建築物の資産価値にも影響を与えるCASBEEの評価結果の信頼性や透明性を確保する為に，IBECにより認定された認証機関による評価認証制度が運用されている。また，いくつかの自治体では，建設時にCASBEEの届出を義務づけ，その結果を公表することで，環境性能の高い建物づくりを促していこうという取り組みが進められている。設計者の環境配慮設計のための自己評価ツールとしても役立つ為，建物の計画時に活用することをおすすめする。CASBEEには簡易版という，数時間で評価が完了するツールもある。

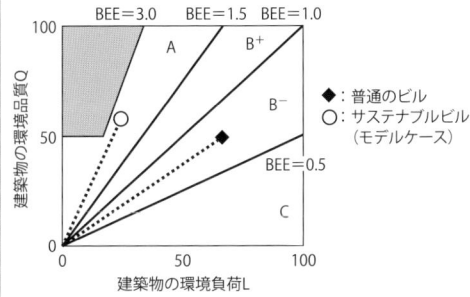

図4・28　BEEに基づく5段階の環境ラベリングの例
　QとLの値に応じてCASBEEの評価結果は5段階に分類される。最上位のSランクは，BEEが3.0以上であることに加え，Qが50以上である必要もあり，取得のハードルはかなり高いと言える。
出典「IBECのCASBEEホームページ」

図4・29　評価結果シート（CASBEE新築）の例
　建物の概要と項目ごとの評価，建物の格付け（ラベリング）を図やグラフでわかりやすく示している。
出典「IBECのCASBEEホームページ」

4・4 ライフサイクル

1. ライフサイクル計画

建築の一生は、企画、設計から始まり、建設、運用、改修や増改築、そして解体まで長きに亘る。SRC造又はRC造の病院建築の場合、減価償却資産の法定耐用年数は39年とされているが、地球規模での環境問題への対応を含め、今後は50〜200年と長く使い続けられる建物がより求められるようになる。その為、建築を設計する上では完成時だけではなく、建築生涯のイメージを持つことが重要になる。

(1) ライフサイクルコスト

建設時にかかる初期投資費用をイニシャルコスト、建物運用時にかかるエネルギー費や保全費、管理費等をランニングコスト、そしてこれら建築生涯にかかる総費用をライフサイクルコスト（以下、LCC）と言う。建物寿命を40年と想定した病院建築の場合、LCCはイニシャルコストの約5倍になるといわれている。これを見ても、計画段階から建物の消費エネルギー費や修繕更新費などを試算し、増改築等の将来イメージを含めた中長期ビジョンを見据えておくことが重要であることが分かる。

(2) ライフサイクルに配慮した計画

ライフサイクルに配慮して設計をする上で、省エネ性の他、可変性、更新性、耐久性、保全性（維持管理、メンテナンス性）に配慮する必要がある。

(a) 可変性（フレキシビリティ）のある計画

病院建築における成長や変化は、スペースの拡大と設備の高度化を要求する。そのため、柱スパンや階高など病院の骨格を決定するものは可能な限りゆとりを持って計画しておきたい。配管や配線類の天井内の敷設も、梁貫通ではなく梁下に敷設できるよう階高を設定したい。また成長と変化を想定した中長期のマスタープランを作成し、将来の拡張用途転用や改修、増築等とを予め想定し、建築主や設計・施工者間等で共有しておくことが重要である。

増改築により建物を更新する場合、まずポイントになるのが構造上の問題である。内部のコンクリート壁は必要最小限にとどめるとともに、特に耐震壁の位置は将来の拡張に備えて支障のない位置に配置し平面的な拡張が限定されないようにしたい。

次に配慮したいのは水廻りである。図4・31に示すように、将来水廻りを設置することが想定

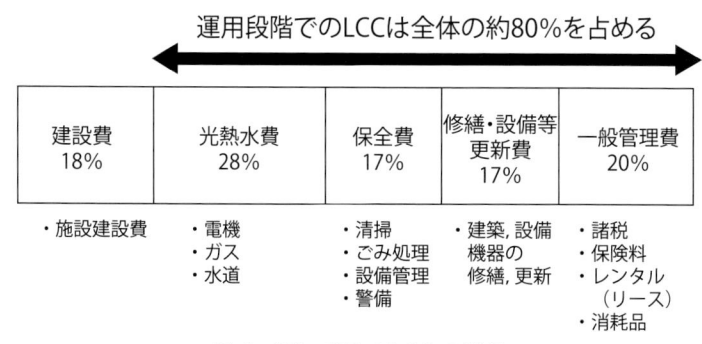

建設費 18%	光熱水費 28%	保全費 17%	修繕・設備等更新費 17%	一般管理費 20%
・施設建設費	・電機 ・ガス ・水道	・清掃 ・ごみ処理 ・設備管理 ・警備	・建築,設備機器の修繕,更新	・諸税 ・保険料 ・レンタル 　（リース） ・消耗品

運用段階でのLCCは全体の約80％を占める

図4・30 病院のLCCの構成
LCCにおける建設費の割合は氷山の一角（約20％）であり他に修繕更新費や運用費（消費エネルギー費）等が大半を占める。故に将来を見据えた視点が企画構想や設計段階から求められる。

4章　医療施設が配慮しなければならない環境問題

されるスペースを二重床対応しておくことで，改修をしやすくすることが可能になる。

部門ごとに工夫しておきたいポイントもある。病棟は常に入院患者が滞在しているため，増築や改修などによる変更が困難である。そのため，改修をすることなく，もしくは最小限の改修でニーズの変化に対応できるしつらえが求められる。

外来診察室は，標準化したサイズの部屋を連続して配置することで，診療科別の患者数の変更に対応しやすくすることができる。複数の診療科をまとめたブロック受付の設置や，再来受付機の採用など，運用と合わせて工夫したい（図4・32）。

スタッフ部門の諸室はできるだけ集約，共用すると良い。それぞれの用途を小さな部屋で構成するのではなく，大部屋とし家具やパーティションで仕切ると，将来の規模や用途変更に対応しやすい。

画像診断部は，将来新しい機器に更新する場合，大きなスペースを要することが多い。床荷重や床スラブレベル，耐震壁の位置など，将来拡張や改修が想定される範囲にはできる限りの対応をしておく必要がある。

手術室の増設やクリーン度の変更は，プレハブ型の手術室ユニットを採用すると比較的容易にできる。手術室ユニットは専用の空調機械室が不要であり，スペース的にも有効な面が多い。手術部門は動線や清浄度管理の観点から同一部門内に増設することを基本とし，増設スペースを事前に用意しておくと良い。

(b)　更新のしやすさへの配慮

一般的に建築の耐用年数は，鉄筋コンクリートの躯体は50～60年，アルミサッシュは40年，内装材は20年，設備機器は15年程度と言われている。設備機器の更新時期が最も早くおとずれ，設備機器の物理的・機能的劣化に伴う改修が頻繁に行われる。設備のメンテナンスのしやすさが欠かせないことは病院建築に限らず建築全般に共通するが，24時間365日稼動し，成長と変化を続ける病院建築には，周囲への影響を最小限に抑えることや改修のしやすいしつらえが特に求められる。

その手法として，中小規模の病院建築においてもいくつかの工夫がなされている。二重床やシステム天井と言った建築的対応や，更新・搬出入スペースの確保と言った対応である（表4・2）。

大規模の病院になると，通常の天井裏に相当する部分の高さを大きく確保し，設備専用フロア（以下，ISSフロア）を設けるケースもある。ISSフロアを設けることで，大規模な更新時にも周囲への影響を最小限とすることが可能となる。エネルギーセンターとして設備機械類を集約した建築を独立して計画することも更新の自由度に寄与する。

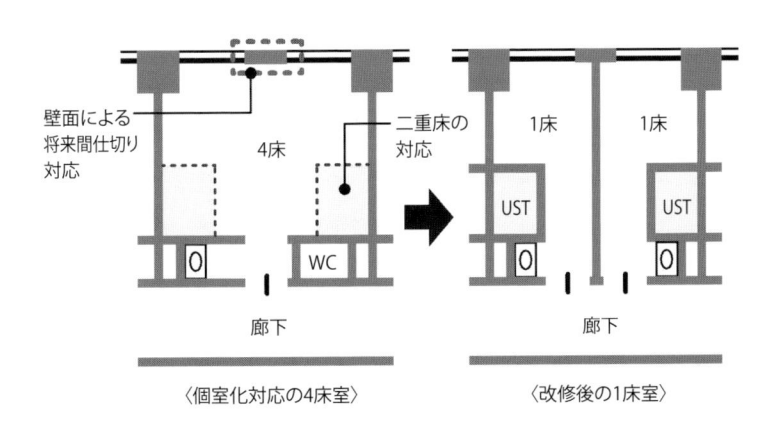

図4・31　将来の個室化に対応した4床室の設計事例
廊下側に将来シャワーユニットやWC等を設置することを想定し，その範囲の床スラブを下げ二重床としておくことで，最小限の改修工事でのレイアウト変更が可能となる。

(c) 耐久性の確保

前述のとおり各部位の耐用年数は異なるため，耐用年数の異なる部位・部材が組み合う場合に，修繕・更新時に余分な他の部分まで工事する必要が生じないように，工法を工夫しておくことも必要になる。

建築の耐久性においては，躯体の長寿命化が重要となる。建物の計画供用年数を設定し，コンクリート中性化の抑制対策を施すと同時にライフサイクルの中で起こりうる地震リスクを捉え，耐震性能を設定する必要がある。また地震時は構造躯体のほか内外装，設備の損傷を伴う。構造強度を増すとともに内外装や設備への対策も重要である（図4・32）。

(d) 保全性（維持管理，メンテナンス性）への配慮

建物や設備機器を常に清潔で健全な状態に保つことは，院内感染の防止や病院機能を24時間365日稼働していくためには欠かせないことである。特に設備機器が故障してしまった場合，その復旧には一定の時間を要するため，その間病院機能の一部が低下や停止をしてしまうことになる。

病院の機能低下や停止を避ける方法として重要なのが，「予防保全」の考え方である。予防保全とは，病気が発症する前に計画的に予防注射をしておく

表4・2 設備機器の更新しやすさのための工夫例

①	二重床の設置	床スラブを下げ二重床を設置することで，床スラブを斫ったり，下階の天井内に潜っての作業を回避できる。
②	システム天井の採用（図4・33）	通常の天井に複数の天井点検口を設けるのに比べ，天井全てが点検口になるため，配管・配線類の更新がしやすい。
③	設備機器の更新スペースの確保	空調機や分電盤等の機器に隣接して同等のスペースを確保することで，新しい機器を設置した後に旧機器からの切り替えを行える為，機能を長時間停止することを防ぐことができる。
④	搬出入ルートの確保	機器のスペースのみならず，搬出入ルートやスペースを確保しておくことが重要。地下に機械室を設ける場合等は，ドライエリアを設け対応する。
⑤	設備機器の複数台設置／主要幹線の二重化	機器や幹線を多重化しておくことで，機器の故障やインフラの遮断等に対応できる。更新時に一時的な機能低下を伴うケースもあるが，機能停止は避けられるため有効である。

計画の初期段階から表に示した工夫を考慮しておくことで，将来の設備機器更新が格段にしやすくなる。設備スペースはプラン検討をしている中でとかく狭くなりがちな傾向にあるが，特に③や④は可能な限り対応しておきたい。

といったイメージである。機器が故障してから直すのではなく，計画的に点検や保守を行うことで，建築や設備を健全かつ機能的な状態に維持してい

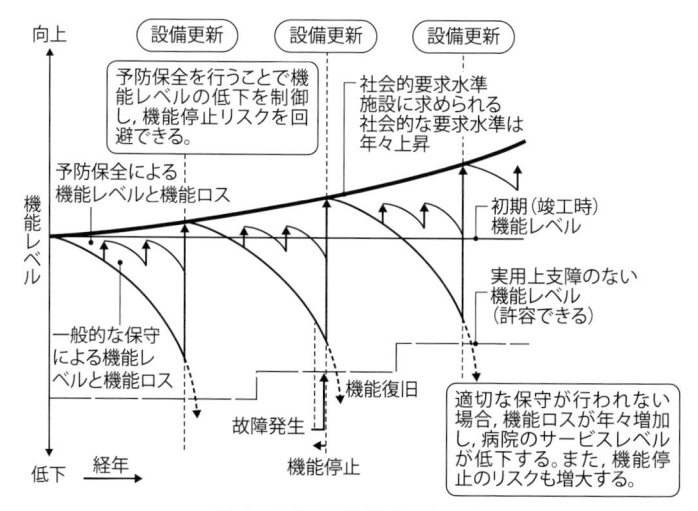

図4・32 予防保全の考え方

4章 医療施設が配慮しなければならない環境問題

図4・33 どこでも開閉できるシステム天井
グリッド状のレールの上に天井材（岩綿吸音板）を敷き並べることで構成されている。下から天井材を持ち上げると天井内が確認できるため、メンテナンスや更新時に有効である。

くことが可能となる。耐久性を向上することにもつながる。

図4・34に予防保全の考え方を示した。建築や設備機器が故障してしまうと、病院機能が一時的に低下・停止してしまう。計画的に補修をすることで、機能停止リスクを回避できるとともに、年々上昇する社会的要求水準にも追随しやすくなり、機能ロスを抑えることができる。

また、清掃や保守をしやすいしつらえにしておくことも重要である。建築の各部位を清掃しやすい形状にしておくことで、清潔度の維持が可能となり、清掃費の低減にも効果がある。

例えば、窓の清掃は室内側からできるような開閉方式とするのが基本だが、室外側からしか清掃できない場合はバルコニーを設置することや、仮設ゴンドラによる清掃を考慮した建物形状を検討する。その他、床と壁の取合い部の埃がたまりやすい部位や、洗面器と壁の取合い部のカビが発生しやすい部位など少しの工夫で改善できる（図4・34）。

また最近ではメンテナンスをほぼ不要とする材料も多く採用されている。床材のワックスがけを省くことができる製品や、光触媒による自浄作用等の防汚技術を採用した外壁タイルなどである。これらの材料を採用することで、清掃コストは抑えられるため、設計段階から検討していきたい。

(a) 床材

(b) 洗面器

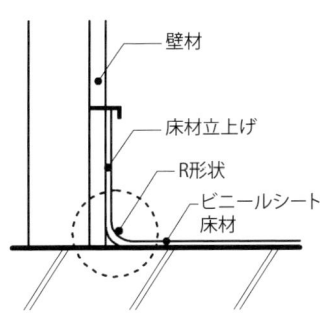

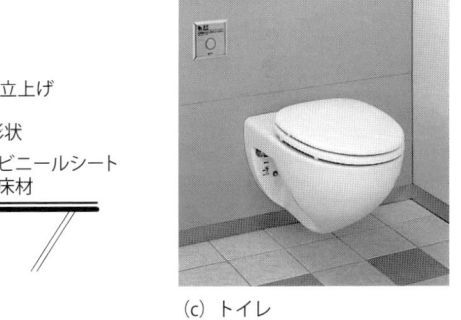

(c) トイレ

図4・34 清掃性に配慮した事例（床材，洗面器，トイレ）
(a)床と壁の取合い部をアール状にして巾木まで立ち上げた例。立上げ高さを300mm確保することで、車椅子がぶつかった際の汚れ防止にも兼用できる。
(b)洗面器端部に水返しを設け、壁との間を30mmほど離すことで、清掃性が向上する。
(c)トイレの大便器も壁掛け式のものを採用することで、清掃性の向上を図ることができる。

2. リニューアル計画

リニューアルと一言でいっても，小規模な模様替えから，移転やスクラップ＆ビルドによる建替えまでその内容はさまざまである。この章では，リニューアルの動機から，計画上の手法や留意点，及び事例について解説する。

(1) リニューアルの動機

かつては病院建築のリニューアルの動機といえば，施設の老朽化・狭隘化の改善や，新しい医療技術への対応，使い勝手の改善といった目的が主であり，設備投資のコストは増床による経営規模の拡大でカバーしてきた。その後，国の施策に応じて改正施設基準（廊下幅員や面積基準等）への適合を行うことで，診療報酬の増加を図ってきた。しかしながら，日本の病院は第一章で解説した通り，「量的拡大の時代」「質的向上の時代」を経て，現在は「評価の時代」にある。患者や第三者（（財）日本医療機能評価機構などの評価機関）に評価され，選別される。そのため，上記に加え，アメニティの向上やバリアフリー化等を目的としたリニューアルが増えている（図4・35）。

さらに，2009年施行の改正省エネ法への対応を含めた，地球規模の環境問題への対応を図るための環境対応リニューアルや，2011年3月に起こった東日本大震災においても注目された企業のBCPに対する備えを目的とした耐震改修やインフラの増強を目的としたリニューアルが，今後ますます増加する傾向にある。

(2) リニューアルの手法と留意事項

診療を継続しながら工事と移転を繰り返す病院建築において，リニューアルを行う上で留意しておきたい基本的事項について記述する。

① 詳細な現地調査を行う

まず，既存施設を正確に把握することが不可欠である。通常，竣工図が保管されているので，まずは図面上でおおよその状況を理解できる。しかし，増改築を繰り返している病院では現状と図面等の資料とに食い違いが生じている場合や図面が整備されていないケースもあり，多かれ少なかれ現地の調査は不可欠だ。調査の実施にあたっては，診療時間を避ける等の配慮が必要となるため，事前に病院関係者と調整を図っておく必要がある。併せて耐震性能や設備の劣化状況などの診断を専門家に依頼し，既存建物の残存価値を判断しておく。

② 上の階への増築は避ける

既存施設の上の階に増築することは，構造的対応が難しいケースが多い。将来の上階への増築を予め見込んで設計・施工されている場合でも，耐震基準の改正により現行法規にそぐわないケースも多い。また，振動や騒音，配管工事などによる下階への影響を考慮すると，上階への増築は極力避けたい。

量的充足の時代	質的向上の時代	評価の時代
■1961 ■1985 ■1992 ■1997 ■2000 ■2002 ■2009 ■2013 ➡		
国民皆保険制度の導入 / 第一次地域医療計画の導入 / 第二次医療法改正 / 第三次医療法改正 病院機能評価認定制度開始 / 第四次医療法改正 / 病院機能評価Ver.4 / 病院機能評価Ver.6 / 病院機能評価3redG.Ver.1.0		

※財団法人
日本医療機能評価機構による

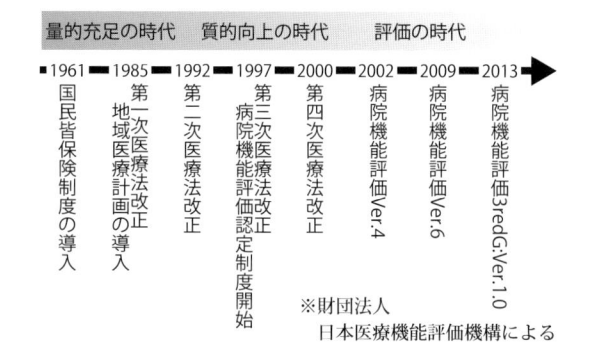

図4・35 日本の医療供給体制の変遷

「大きい病院は安心だ」といった時代から，数値上の質が求められる時代を経て，病院機能やサービスなどあらゆる面が評価される「選ばれる時代」であり，病院ごとの経営戦略の違いにより，様々なリニューアルを行われている。

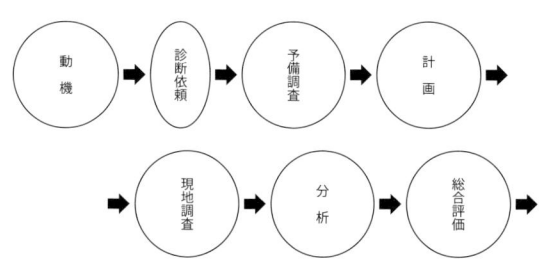

動機 → 診断依頼 → 予備調査 → 計画 → 現地調査 → 分析 → 総合評価 →

図4・36 病院建築診断のフローチャート

リニューアルを行う動機が生まれたら，まず専門家に診断依頼し予備調査を行う。その内容をふまえ計画を立てたうえで，詳細の現地調査と分析を行う。それらを総合的に判断し，最終的なリニューアル計画をまとめる。

③ 供給部門の整備を先に行う

エネルギーや食事の供給は，一日たりとも停止することはできない。従って，機械室や厨房などの供給部門は工事手順の中では全体を賄えるだけの規模を先行整備する必要がある。移転を伴う場合は，新たな供給部門を整備しておき，移転と同時に切り替えを行い，病院機能が停止する時間を最小限に抑える工夫が必要となる。また，既存部に残る旧機械室などは更衣室や倉庫などに活用できる。

④ 改修は少なくとも2層あけて行う

改修工事期間中は，改修部分の機能を完全に停止させ，構造体のみの状態（スケルトン）にして行うのが最も作業効率が良い。しかし，やむを得ず使いながらの改修になる場合は，工事による騒音や振動，配管工事による下階への影響を考慮し，改修工事の対象となる階と，その直下の計2層分を工事範囲とするよう計画したい。

⑤ 移転回数は最小限に抑える

完成するまでの移転回数が多いと工事期間が長くなり，工事費や移転費用等の建替えに要するコストがかさむ。また，病棟の移転を伴う場合は，入院患者の移動も必要となるため，できるだけ移転回数が少なくなるよう計画したい。特に都心部など敷地が狭い場合は，移転回数が多くなる傾向にあるが，その中でも移転回数を少なくすることを優先的に検討すべきである。

⑥ 工事期間中の動線や安全に配慮する

工事期間中は，屋外の通路や建物の一部が立ち入り禁止区域となる。これは，リニューアル工事の作業効率を向上させるのみならず，患者，家族や病院スタッフなど病院利用者の安全を確保する為である。この際，工事用の搬出入ルートや工事エリアは，病院利用者の動線と可能な限り明確に分けて計画したい。

このように，完成後の病院の姿をイメージするのみならず，工事期間中の運用状態が建築計画に与える影響も頭に入れておきたい。

表4・3 病院機能評価の評価項目例

1.6 療養環境の整備と利便性

1.6.1 患者・面会者の利便性・快適性に配慮している
【評価の視点】
○ 患者や家族，面会者といった病院利用者の視点で利便性・快適性を評価する。
【評価の要素】
● 来院時のアクセスへの配慮
● 生活延長上の設備やサービス
● 入院中の情報入手や通信手段の確保
● 患者本位の入院生活への配慮

1.6.2 高齢者・障害者に配慮した施設・設備となっている
【評価の視点】
○ 高齢者・障害者に配慮した施設・設備となっていることを評価する。なお，構造的に整備が困難な場合は，運用面での工夫を評価する。
【評価の要素】
● 院内のバリアフリー
● 必要な備品の整備
● 手摺りの設置
● 車椅子などでも利用しやすい施設・設備

1.6.3 療養環境を整備している
【評価の視点】
○ 病院の機能に応じて療養環境が整備されていることを評価する。
【評価の要素】
● 診療・ケアに必要なスペースの確保
● 患者がくつろげるスペースの確保
● 快適な病棟・病室環境
● 院内の整理整頓
● 清潔な寝具類の提供
● トイレ・浴室の利便性・清潔性・安全性

1.6.4 受動喫煙を防止している
【評価の視点】
○ 健康促進を図る立場の医療機関に相応しく，禁煙が徹底していることを評価する。
【評価の要素】
● 全館禁煙の方針の徹底
● 患者の禁煙教育
● 職員の禁煙推進

出典「病院機能評価機能種別版評価項目一般病院2〈3rd.G：Ver.1.0〉（公益財団法人 日本医療機能評価機構）」

表4・4 増改築時に指導される建築基準法上の主な既存遡及事項

①	耐震診断	耐震診断及び補強の義務
②	防火設備	スプリンクラーや煙感知機等の設置
③	日影規制	既存建物との複合日影
④	排煙設備	火災時の煙を外部に排出するための設備
⑤	非常用照明	特殊建築物や一定規模以上の建築物に設置義務
⑥	非常用進入口	消防隊が建物に消火や救助活動の為に進入するための開口部確保
⑦	内装制限	不燃，準不燃，難燃材料の使用
⑧	シックハウス対策	内装仕上材の制限 換気設備設置の義務 天井裏での内装制限及び換気設備の義務付け
⑨	アスベスト（石綿）	解体や改修工事時における健康被害・地球環境汚染の防止
⑩	特定天井	天井6m以上かつ200㎡以上の天井の脱落防止対策
⑪	エレベーター竪穴区画	エレベーター扉部分の防火遮煙区画
⑫	エレベーターエスカレーター	安全対策 脱落防止対策

(3) スクラップ＆ビルドによるリニューアルの手法

医療技術の進歩は日進月歩であり，社会的な要求水準に追随する為に，特に敷地に限りのある市街地では，スクラップ＆ビルドによるリニューアルが必要となるケースが多い。

まず，駐車場や庭など現在建物が建っていない部分にどの機能を新設するか，そして，現在の建物のどの部分を残し，どの部分を解体撤去するのかを検討する。この際，前述した留意事項に配慮されたい。

一般的には，建設年次の古い順に解体撤去を行い，現状の空き地と合わせまとまったスペースを確保するよう計画する。これが広ければ広いほど，増築建物の計画や工事手順の選択肢が広がり，また移転回数も少なく抑えることができる。

また，移転する機能を選択する際に，部門により性格に違いがあることも知っておきたい。外来診療部は仮設建築にて診療を行うことは比較的容易であるが，病棟は患者の移転を伴うことや，工事費が大きくなるため，仮設建築での運用を計画することは避けたい。事務管理部門や厚生諸室は，診療行為に直接影響することは少ないため，敷地外の仮設スペースを想定することも多い。

(4) スクラップ＆ビルドによるリニューアルの事例

この項ではスクラップ＆ビルドによりリニューアルを行ったいくつかの事例を挙げ，計画上ポイントになった部分を具体的に紹介する。実際にリニューアル計画を検討する際の参考にされたい。

a）運営しながらのS&Bの例(1)…仮病院を建設し全面建て替えを行ったA病院のケース

A病院は地方都市の中心部に位置する病床数80床の民間病院である。敷地の一部に仮病院を建設し，診療を継続しながら新病院を建設した事例である。

既存病院の老朽化，防災面の不安解消や患者サービスの向上，医療技術の進歩に応じた機能充実を目的にリニューアルを実施した。

同一敷地内に仮病院を建設し診療機能を移転。既存病院を解体し大きな空き地を確保し，新病院を建設。仮病院を建設することにより平面計画の自由度が増し，一度に全ての機能を建て替えすることができた。本体工事終了後は，仮病院を看護師宿舎として転用している。

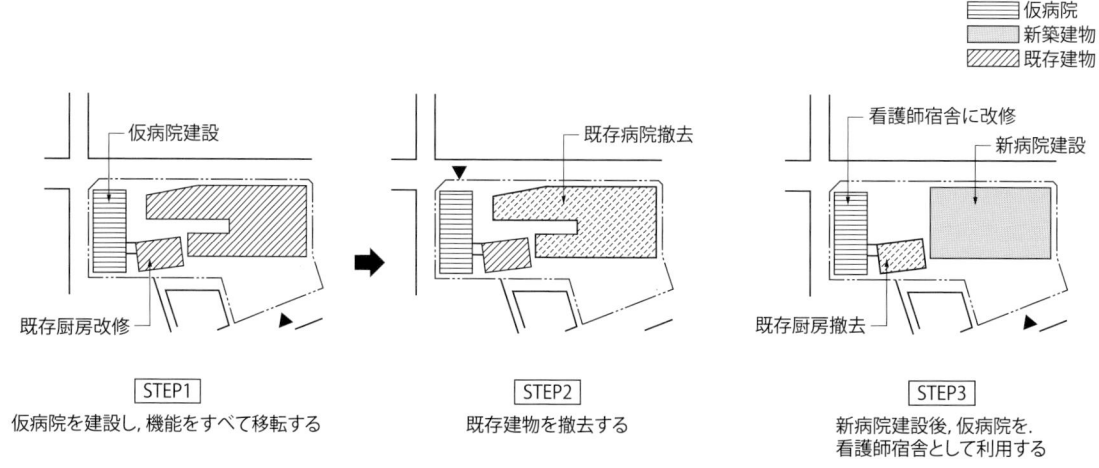

図4・37　運営しながらのスクラップ＆ビルドを行った事例(1)

病床数80床の民間病院。敷地の一部に仮病院を建設し，診療を継続しながら新病院を建設した事例。仮設病院は新病院建設＋移転後には看護師宿舎へ改修・転用することで，無駄のない計画としている。なお，建築基準法上は仮設の建物であっても医療法上は本設扱いと同様の規準を求められることに留意したい。

4章 医療施設が配慮しなければならない環境問題

b）運営しながらのS&Bの例(2)…敷地の拡張や玉突きS&Bを実施し全面リニューアルを行ったB病院のケース

もう少し，複雑な事例を見てみよう。B病院は東京23区内にある産婦人科と小児科を標榜する40床の病院である。都心であるがゆえに，狭小地での建て替えを求められた。

周辺の関連施設について，近隣の事務所ビルを借り上げたり，レストランを職員食堂として契約を結んだりしながら，病院本体もⅡ期に分けて建設した。診療機能を継続しながら同一敷地で建て替えるために，6段階のステップを踏んで最終形に至っている。

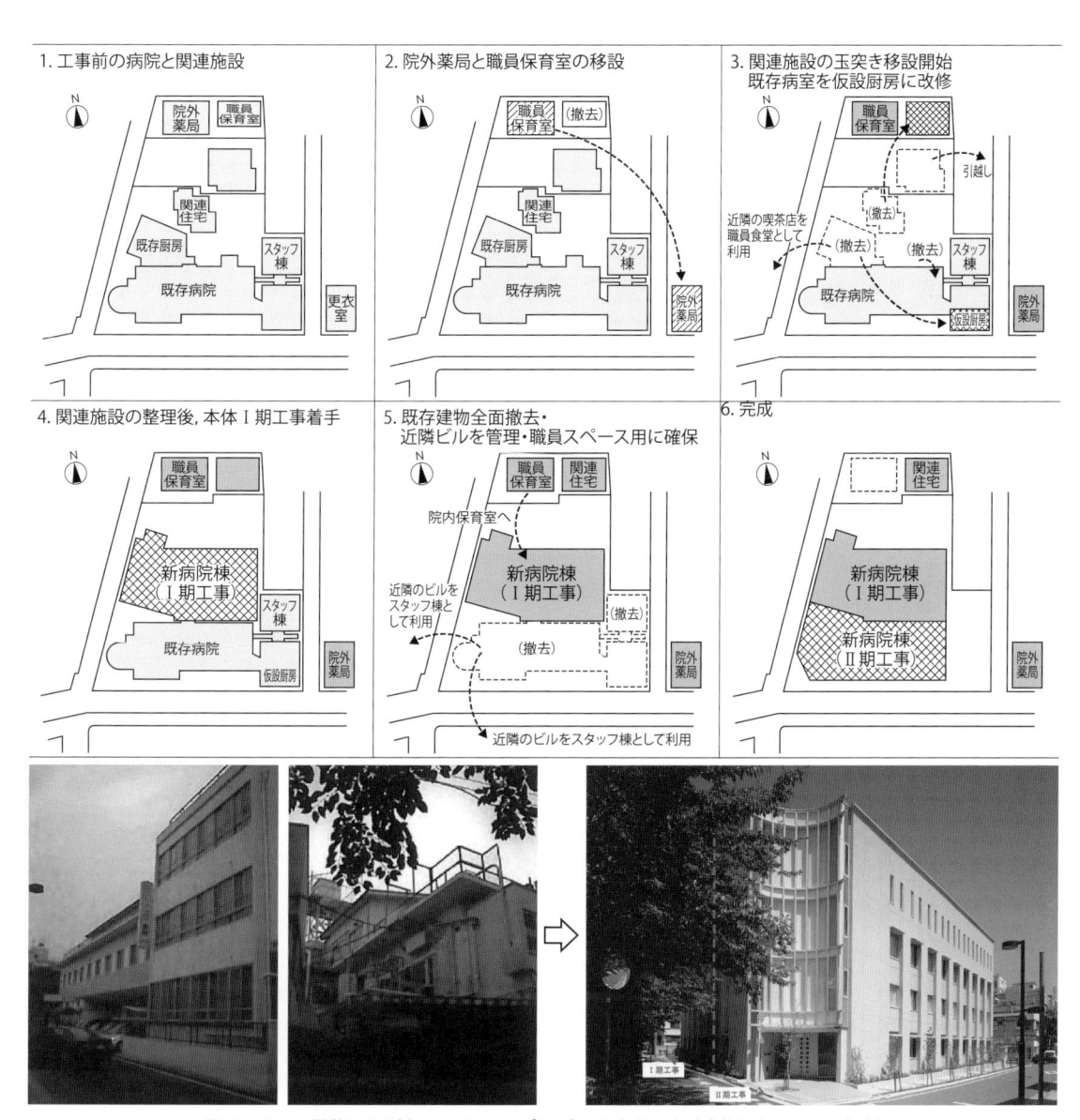

図4・38 運営しながらのスクラップ＆ビルドを行った事例(2)（まつしま病院）

新病院はⅡ期に分けて建築しているが，その前段や途中に改修や仮設建物の建設を行った上での移転を玉突き状に行っている。

5章　事例

収録事例の一覧表————————————————————152

01　足利赤十字病院————————————————————156
　　　　　　　　全個室病棟と診療棟配置の先導的な高機能病院

02　東京都立多摩総合医療センター・小児総合医療センター————162
　　　　　　　　2つの異なる病院が一体となった国内最大級の病院

03　伊勢赤十字病院————————————————————168
　　　　　　　　1フロア8看護単位の病棟にオープンカンファレンスを備えた病院

04　公立阿伎留医療センター————————————————172
　　　　　　　　自然環境と融和させた人にやさしい地域中核病院

05　古河赤十字病院————————————————————178
　　　　　　　　人にやさしいエコホスピタル

06　榊原記念病院—————————————————————182
　　　　　　　　ITを駆使しベッドサイドナーシングを実現した病棟

07　船橋市立リハビリテーション病院————————————186
　　　　　　　　回復期リハビリテーション病院のスタンダード的な施設

08　朝倉医師会病院————————————————————190
　　　　　　　　地域医療に貢献する医師会病院

09　村立東海病院—————————————————————194
　　　　　　　　コンパクトに機能を凝縮した個室的多床室

10　宮城県立こども病院——————————————————198
　　　　　　　　子供と家族の視点を重視した小児医療専門病院

11　聖路加産科クリニック—————————————————202
　　　　　　　　超都心に「お産の家」をつくる

12　千里リハビリテーション病院——————————————206
　　　　　　　　住宅的なしつらえで構成されたリハビリ病院

13　康正会病院——————————————————————210
　　　　　　　　田園都市になじむ「外剛内柔」型構造の病院

収録事例の一覧表

名称	所在地	設計者 (敬省略)	階数 地下 - 地上	敷地面積 建築面積 延床面積 （小数点以下切捨）
01 足利赤十字病院	栃木県 足利市	日建設計	B1 - 9	57,403㎡ 13,838㎡ 51,804㎡
02 東京都立多摩総合医療センター 東京都立多摩小児総合医療センター	東京都 府中市	日建設計 設計協力： 清水建設	B1 - 11	144,364㎡ 21,386㎡ 129,879㎡
03 伊勢赤十字病院	三重県 伊勢市	日本設計	B0 - 5	52,591㎡ 17,364㎡ 56,587㎡
04 公立阿伎留医療センター	東京都 あきる野市	久米設計	B1 - 6	32,209㎡ 7,336㎡ 28,314㎡
05 古河赤十字病院	茨城県 古河市	石本建築事務所	B0 - 5	23,000㎡ 5,687㎡ 15,449㎡
06 榊原記念病院	東京都 府中市	基本設計：日本設計 実施設計：清水建設	B1 - 6	22,689㎡ 7,193㎡ 27,437㎡
07 船橋市立リハビリテーション病院	千葉県 船橋市	日本設計	B0 - 4	18,574㎡ 6,043㎡ 14,158㎡

竣工年	病床数	1床当り面積 (延床面積/病床数)	病棟形状
2011	555床	93.3㎡	
2009	多摩総合 789床 小児総合 561床	96.2㎡	
2011	655床	86.4㎡	
2007	310床	91.3㎡	
2010	200床	77.2㎡	
2003	320床	85.7㎡	
2007	200床	70.8㎡	

名称	所在地	設計者 (敬省略)	階数 地下 - 地上	敷地面積 建築面積 延床面積 (小数点以下切捨)
08 朝倉医師会病院	福岡県 朝倉市	山下設計	B0 - 5	35,621㎡ 6,711㎡ 19,400㎡
09 村立東海病院	茨城県 那珂郡東海村	伊藤喜三郎建築研究所	B0 - 3	18,479㎡ 3,605㎡ 7,202㎡
10 宮城県立こども病院	宮城県 仙台市	山下設計	B0 - 4	39,226㎡ 8,503㎡ 18,870㎡
11 聖路加産科クリニック	東京都 中央区	清水建設	B0 - 7	424㎡ 294㎡ 1,724㎡
12 千里リハビリテーション病院	大阪府 箕面市	共同建築設計事務所	B1 - 3	3,722㎡ 2,033㎡ 7,254㎡
13 康正会病院	埼玉県 川越市	竹中工務店	B0 - 3	5,933㎡ 2,311㎡ 6,112㎡

竣工年	病床数	1床当り面積 (延床面積/病床数)	病棟形状
2009	300床	64.7㎡	
2006	80床	90.0㎡	
2003	160床	117.9㎡	
2010	19床	90.7㎡	
2007	91床	79.7㎡	
2008	147床	41.6㎡	

01　全個室病棟と診療棟配置の先導的な高機能病院

　足利市は，渡良瀬川の清流や緑の山並みが調和した歴史と伝統のあるまちである。新たなる建設地は，まちの象徴ともいえる渡良瀬川沿いに位置している。これからのさまざまな社会ニーズの変化，医療制度の変化等に対応しながら成長し続けられる施設であること，災害に強い病院として十分なBCP（事業継続計画）対策が求められた。

北側外観

建築概要
名称　　　：足利赤十字病院
所在地　　：栃木県足利市五十部町284-1
建築主　　：足利赤十字病院
設計監理　：株式会社 日建設計
施工　　　：清水・渡辺・大協特定建設工事共同企業体
病床数　　：555床
敷地面積　：57,403.86㎡
建築面積　：13,838.22㎡
延床面積　：51,804.46㎡（自動車車庫等除く）
構造　　　：鉄筋コンクリート造
　　　　　　一部鉄骨造　免震構造
階数　　　：地下1階　地上9階　塔屋1階
工期　　　：2009年6月～2011年4月
写真撮影　：篠澤建築写真事務所

配置図

足利赤十字病院

はじめに

さまざまな社会ニーズの変化，医療制度の変化等に対応しながら成長し続けられる施設であるために病棟や外来・中央診療部門を上下に重ねるのではなく，独立した配置とする分棟構成としたことが本プロジェクトの特徴の一つである。災害に強く十分なBCP（事業継続計画）対策を求められたが，その具体策として地下水の利用や風力発電などを積極的に採用した。このことは日常の省エネにも大きく貢献している。

豊かな自然環境を取り込んだ省エネ・省CO_2に配慮（Green），安全・安心な（Safety），患者・スタッフにやさしい（Smart）『次世代型グリーンホスピタル』として国土交通省「住宅・建築物省CO_2推進モデル事業」に病院として初めて採択された。

隣接する公園と一体として計画し，公園利用者も利便施設を利用できる「外部にも開かれた病院」をめざした。

外部の有識者とともに基本構想・基本計画を策定

設計に先立ち，規模設定や再整備の基本的方向性を策定するために足利赤十字病院は外部の有識者に検討を依頼した。

基本構想は，国立保健医療科学院・筧淳夫施設科学部長（現工学院大学教授）が，基本計画は，東京大学大学院工学系研究科・長澤泰教授（現工学院大学副学長）と名古屋大学大学院工学研究科・山下哲郎准教授（現工学院大学教授）が加わった諮問委員会が中心となって策定した。

隣接する地区公園より正面玄関を観る

正面玄関ホール

ホスピタルモール

「成長と変化」に対応できる分棟構成

病院計画では，診療部門の上に病棟を載せる形態が一般的であるが，この広々とした敷地の利点を活かして，部門毎の機能と将来的なニーズの変化に追従できる構造を追い求めた結果として，ホスピタルモールを中心に病棟，外来・中央診療棟，エネルギー棟，健診棟，講堂棟を独立した建物として配置する分棟構成とした。

分棟により，病棟は「最小単位である病室」の理想的なレイアウトを追及し，中央診療，外来などはできるだけロングスパンでシンプルな構造計画として改修などに対するフレキシブル性を追及し，それぞれの機能がもつ，「改修」「増築」「設備更新」などの時間的なスパンの違いに対して最も対応しやすい合理的な構造となる。

病棟と外来・中央診療棟は，救急病棟と手術部門，回復期リハビリ病棟とリハビリセンターなど，関連する機能を連絡ブリッジで水平に繋ぎ，患者やスタッフがスムーズに移動できる計画とし，効率的に機能連携させる。

モール下部はエネルギーセンターと各棟とをつなぐ設備のメインルートにもなっており，成長と変化に対してエネルギー面の追随を"縁の下で"サポートする。

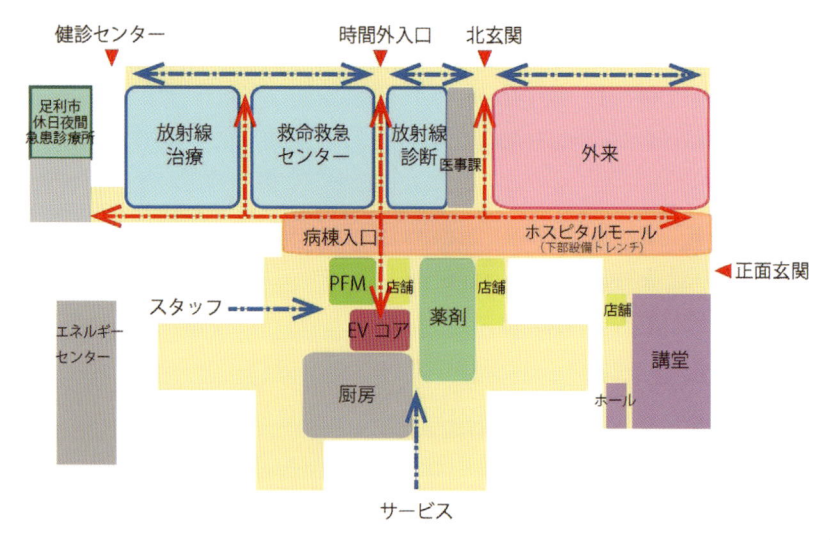

1階ゾーニング

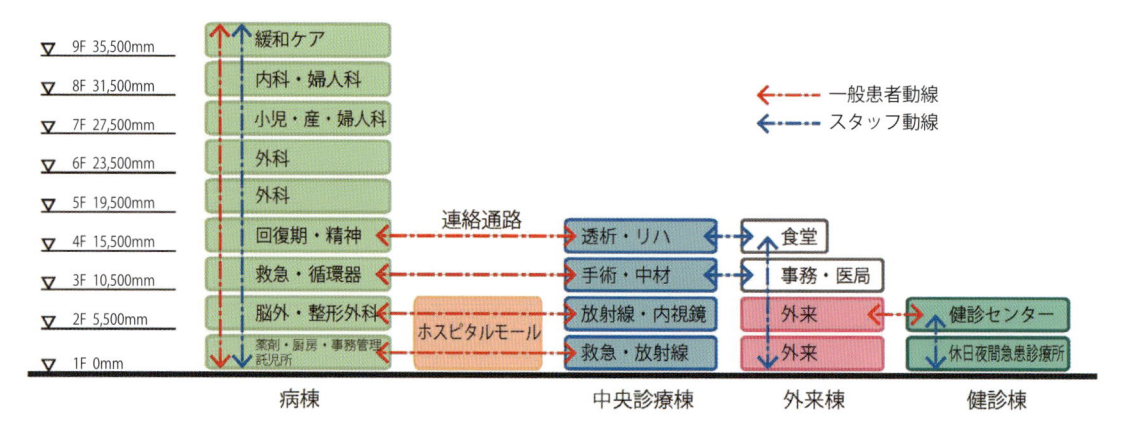

断面構成

自然エネルギー活用
『次世代型グリーンホスピタル』

　省エネ・省CO_2の象徴として，正面玄関前に太陽光発電，駐車場には風力発電を設置した。また，この敷地の地中を流れる豊かな地下水を利用することで，未利用エネルギーである井水熱で全熱源の約75％を賄うシステムが実現できた。

　分棟配置は建物間の隙間を利用してあらゆる部分から自然光を採り入れることができ，特にホスピタルモールは，日中照明を点灯しない省エネ運用を可能とした。

　これらの省エネ・省CO_2の取り組みや災害時の対応に関する情報をエントランスロビーにあるエコ情報パネルに表示し，来院者へわかりやすく公開している。

災害に強い病院／BCP対策

　災害に強い病院として，病棟，外来・中央診療棟は免震構造を採用した。非常用発電機による電力のフルデマンドバックアップや井水の高度膜濾過による飲用水利用，汚水ポンプアップ槽，深夜電力による1日分の給湯備蓄，災害時でも非常電源により食事提供可能な電化厨房を備えている。また隣接する地区公園にはヘリの離発着場が2機分設けられ，外部からの患者受入れ態勢も整備されている。

　300人収容可能な講堂は直接外部に面し，医療ガス・コンセントを配備，被災者受入れやパンデミック時の隔離対応のため感染対応の空調機全外気運転が可能となっている。

風力発電

講堂

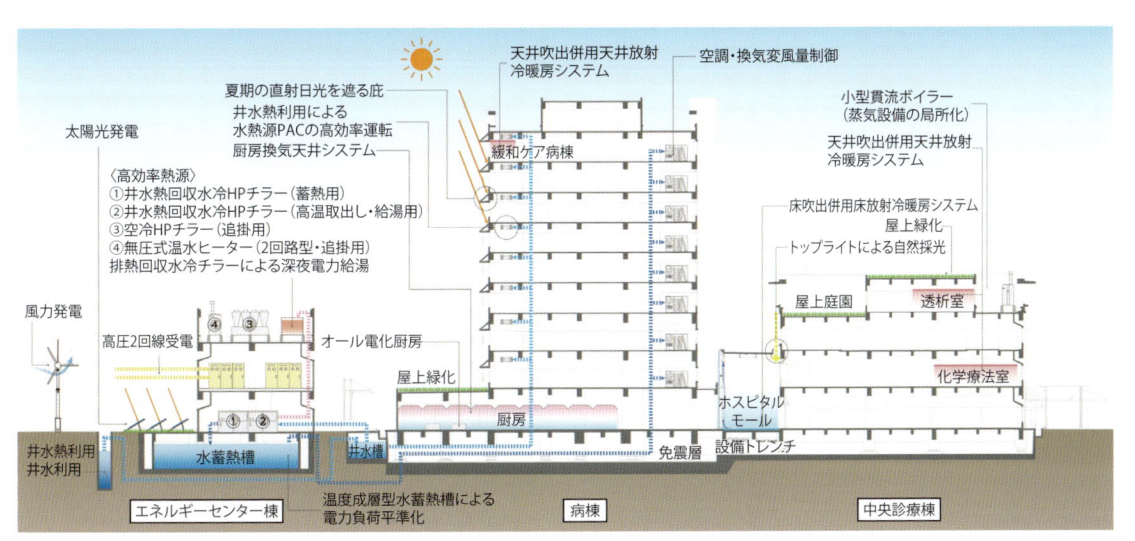

環境への配慮

一般個室の全室個室化

病室を個室化することで感染対策をはじめ，窓側と廊下側の療養環境格差，音や臭いの問題，消灯時間や面会時間制限，男女同室を避ける部屋移動など，従来の多床室での問題点が解消され，プライバシーへの配慮と患者にとって快適な療養生活が実現可能となる。大きくは3.1mスパンの無料個室タイプと3.6mの一般個室（差額ベッド）タイプからなり，インテリアは木質系を中心に落ち着いたつくりを心がけた。開院後半年経過するが，PFM（Patient Flow Management）の運用と相まって病棟稼働率は90〜100％という高稼働率を実現している。

病棟基準階平面図

〈凡例〉
- ステーションにダイレクトにつながる重症ゾーン（観察窓を設け見守りを重視）
- ステーション近くに位置する準重症ゾーン（うち1室は陰陽圧切り替え可能な前室付きの病室）
- 無料個室
- 一般個室B（無料病室と面積は同じだが内装やサービスで差額を付ける病室）
- 一般個室A
- 特別個室（各病棟1室）

入退院受付（PFM）

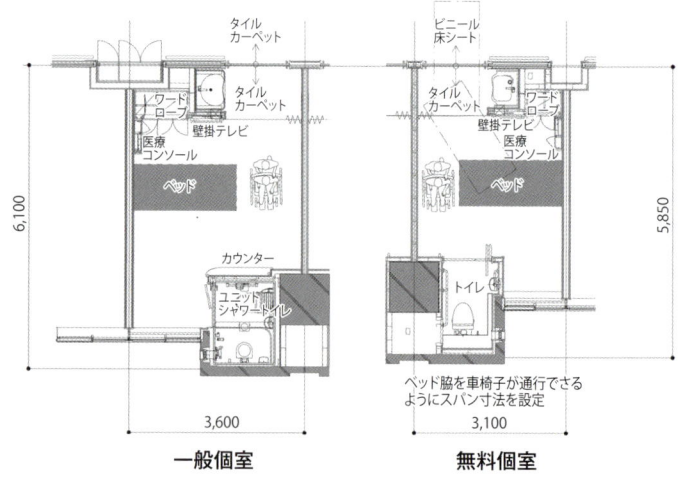

一般個室　3,600　6,100

無料個室　3,100　5,850　ベッド脇を車椅子が通行できるようにスパン寸法を設定

一般個室

緩和ケア病棟特別個室

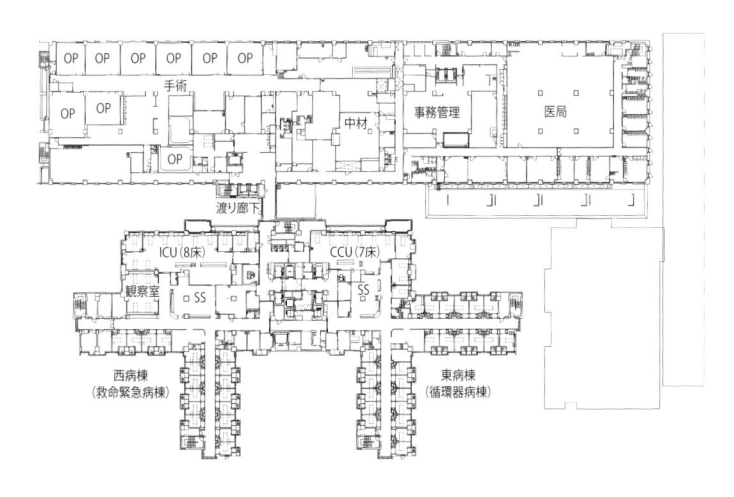

3階平面図

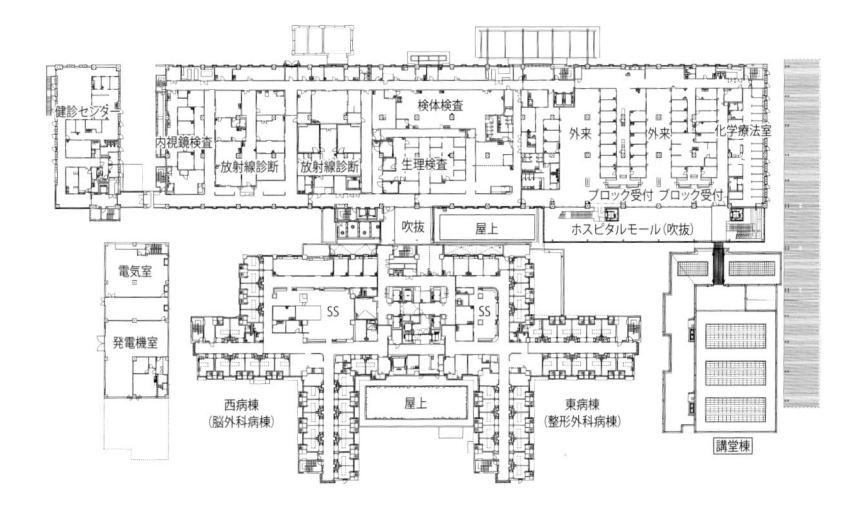

2階平面図

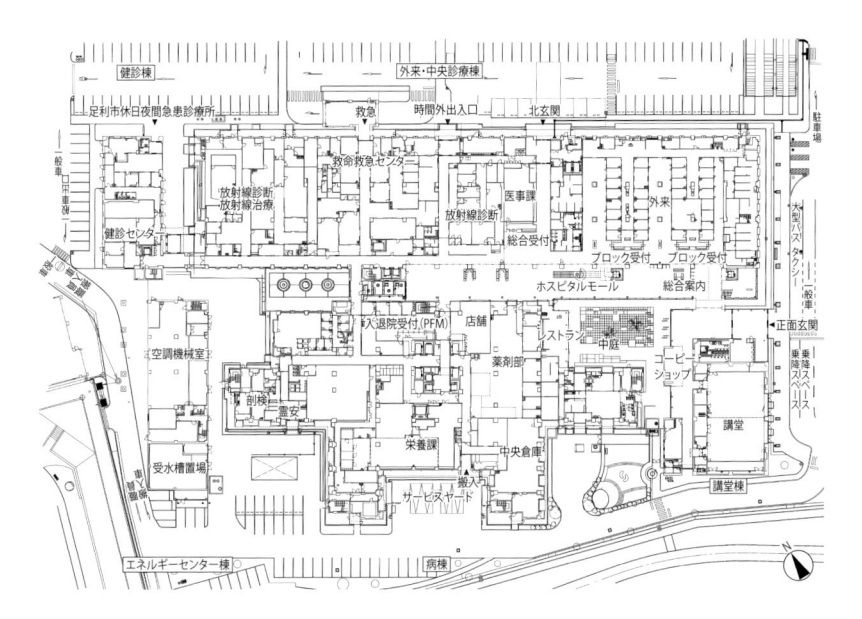

1階平面図

02　2つの異なる病院が一体となった国内最大級の病院

　JR中央線西国分寺駅南西，閑静な住宅地の一角に位置し，南側には国分寺崖線の豊かな樹林が広がる武蔵野の地に建てられた，2つの病院合わせてベッド数1,350床，外来患者数4,000人，延床面積13万㎡，低層階平面100m×200mに及ぶ超巨大病院である。
　「森の中の病院」をめざした緑化の推進，明快なゾーニングによるわかりやすい動線計画など，機能的で「すべての利用者にやさしい病院」をテーマとして設計された。

北側全景　左側・多摩総合医療センター　右側・小児総合医療センター（○）

建築概要
名称　　　：東京都立多摩総合医療センター
　　　　　　・東京都立小児総合医療センター
所在地　　：東京都府中市武蔵台2-8-29
建築主　　：多摩医療PFI株式会社
設計監理　：株式会社 日建設計
設計協力　：清水建設株式会社
施工　　　：清水建設株式会社
病床数　　：多摩総合789床　小児総合561床
敷地面積　：144,364.43㎡
建築面積　：21,386.14㎡
延床面積　：129,879.45㎡
構造　　　：鉄筋コンクリート造，一部鉄骨造，
　　　　　　鉄骨鉄筋コンクリート造（免震構造）
階数　　　：地下1階　地上11階　塔屋2階
工期　　　：2007年6月～2009年9月
写真撮影　：篠澤裕（○），SS東京（☒），
　　　　　　滝口秀樹（▲）

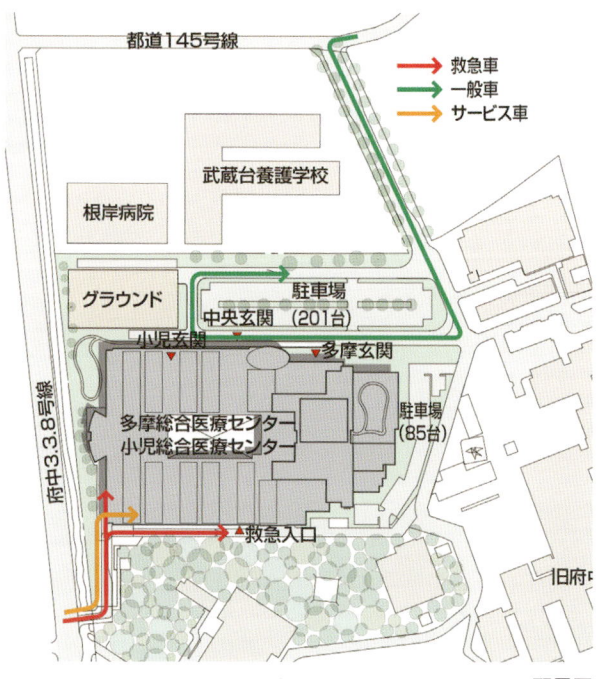

配置図

東京都立多摩総合医療センター・小児総合医療センター

武蔵野の森の中の病院をめざして

本事業は府中病院の建替えである多摩総合医療センター（789床）と，3つの小児病院（清瀬，八王子，梅ヶ丘（小児精神））を統合する小児総合医療センター（561床）の2つの医療センターを一体整備する国内最大級のPFI事業[*]である。

敷地南側の国分寺崖線の豊かな既存樹林などの恵まれた自然環境を生かし，屋上やバルコニーの緑化を行い，周辺環境に調和した自然に癒される「森の中の病院」をめざした。

＊PFI事業
　PFIとはPrivate Finance Initiativeの略語で，民間事業者が，公的施設の設計・建設，開業後の維持管理，運営等を一貫して，契約期間にわたって提供する整備手法である。

2病院の連携と業務の効率化

2つの医療センターは，周産期医療，キャリーオーバー，救急医療などの運用面での連携と効率化を重視し，2つの医療施設としての独立性を確保しつつ合築して計画した。2病院の境界にはスタッフ専用廊下「コモンパス」を設け，放射線や検査，手術部門を対称形に隣接配置し，スタッフの連携や物品搬送の業務の効率化を図っている。

北西からの鳥瞰（☒）

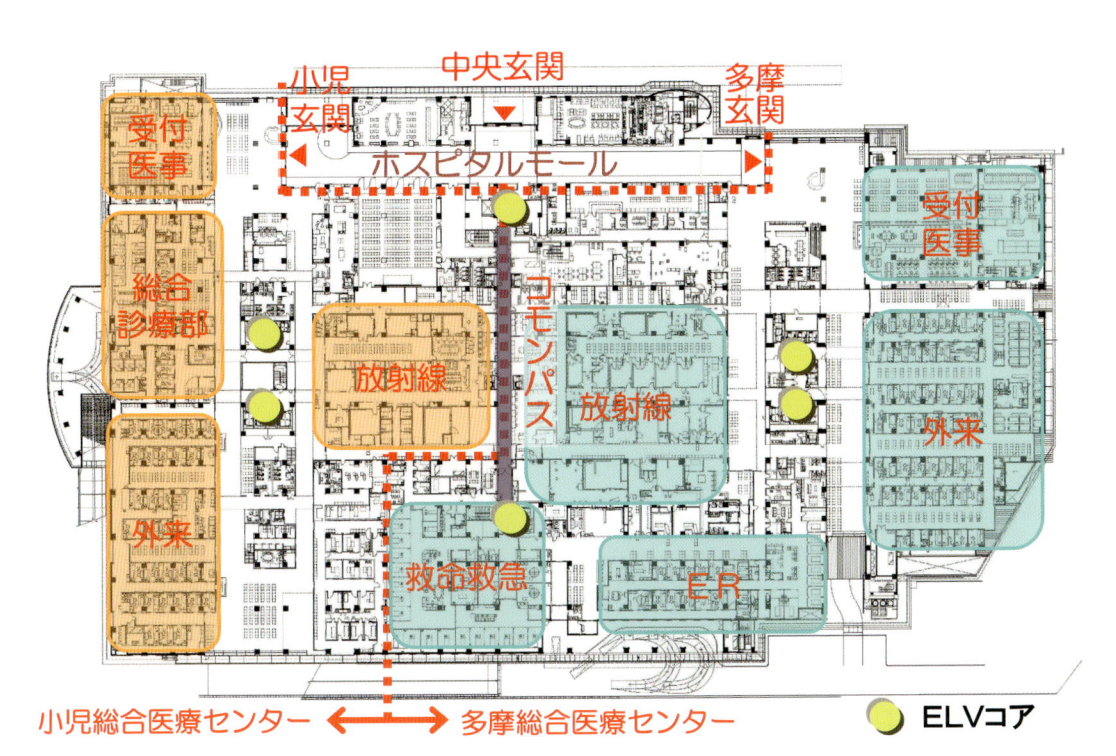

1階平面図の概要

急性期医療に特化した多摩総合医療センター

国内有数の救急搬送実績をもつ東京ERをはじめ高度救命救急医療を担うことから,「迅速な医療」をテーマに関連部門の集約配置,緊急動線の確保に注力した.

病棟は1フロア2看護単位の機能的な病棟構成を採用した.看護動線の短縮と見通しの良さを重視してT字型平面の中央にスタッフステーションを配置し,「富士山」が遠望できる病棟ウイングを階段状にセットバックさせた.

黒柿の生命力を秘めた「森のホスピタル」

外来は柿の木で特に大木に成長した黒柿を,強い生命力とエネルギーの象徴として内装材に採用した.病棟のインテリアは落ち着きのある色調の木質系の材料を選定し,北病棟は紅葉の赤,南病棟は新緑の緑をテーマカラーとして,分かりやすさに配慮した.

2層吹き抜けの外来待合ホール(○)

屋上につながる3階病棟デイルーム(☒)

スタッフステーション(☒)

自然光が降りそそぐ,放射線・薬局待合(○)

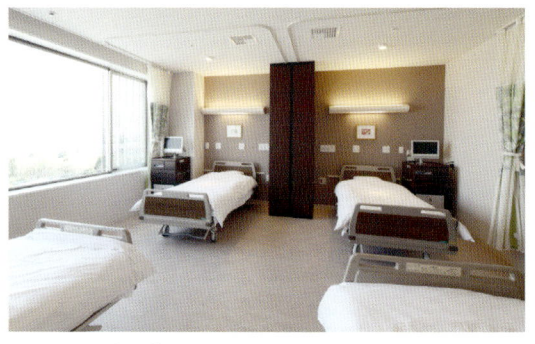

落ち着きのある病室インテリア(4床室)(☒)

ルーフコートを囲む3層構成の小児病棟医療センター

小児医療センターでは,「こころ」と「からだ」両面の患者特性に即した施設づくりがテーマとなり,「こどもと家族が中心」の医療の実現をめざした。1フロア5～6単位の病棟を低層部の屋上を利用した大きなルーフコートを取り囲む3層で構成し,こどもが安心して入院生活が送れる接地性の高い病棟とした。

「森のものがたり」をデザイン化

小鳥たちが運んできた「種」が芽吹き,木や草花となり,やがて大きな森へと成長していく物語を,玄関ロビーの「どんぐりの実」から南ラウンジの「大きな木」に至るまでで現した。

森のドクター「ふくろう」,薬草に詳しい「サル」栄養のある木の実を集める「りす」等,けがや病気になってしまった仲間たちを癒す森の動物たちが,外来各科の受付カウンターで子供たちを迎える。

ブリッジで動線をつないだ外来ホール（○）

楽しいカラーリングのデイルーム（◇）

壁面の遊具（◇）

ふくろうカウンター（◇）

「大きな木」のある南ラウンジ（◇）

多摩総合医療センター　玄関（☐） 　　　小児総合医療センター　玄関（☐）

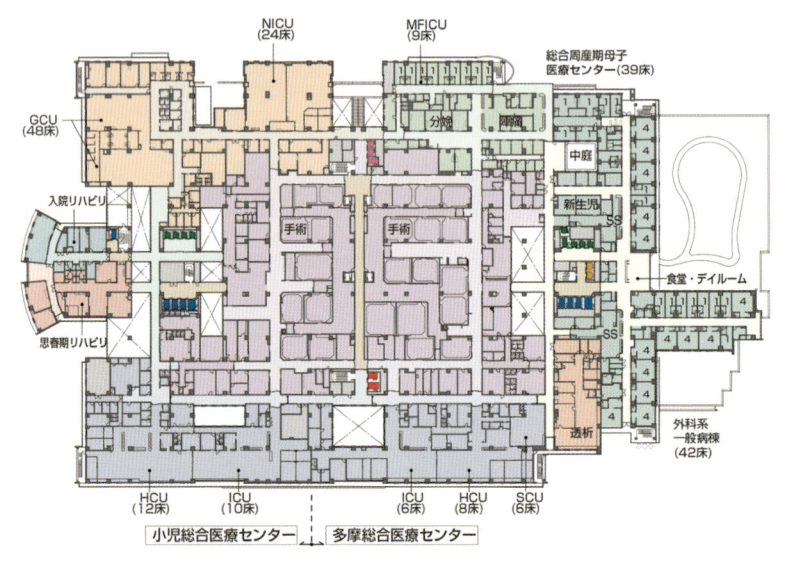

3階（手術，ICU，周産期母子医療センター）平面図

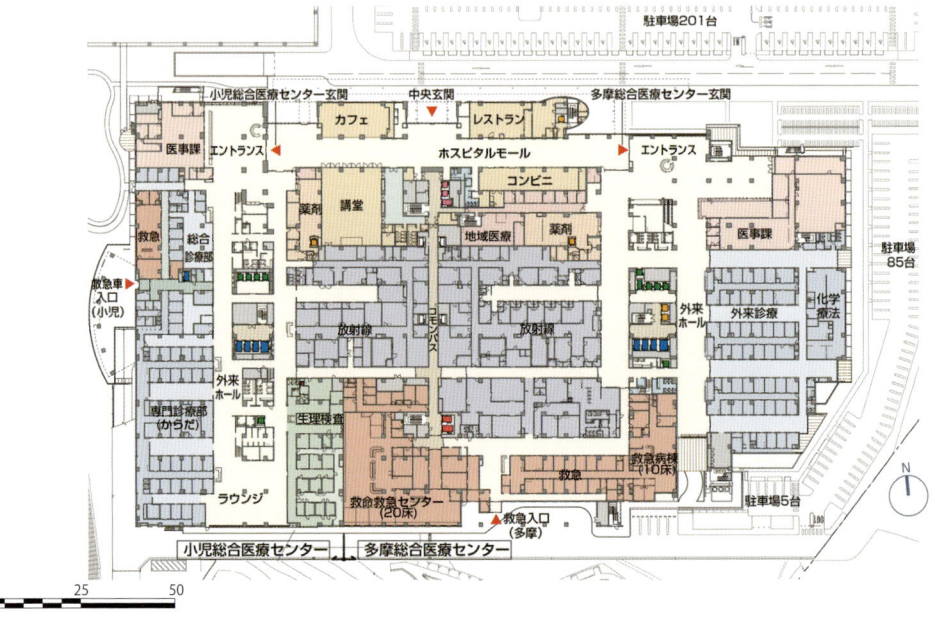

1階（エントランス，外来，検査）平面図

ルーフコート（丘の広場）見下ろし（▲）

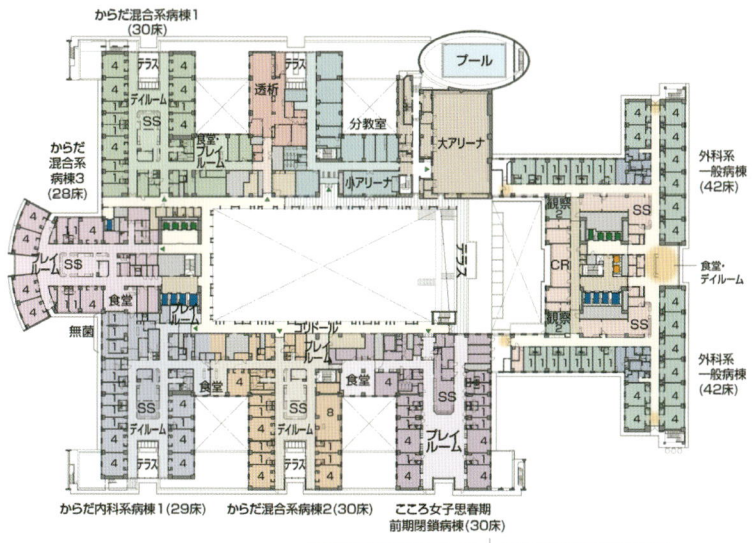

6階（病棟階）平面図

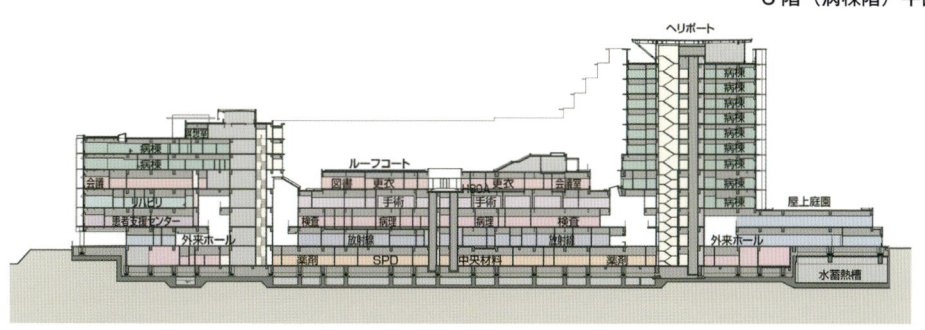

断面図

医療施設 | 全体計画 | 部門計画 | 環境 | 事例

03　1フロア8看護単位の病棟にオープンカンファレンスを備えた病院

伊勢の地に馴染んだ建築として『低層の建築であること』そしてスタッフのモチベーションを高める職場環境として『スタッフにも優しい病院であること』をテーマに計画し，市民と職員の双方に愛されるマグネットホスピタルの実現をめざした。

南東側外観

建築概要
名称　　　：日本赤十字社　伊勢赤十字病院
所在地　　：三重県伊勢市船江1丁目471-2
建築主　　：日本赤十字社　伊勢赤十字病院
設計監理　：株式会社 日本設計
施工　　　：株式会社 竹中工務店
病床数　　：655床
敷地面積　：52,591.60㎡
建築面積　：17,364.24㎡
延床面積　：56,587.78㎡
構造　　　：RC造　一部S造　免震構造
階数　　　：地上5階
工期　　　：2009年10月～2011年8月

上空写真（建物配置）

伊勢赤十字病院

コミュニケーションを円滑にする職場環境の創造

■8看護／1フロア病棟

655床の病院を低層にまとめ上げるために，8看護／1フロア，約280床を1フロアに納める病棟計画としている。病棟への患者動線は，患者エレベーターコアを2箇所に分割配置し，常に左右の選択により目的地までたどり着ける明快なものとなっている。

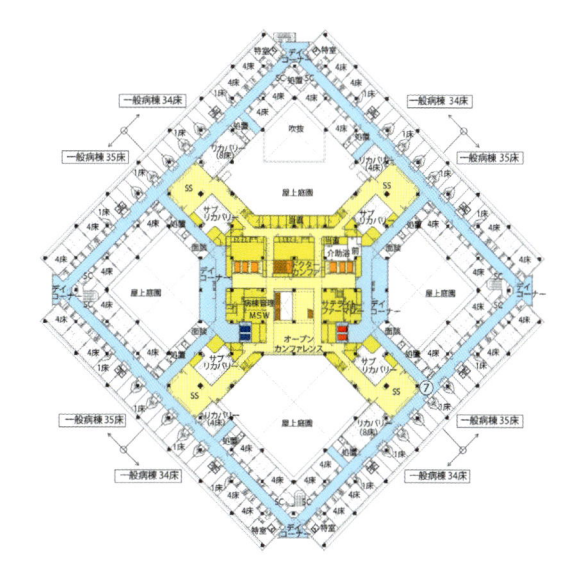

■2看護／1ステーション

患者誘導とスタッフ間の円滑な協働を推進するために，2つの看護単位が1つのスタッフステーションを共有する計画とし，さらに，2看護の病室が連続するプランニングと併用することにより，柔軟な病棟運用をも可能にしている。

4階平面図

■オープンカンファレンス

病棟の中央にスタッフ専用ゾーンを形成し，診療・看護以外の全ての機能をそのスペースに集約させると共に，コメディカル等をも含めた全ての病院スタッフが自由に使える空間としている。

3階から5階までの吹き抜けと階段により連続させた空間は，スタッフのメイン動線となることで，一体的利用とスタッフ間の交流を円滑にする機能を担っている。

病棟スタッフステーション

■ONとOFFの切り替え

スタッフ専用ゾーンの形成は，気持ちの切替えと，高いモチベーションの持続を可能にしている。

■豊かなスタッフ空間とコンパクトな病棟

オープンカンファレンスは，低層建築としたことによる面積の効率化と8看護／1フロアとしたことによるスタッフスペースの集約から生み出されている。

その証拠に病床数に対する延べ床面積は，86.4㎡/Bと最近の病院としては標準的な面積であり，病棟階の病床数に対する床面積は30.1㎡/Bとかなりコンパクトにできている。

オープンカンファレンス

エントランスホール

2階平面図

1階平面図

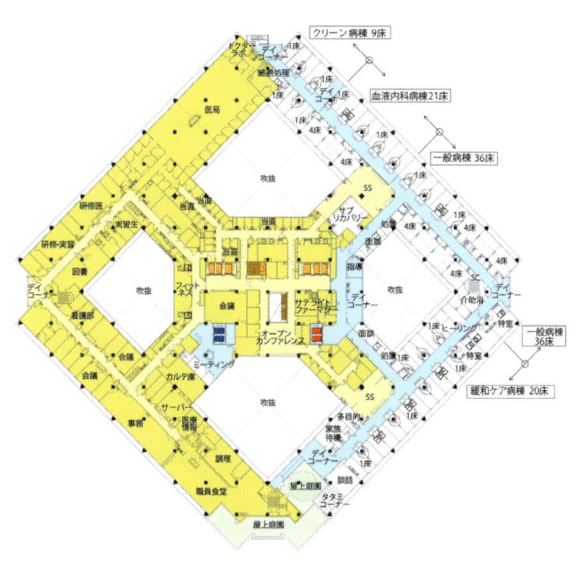

5階平面図

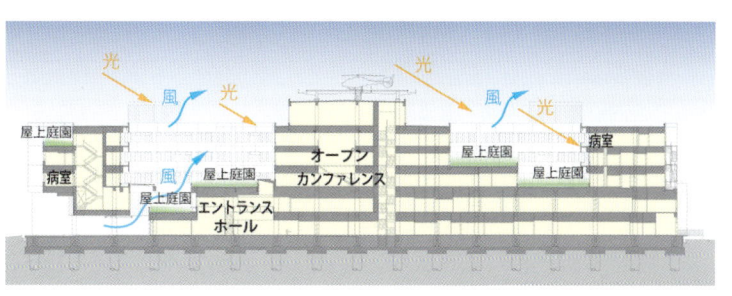

コートホスピタル－環境への配慮

04　自然環境と融和させた人にやさしい地域中核病院

都市部の病院では考えられない緑豊かな立地環境を生かし，病院全体を緑で囲む「癒しの森」を整備した。診療機能の充実と共に，「病院のどこからでも緑が見える」この空間づくりによって，患者・家族・医療スタッフにとって快適で潤いある療養環境を実現させたいと考えた。

南面外観　外来診療部（低層棟）の上に45度基本軸を振った病棟部（高層棟）が載る。手前の緑が「癒しの森」。

建築概要

名称	：公立阿伎留医療センター
所在地	：東京都あきる野市引田78-1
建築主	：阿伎留病院組合
設計監理	：株式会社 久米設計
施工	：（建築）清水・東急・清水組・五光・クリエート 特定建設工事JV
病床数	：310床
敷地面積	：32,209.64㎡
建築面積	：7,336.18㎡
延床面積	：28,314.25㎡（付属棟を含む）
構造	：鉄骨造（一部鉄骨鉄筋コンクリート造）
階数	：地下1階，地上6階，塔屋1階
工期	：2004年7月～2007年6月
建築写真	：株式会社エスエス東京

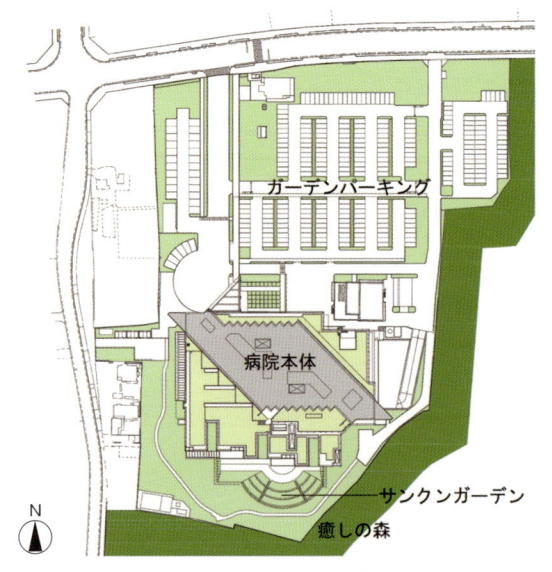

配置図　S = 1/4000

公立阿伎留医療センター

緑が見える外来診察室

　医師と対面するとその肩越しに，中庭の緑が目に入ることで，患者の気持ちを少しでもやわらげられるように，そして医師との問診に集中できるように，診察室を自然光が入る明るく落ち着いた環境とした。

診察室　自然採光と緑により明るく落ち着いた診療環境

スタッフ通路　診察をバックで支えるスタッフ専用空間

グリーンオアシスのある外来待合

　デッキテラスの先に広がる前庭の緑が見渡せる外来待合室とは別に，平穏に待てない患者のために，人の目を気にせずに身体を横たえられる特別な待合コーナーを設定した。天窓からの採光とプランター植栽によって包まれた「オアシス」をつくり，少しでも苦痛を和らげる場をと考えた。

グリーンオアシス
視線を遮る背の高いソファベンチを配して安心して身体を横たえられる「隠れ家」のような待合コーナー

外来診察エリア構成図
S=1/400

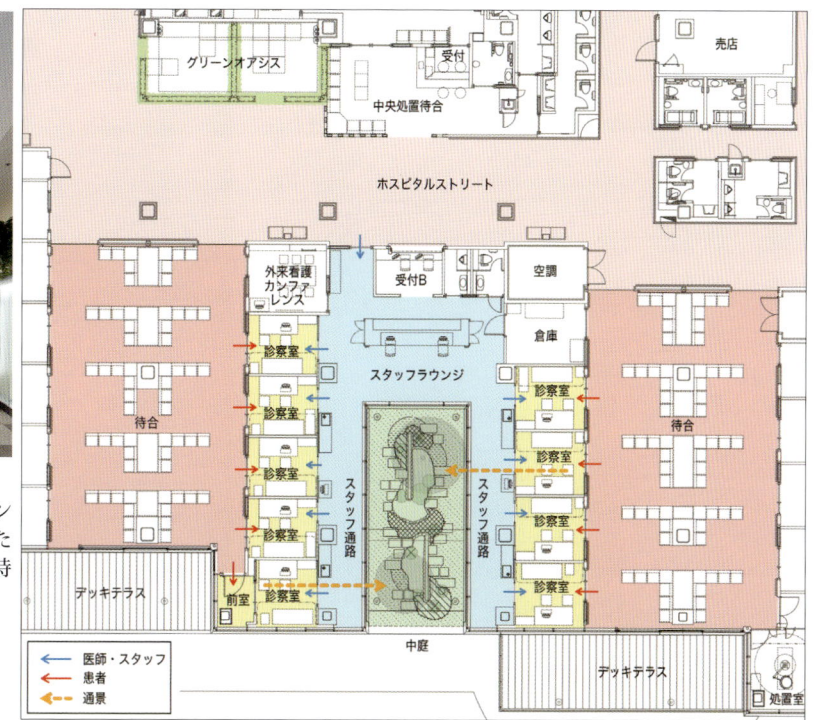

医療施設／全体計画／部門計画／環境／事例

医療スタッフのリフレッシュ環境

　患者に安心と安全な医療サービスを提供する上で、医療スタッフ自身の作業環境の向上は重要である。長時間の継続作業となる外来部や手術部の作業エリアから、緑と共に外部の様子が眺められるようにリフレッシュ要素を配備して集中力の維持や緊張の緩和に働きかける環境とした。

中庭に面したスタッフラウンジ

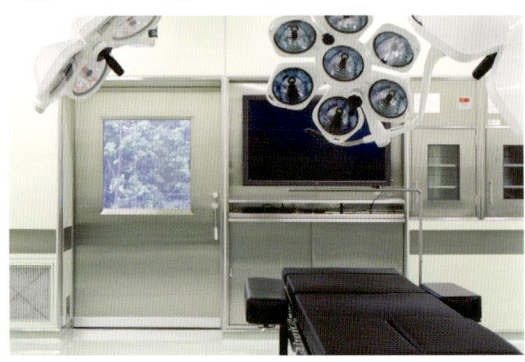

窓のある手術室

療養環境の向上
（4床室における心地よい個人領域の確保）

　入院生活の基本空間となる病室の天井高さを2.8mとし、天井までの大きなガラス窓で眼下に広がる田園風景や山並みへの眺望を確保して、風景も治療効果を高める要素として取り込んだ。

　全病床の65％を占める4床室に対して、個室では意識されない他者が発する音や臭い、プライバシーに対するきめ細やかな配慮が必要である。（上から下への新鮮空気の流れをつくり、呼吸線下での排気システムや、ベッドごとの個人領域に応じた空調や照明の操作ができる環境を整備した。）

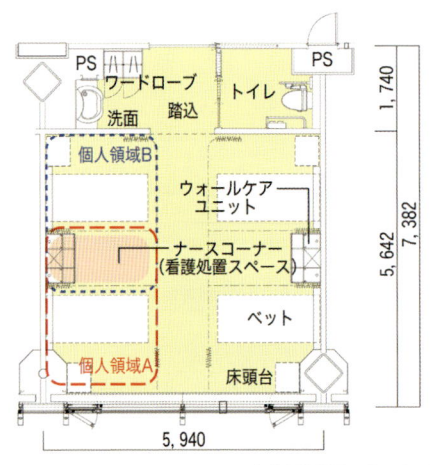

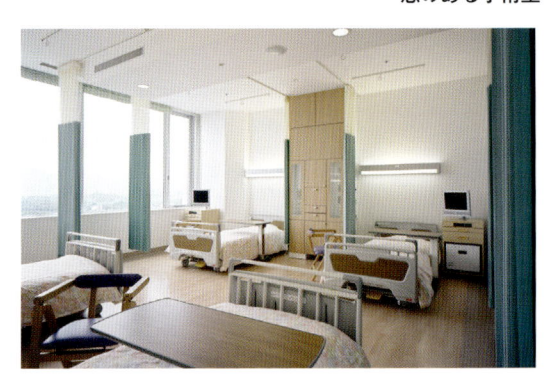

高い天井と大きな窓が特色の4床室

4床室平面図　S=1/120

個人領域が確保された4床室

専用庭のある緩和ケア病棟

　がん疾患の患者に対し，全室個室となる緩和ケア病棟を整備した。ベッドのままテラスに出られ，ガーデニングや自然の息吹を身近に感じることができる専用庭を設けた。一般の健康な方が気持ちよいと感じる涼風でさえ，肌を刺し苦痛になるため，空調の噴出しや照明にも配慮した。（生体リズムを正常な状態にして安眠に働きかけるサーカディアン照明によるブライトケアの導入で療養生活をサポートするなど）

専用庭に面する緩和ケア病室

現代アート作家とのコラボレーション

　絵画・木彫・ガラス・草木染め織物の作家との協働によるアートワークで，外来待合室やX線撮影室など殺風景になりがちな病院環境に潤いを与えている。

　外来診察の5つのブロック受付の両脇の壁に素材の異なるアートレリーフで，正時の15分間だけアートがライトアップされて，別の表情の作品になるという仕掛けを組み込んだ。

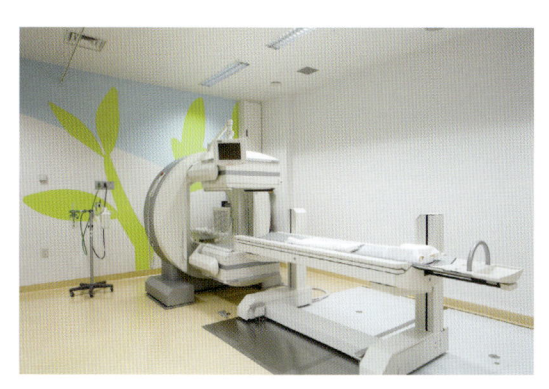

ガンマカメラ撮影室の壁面アート（祐成勝枝） 　　　小児科待合入口ゲートの木彫アート（今野央輔）

高低差のある敷地を活用した屋外庭園（癒しの森）

外来診察棟の南側に広がる「癒しの森」の庭園は，病院全体を緑で取り囲むように伸び，土地の低い南側に半円形のサンクンガーデンを配して地下階にあるリハビリや人工透析室にも明るい陽光が注ぐ緑化環境とした。機能回復やリフレッシュのための空間として，多くの利用者に楽しく散策頂けるようにアクティビティのある前庭を創出した。この豊かな緑が，どこからでも見えるように，「緑の通景軸」を内外に設定した。

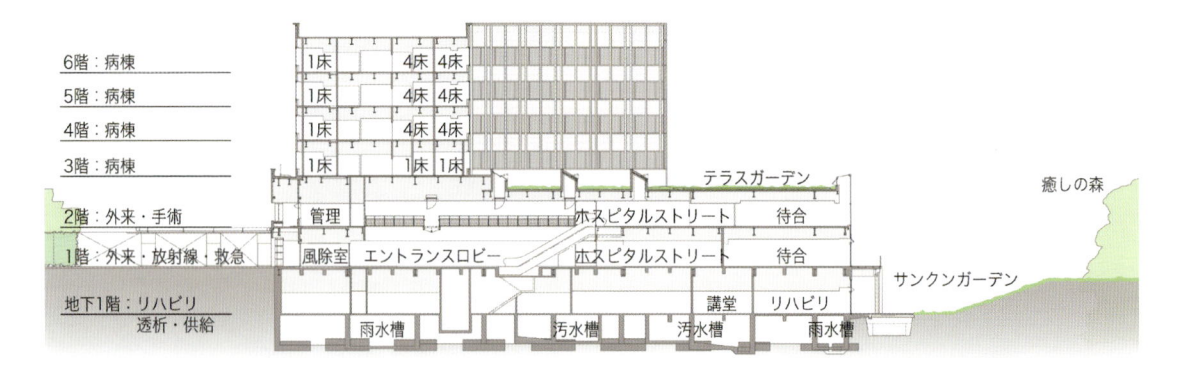

断面図　正面玄関からサンクンガーデン・癒しの森　S=1/1000

「癒しの森」に囲まれた全景

地階の居室にも採光をもたらすサンクンガーデン

おもてなしのガーデンパーキング

旧病院を解体撤去した跡地に，樹木 14,500 本による緑地の中に，約 280 台の駐車場を整備した。不安と苦痛を抱えて訪れる人々を迎える最初の空間であり，車を降りた瞬間から心和むアプローチとし，10 年後には，成長した木々により緑に埋まるガーデンパーキングが完成する。

竣工直後のガーデンパーキングからの病院全景

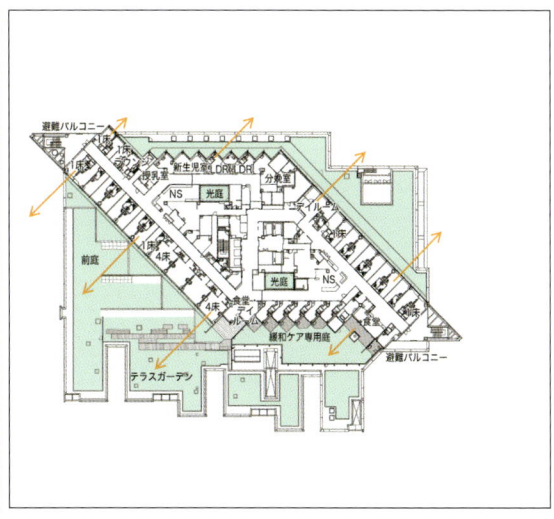

2階平面図　S=1/1800

3階平面図　S=1/1800

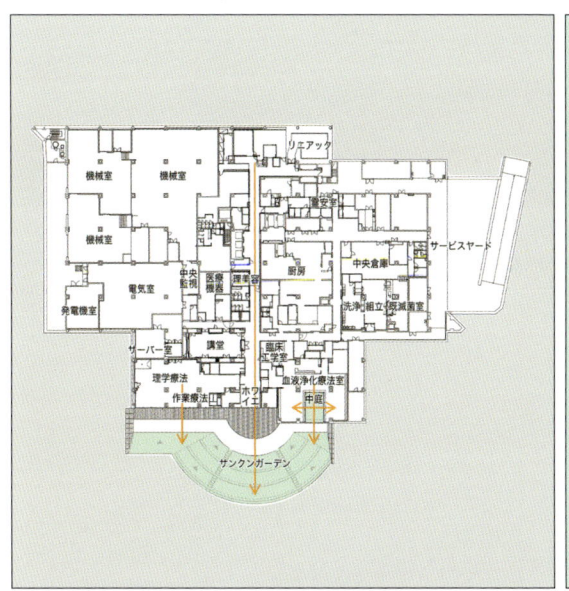

地下1階平面図　S=1/1800

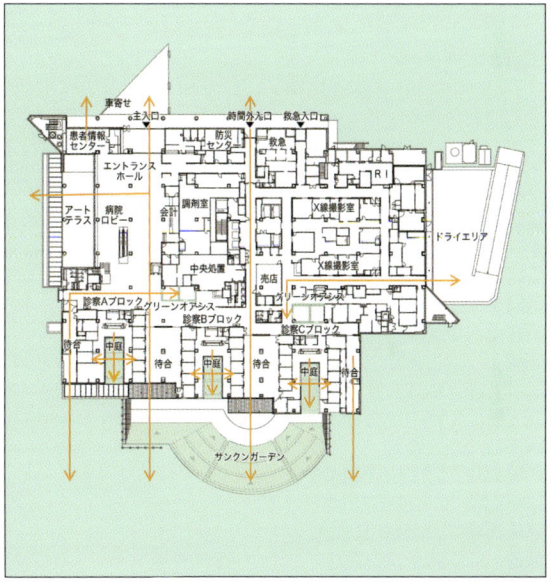

1階平面図　S=1/1800

エントランスホール・ロビーの通景

外来待合空間の緑の通景

05　人にやさしいエコホスピタル

　古河赤十字病院は，「地域医療の担い手としての役割」と「地域災害に対する役割」を重視して熱源はオール電化とし，環境負荷低減，LCC削減を目指した次世代型エコホスピタルとしてスタートした。

建物外観　アプローチ道路から正面玄関を臨む。住宅地の中の病院を意識して，芝生のマウンドにかくれてタクシープール，アイビーのマウンドにかくれて駐輪場と室外機スペースを計画。

古河赤十字病院
所在地　：茨城県古河市下山町1150
建築主　：古河赤十字病院
設計監理：株式会社　石本建築事務所
施工者　：戸田建設株式会社　関東支店
病床数　：200床
敷地面積：23,000.08㎡
建築面積：5,687.57㎡
延床面積：15,449.19㎡
構造　　：鉄筋コンクリート造，一部鉄骨造
階数　　：地上5階
工期　　：2009年10月〜2010年3月
写真撮影：吉見謙次郎

建物夜景　地域に対して病院の顔となる赤十字モールと病室が象徴的な南側夜景。

配置図　1/2000

古河赤十字病院

地域に根ざした赤十字病院
　古河赤十字病院は，1953年に開設以来57年が経過し2010年5月，旧病院に近い区画整理事業地内で新たなスタートをきった。

住宅地との調和
　敷地周辺は低層の住宅地となることが想定されており，建物のボリュームや色彩など周辺住宅地と調和する計画をめざした。外観はアースカラーの基壇（低層階）の上に白色タイルの病棟をのせて，落ち着きのある色彩とするとともに，病棟部分を病室ユニットごとに分節して，4階建ての建物のスケールを住宅地のスケールに近づけた。

3つの玄関
　敷地西側計画道路から車両はアプローチするが，公共交通機関が寄り付く病院の玄関と，外来・見舞客が訪れる玄関，さらに救急・時間外・職員の玄関と3つの玄関を明確に分離して計画した。

赤十字モール
　エントランスを入ると光あふれる赤十字モールが来院者を出迎える。病院と地域を結ぶ交流空間としてコンビニやATMを配置した。災害時には，トリアージや診療空間としても利用できるよう医療ガスや非常電源設備も配置されている。

外来患者は1階で
　外来患者が主に利用する部門は全て1階に配置した。外来動線の要となるホスピタルモール・メディカルモールを中心として外来・中央処置・検査・放射線などの部門が展開する。ワンウェイによる患者移動が可能な計画とすることで，外来患者の動線を短く分かりやすい計画とした。

ブロック連結型外来
　複数の診療科をまとめて，ブロック受付とし，さらにそのブロックを連結することにより，全ての診察室・中央処置室がスタッフ通路でつながる構成とした。
　患者動線とスタッフ動線を分離し，移動が迅速で医師や看護師の連携にも役立つ計画とした。

要観察ゾーンの工夫
　スタッフステーションに隣接して一般エリアと区画された「要観察ゾーン」を設けた。サービス

南側外観　ヒューマンスケールに分節した病棟外観。

正面玄関ロータリー　付属棟の壁に沿って玄関庭を計画。バスやタクシーなどの公共交通機関の玄関。

赤十字モール　熱負荷を考慮したLow-Eガラスを使った明るく象徴的な空間。

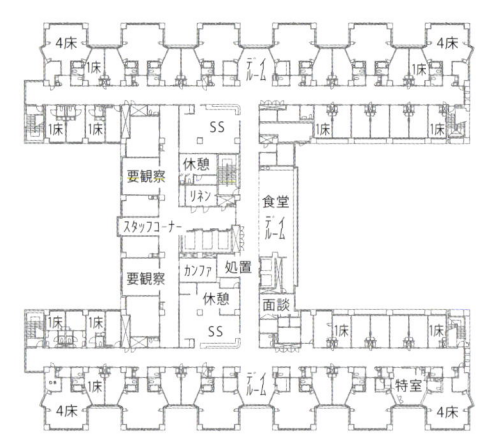

4階平面図　1/1000

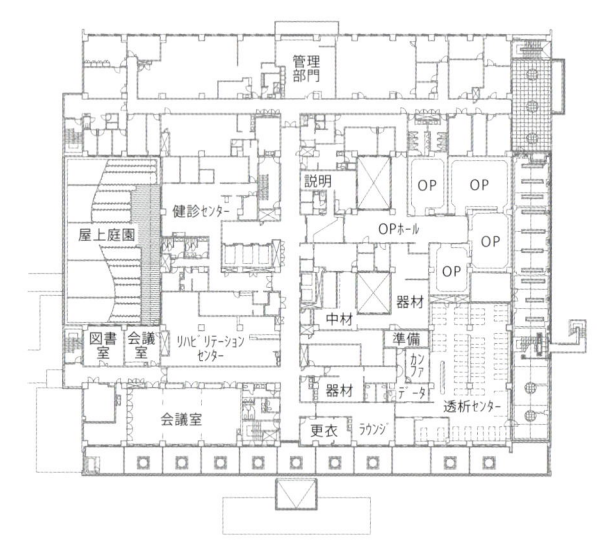

2階平面図　1/1000

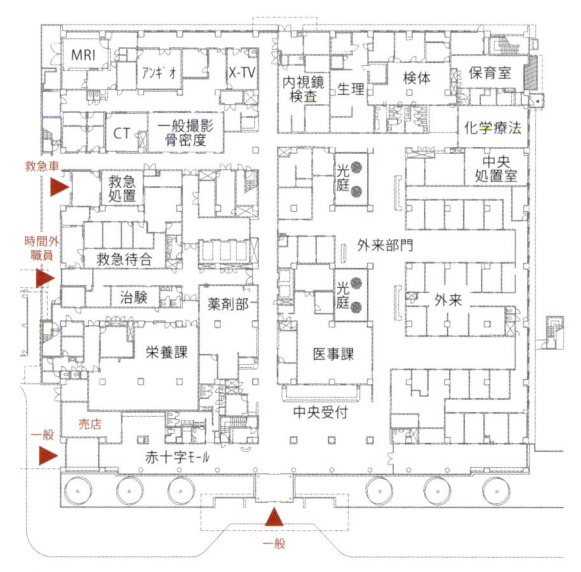

1階平面図　1/1000

ホールから直接担送でき，容態観察を重点的にできるゾーンとした。

木調のインテリア
「人に優しい柔らかなインテリア」をテーマに，床，壁などを木調の素材を中心とし，アースカラーを基調として暖かな空間づくりを心がけた。

H型に病室を配置し，2つのスタッフステーションをスタッフ専用廊下でつなぎ，病棟間の連携が取りやすい構成とした。病棟中央にサービスホールを設けて，一般患者とスタッフ・物品動線を分離し，良好な療養環境を実現した。

個室的4床室と個室の組合せ
4床室と個室の組合せにより，6mスパンで従来より病室の有効面積を広く確保した。

明るく落ち着いた総合受付　アクリルハニカムパネルで加工した内照式の総合受付サイン。

ブロック連結型外来待合　雪の結晶のモチーフでまとめた外来ゲートサイン。

スタッフ専用テラス　2階管理部門の屋外に計画。

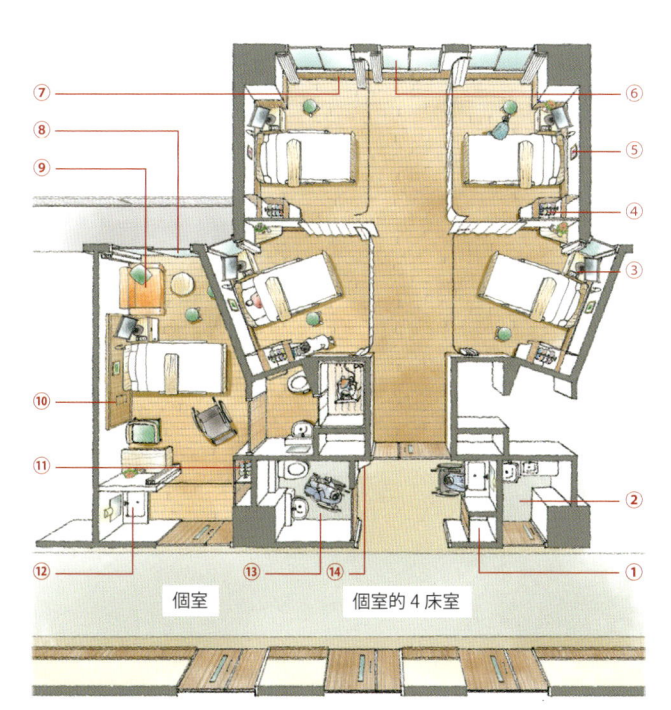

4床室と個室の組あわせイメージ（プロポーザル提案時）
① ナースサーバー
② 分散汚物処理室
③ マルチ床頭台
④ 患者ロッカー
⑤ 各ベッドのアート
⑥ ベッドカーテンを閉めても明るい共有窓
⑦ 腰の低い窓台
⑧ 明るい掃出し窓
⑨ ベッドにもなるソファ
⑩ 医療ガス組込ベッドボード
⑪ 個室用ロッカー
⑫ 感染防止対応洗面台
⑬ 車椅子でも利用できるトイレ
⑭ 電子カルテ入力用棚

スタッフステーション前の分散デイルーム　車椅子でも入れるTELブースとストレッチャー専用掘り込みスペースを配置した談話スペース。

病棟スタッフステーション　オープンカウンターの奥に看護諸室を配置。明るく，見通しの良いスタッフステーション。

外来診察室　木調のインテリアと家具でまとめた窓のある外来診察室。

病棟端部の分散デイスペース　明るくのびのびとした居場所を計画。

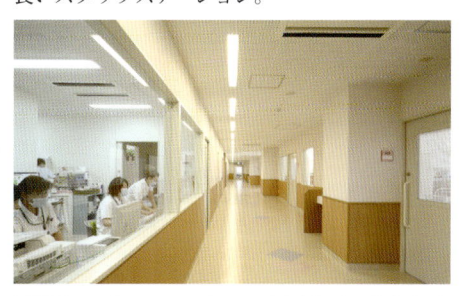

要観察スペース　スタッフ専用廊下に大きな窓のついた病室を配置。

個室的4床室　各ベッドに窓のある個室的多床室のカーテンを閉めても明るい病室を計画。柱間隔は6mで40㎡の4床室を実現。

外来ブロック受付　カウンターの後ろにアイストップとして雪の結晶をプリント。

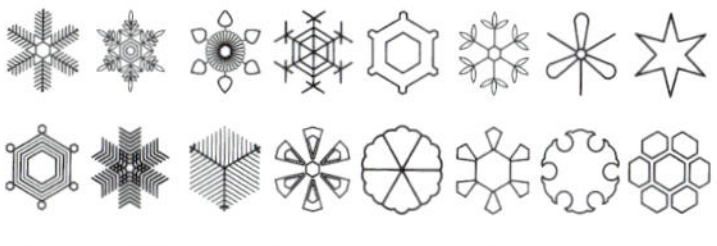

サイン計画　古河市ゆかりの日本最初の雪の科学書「雪華図説」の著者：土井利位にちなんで雪の結晶をモチーフとして，インテリアのポイントとした。

06　ITを駆使しベッドサイドナーシングを実現した病棟

高度な循環器医療を提供する病院の移転新築。
　看護スタッフが病室のすぐ近くに滞在し，入院患者を常に見守る「ベッドサイドナーシング」を実現するため，病棟の廊下に看護拠点を分散配置し，最新のIT技術によって，全ての拠点からリアルタイムに診療情報のやりとりができる環境が整えられている。

西側外観　左手（北側）にエネルギーセンター，右手（南側）にリハビリ庭園が隣接する。ポプラ並木は保存樹木。調布飛行場に近いことから高層を避け，ICU・CCU以外の病棟は4・5階の2フロアに4看護単位ずつ配置されている。

建築概要
名称　　　：榊原記念病院
所在地　　：東京都府中市
建築主　　：公益財団法人日本心臓血圧研究振興会
基本設計・実施設計監修：㈱日本設計
実施設計　：清水建設株式会社
監理　　　：㈱日本設計・清水建設㈱
施工　　　：清水建設株式会社
病床数　　：320床
敷地面積　：22,689m²
建築面積　：7,193m²
延床面積　：27,437m²
構造規模　：病院棟：鉄筋コンクリート造（免震構造）　地上6階
　　　　　　エネルギー棟：地下1階鉄骨造　地上1階
工期　　　：2002年6月〜2003年9月
写真撮影　：松岡満男

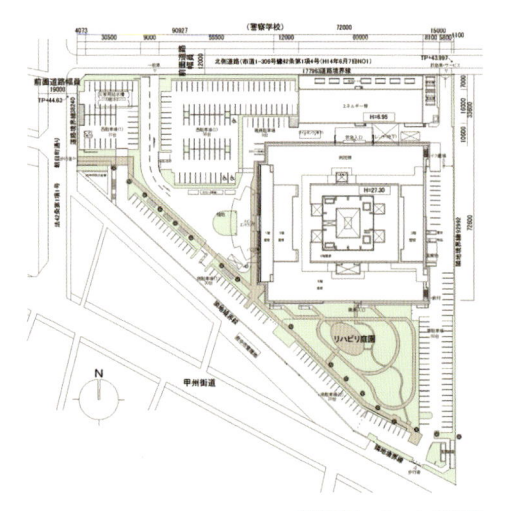

配置図　S=1/000

財団法人日本心臓血圧研究振興会附属　榊原記念病院

循環器の専門病院

榊原記念病院は1977年故　榊原 仟（しげる）博士の循環器医療における功績を記念し渋谷区代々木の地に設立された。施設が手狭になってきた折，府中市の「調布基地跡地利用計画」により誘致され2003年12月新天地で新たなスタートをきった。

各病室前に看護拠点を配置したベッドサイドナーシング

1フロアに4看護単位を配置。フロア中心部に中央ステーション，各看護単位中心部にサービスステーション，各病室前にナースカウンターを配置した。このカウンターに，情報端末，器材の収納棚を配し，医療スタッフがここを基点に患者の近傍で医療を遂行できるようにした。

ITと医療の融合

医療スタッフは，ここを含め院内各所に配備された端末を通じ患者の情報を得ることができる。このカウンターには，UPS（無停電電源）・POF（プラスチック光ファイバー）を設置。大容量の情報伝送が可能で心臓の拍動の映像が患者や家族への説明に使われている。

可変性の高い環状病棟

4つの看護単位を環状に連結させており，廊下沿いに看護単位の区切りを変えることで医療ニーズに最適な病棟病床構成を容易に変更構築することが出来る。

ICU「ロの字」配置

ベッドをロの字に配置し，中央にコントロールナース，外周に担当ナースを配置し，両側から高密度に観察できるレイアウトとした。

CCU和風インテリア

CCUでは，意識のある患者に対し，病床廻りが安心と癒しの環境となるよう，調光のできる和

①看護単位表示サイン　④ナースコール復旧ボタン　⑦照明スイッチ
②室名サイン　　　　　⑤UPSコンセント　　　　⑧カウンター
③ナースコール表示灯　⑥情報用アウトレット（POF）⑨収納棚

病室前ナースカウンター　看護行為に必要な情報端末（電子カルテ・オーダリング）と使用頻度の高い物品を備える。

エントランス吹抜　受付や外来診察室，薬局等からの呼び出しは無く，スタッフが患者のもとへ出向き説明と誘導を行う。

紙風照明，自動開閉式木製ブラインド，木目調の内装等により和風のインテリアとした。

個室病室は水場を外壁側に

緊急時にベッドのまま病室から廊下へスムースに移動できるよう，WC・シャワーといった水廻りを外壁側に配置した。病床から外部の景色を楽しめるよう，開口部をできるだけ大きくし，開口部側が患者の頭側になるようベッドをレイアウトした。

建築・設備一体の省エネルギー

72m×72m×20mの立体を4つのゾーンに分け中間階の3階に機械室を設置。これにより1つの空調機からでるダクト・冷温水管を最短に抑え，ポンプ，ファンの消費電力を最小限にした。1～3階は単窓，4，5階の病棟についてはニッチ型のバルコニー，ペアガラスを使用することにより，省エネルギー性の高い建物となっている。

大胆なアウトソーシング

スタッフが医療行為に専念できる環境づくりをめざし，エネルギー供給の施設建設と維持管理を一括して電力会社に委託したほか，手術室ユニットや医療ガス設備，駐車場設備などを外部委託とした。

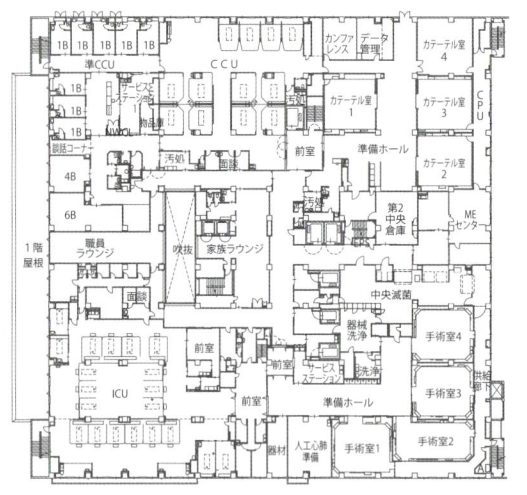

2階平面図

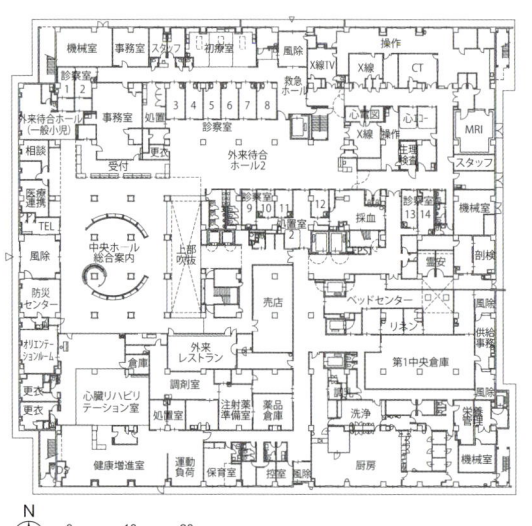

1階平面図

ICU 中央のスタッフステーションから周囲のベッドを見渡すように配置されている。

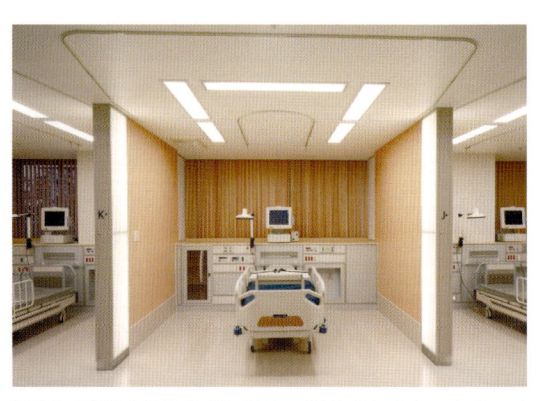

CCU 意識のある患者に冷たい印象を与えないよう，木目パネルとさまざまな照明パターンで日常性を演出する。

リハビリ室 大規模災害時はトリアージスペースとして機能する。

ナースカウンター 電子カルテ・オーダリングのほか、使用頻度の高い器材の収納や廃棄物保管スペースなども完備している。

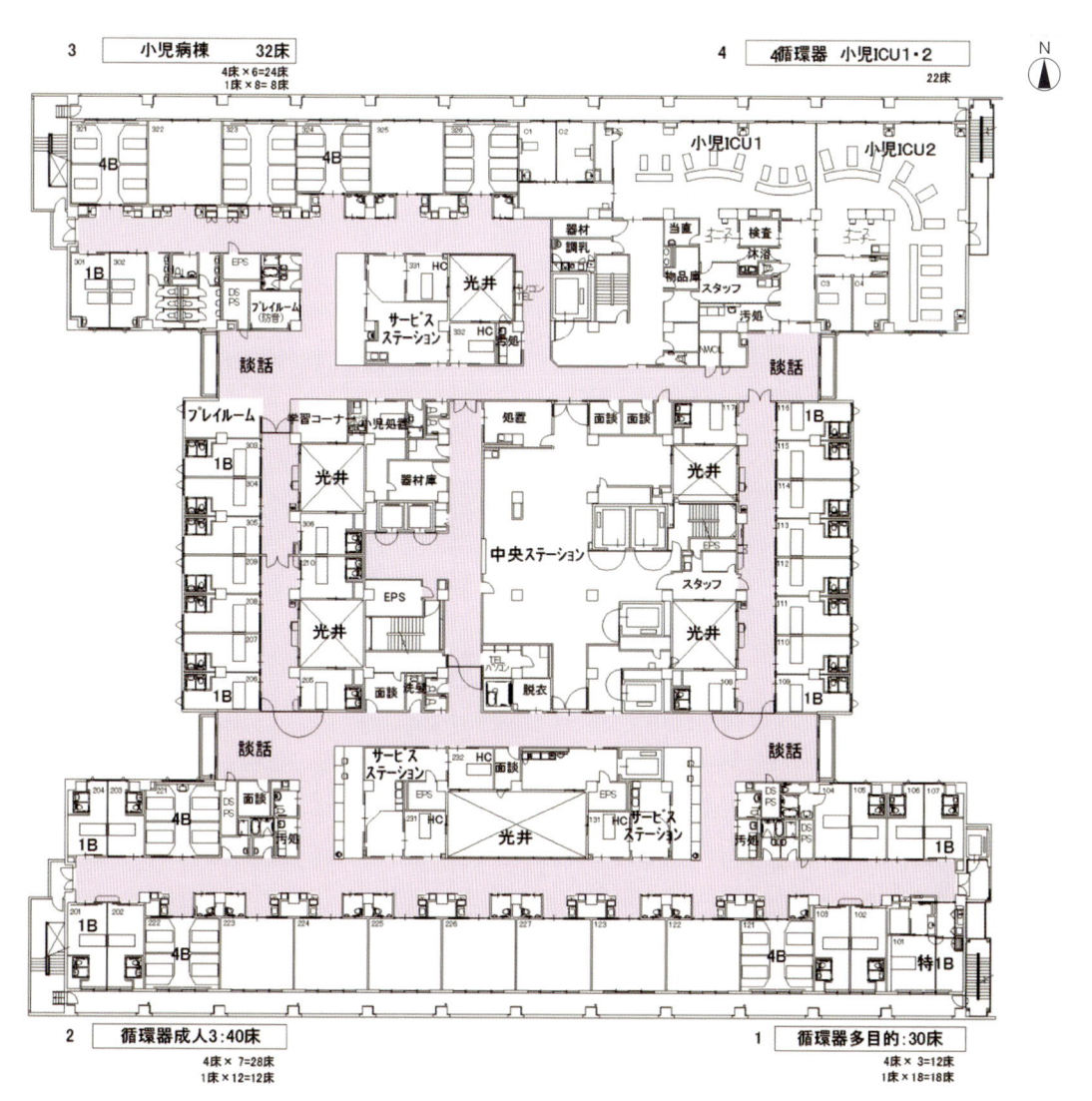

3 小児病棟 32床
4床×6=24床
1床×8=8床

4 循環器 小児ICU1・2
22床

2 循環器成人3：40床
4床×7=28床
1床×12=12床

1 循環器多目的：30床
4床×3=12床
1床×18=18床

1フロア4看護単位の病棟階 エレベータコアに囲まれた中央ステーションは出入り管理と病棟SPDを兼ね、検査室等を併設する。各病棟のサービスステーションは申し送りなど、看護スタッフ同士のコミュニケーションの場として機能しているが、各スタッフの定位置は、あくまでナースカウンターとその周辺の病室である。

07　回復期リハビリテーション病院のスタンダード的な施設

　本病院は，急性期から回復期までの連続した医療の提供を意図し，船橋市が計画，建設し，民間医療機関である医療法人社団輝生会が指定管理者として運営を行っているリハビリテーション病院である。
　計画地は，船橋市の基幹病院である船橋市立医療センターの近接地にあり，急性期医療から回復期医療への流れを立地的にも具現するものとなっている。

南側全景　1階は外来および訓練室，2～4階は1フロア2看護の病棟が配置されている。

建築概要
名称　　　：船橋市立リハビリテーション病院
所在地　　：千葉県船橋市夏見台4丁目26番1号
建築主　　：船橋市
設計監理　：株式会社　日本設計
施工　　　：(建築) 奥村・木村・京成特定建設
　　　　　　工事共同企業体
病床数　　：200床
敷地面積　：18,574.92㎡
建築面積　：6,043.88㎡
延床面積　：14,158.09㎡
構造　　　：鉄筋コンクリート造，一部鉄骨造
階数　　　：地上4階，塔屋1階
工期　　　：2005年10月～2007年12月

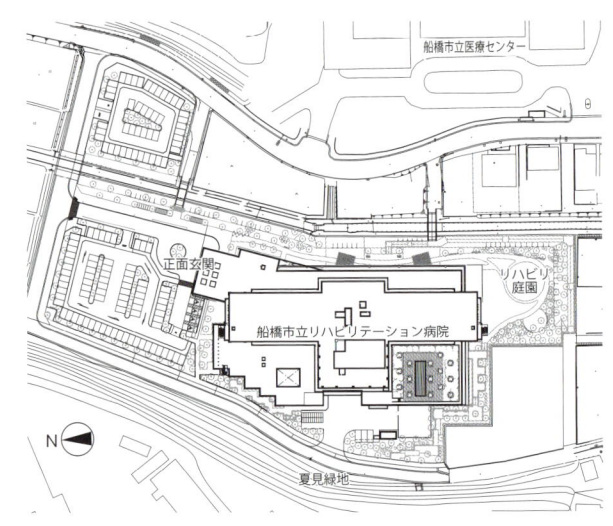

配置図　S=1/3000

船橋市立リハビリテーション病院

病院全体が訓練の場

本計画は、患者ゾーンとスタッフゾーンを明確に区分し、患者ゾーンにおいては「病院全体が訓練の場」という考え方に立ち、使いやすく、しかし、やさしすぎない施設づくりを行っている。また、患者とそれを支える家族が、一緒になって障害を乗り越えていく環境づくりとして、プライバシーへの配慮と息抜きができる快適な空間の確保にも努めている。

リハビリのための病棟

このリハビリ病院としてのコンセプトは、病棟に端的に現れている。1フロア2看護、1看護34床前後を1単位とした病棟は、「尿瓶は絶対に使わない」「食事はベッドではなく、すべての患者が食堂でとる」といったリハビリに向けた徹底した姿勢を反映し、明快なプランニングとなっている。

分散トイレを前提とした病室群と食堂や浴室といった生活諸室を分離し、生活諸室は、スタッフステーションの周辺に集め、患者ゾーンとは明快に区分し、病棟中央に配置したスタッフステーションが、それらを効率的に運用し、効果的なリハビリが行える計画となっている。

本病院の特徴の一つである食事は、病棟配膳を徹底し、病棟毎に厨房を持ち、そこから患者の活力ともなる食事が、常に適温でサービスされる。病室は、個人の生活領域を大切にし、4床室においては収納家具によってそれを区分している。さらに患者の障害への配慮として、病室内の左右対称のレイアウト、一室おきに左右の勝手を変えたトイレ、浴室では、左右の勝手の異なるものを対で配置するなど、障害の違いに細やかに対応できる使いやすい設計としている。

病院食堂 厨房を併設し、出来立ての食事を提供。

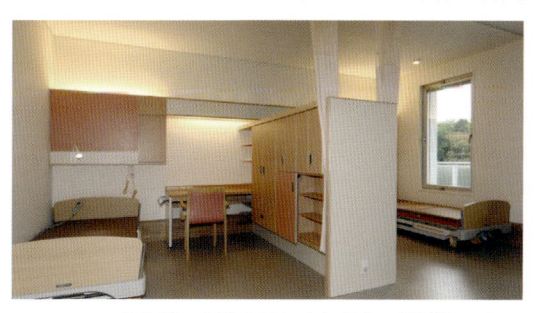

4床室 収納家具により個人の領域をつくる。

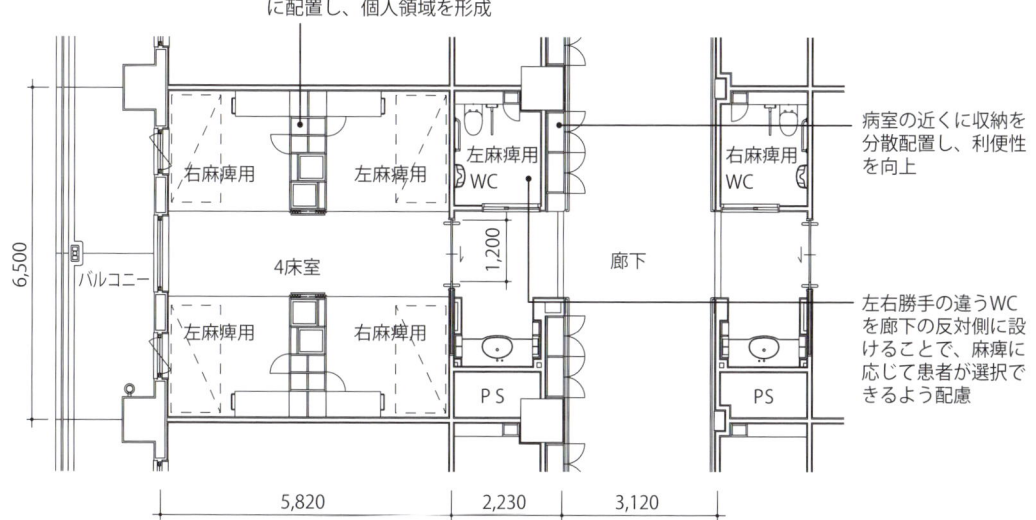

病院廻り平面図　S=1/180

緑の連続

外構計画では，敷地西側に控える夏見緑地の緑が連続するようにランドスケープデザインを行っている。駐車場には植栽を施し，東側の空地には，竹林を施した庭と遊歩道を設け，比較的広いスペースを確保できた敷地南側には，リハビリ庭園を設けて施設周辺を回遊できる計画としている。

さらに，理学療法室の屋上には屋上庭園も設け，そこに至るまでを市街地を想定したエスカレーターの乗降訓練の場としている。

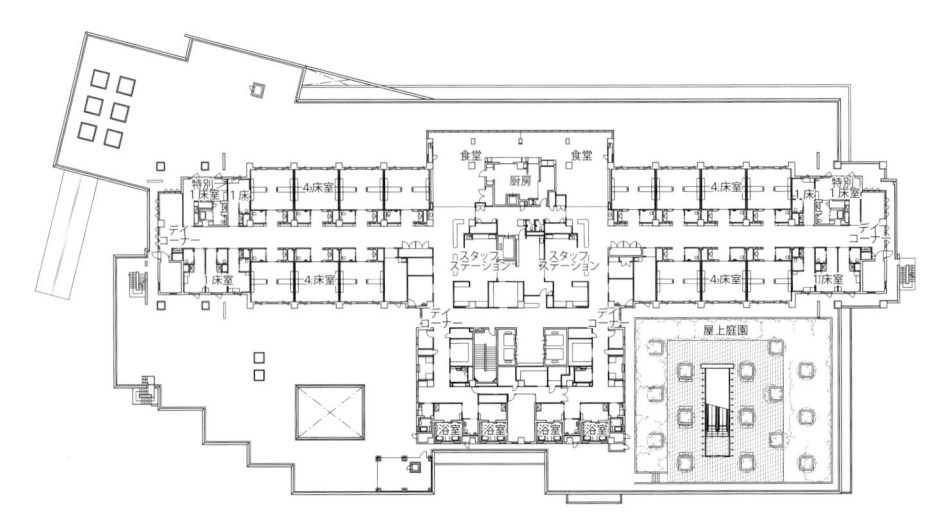

2階平面図　S=1/1000

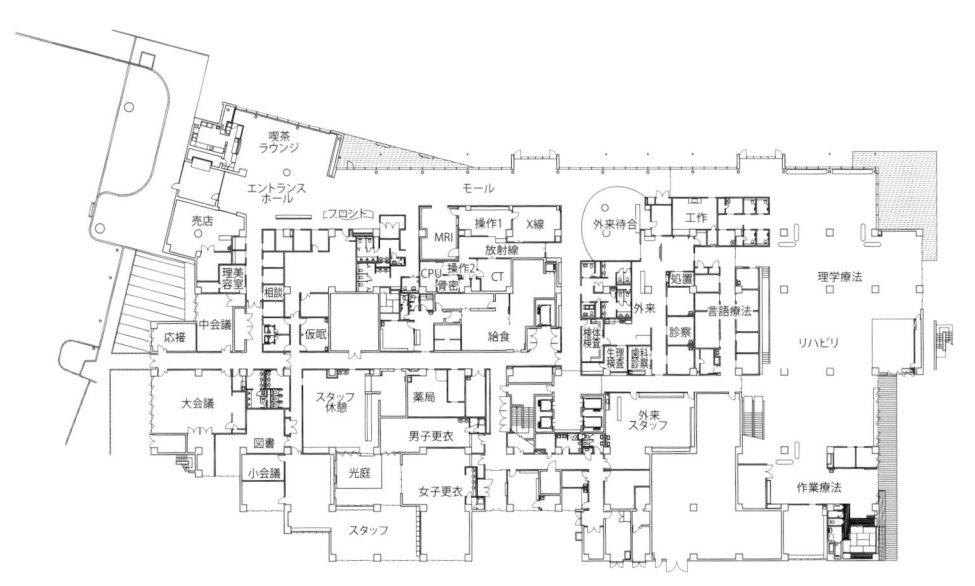

1階平面図　S=1/1000

フロント・モール 木仕上と間接照明により落ち着いた雰囲気を演出。

ラウンジ 定期的に演奏会も行われる。

遊歩道 ベンチを設置し，リハビリ訓練にも供される。

理学療法訓練室 天井高4m，リハビリ庭園に面す。

南側全景 背景に保存緑地である夏見緑地。

08　地域医療に貢献する医師会病院

　朝倉医師会病院の計画では，急性期病院としての機能整備はもちろん，医師会病院として，開業医を中心とした地域医療機関との連携や地域の医療従事者のスキル向上，地域住民の健康増進活動のサポートなど，地域医療に貢献するための機能充実が重要なテーマであった。
　一方，事業計画上の条件から初期投資を極力抑えることが求められ，そのため，院内動線をできる限り効率化して全体面積を低く抑えるなど，建設コスト縮減のためのさまざまな工夫を行っていることも，計画の特徴の一つである。

外観　アプローチから見る。

建築概要
名称　　　：朝倉医師会病院
所在地　　：福岡県朝倉市来春 422-1
建築主　　：社団法人　甘木朝倉医師会
設計監理　：株式会社　山下設計
施工　　　：建築：大成建設株式会社
病床数　　：300 床
敷地面積　：35,621m^2
建築面積　：6,711m^2
延床面積　：19,400m^2
構造　　　：鉄筋コンクリート造
階数　　　：地上 5 階
工期　　　：2007 年 10 月〜2009 年 1 月
写真撮影　：篠澤建築写真事務所

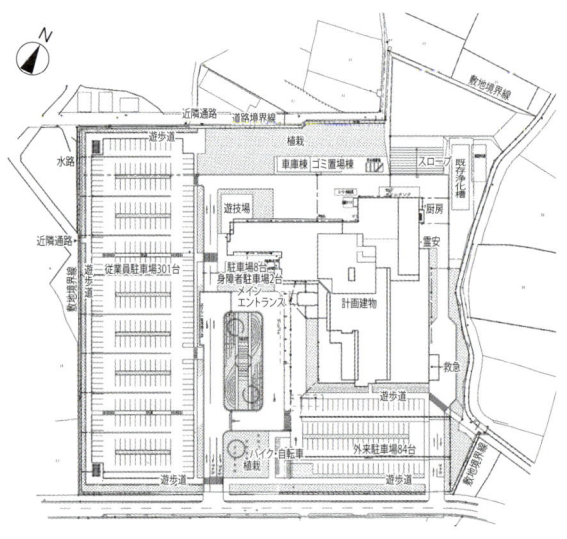

配置図　S=1/3000

朝倉医師会病院

設計コンセプト

「朝倉医師会病院」は，旧甘木朝倉医師会病院と旧医師会立朝倉病院の合併により開設された300床の急性期病院である。医師会病院として開業医を中心とした地域医療機関との連携に基づく完全紹介制および開放型病院の運営形態をとる病院であることから，地域医療連携関連機能や高度医療機能の充実が計画の重要なテーマであった。

さらに地域医療への貢献という観点から，地域の医療従事者等の研修，教育等を通したスキル向上や地域住民の健康増進活動のサポートも本院の重要な役割であり，そのための機能整備も計画上の大切な要素であった。

また，事業計画上の課題として建設コストの縮減があったことから，病院全体の床面積をできるだけ抑える必要があり，このような計画条件の中で当院に求められる機能をどのように実現するかが設計上の最も重要なポイントとなった。

既存病院への影響を避けた敷地利用

敷地は福岡市内から車で約50分，朝倉市郊外の緑豊かな住宅地の中にある。新病院はその旧甘木朝倉医師会病院の敷地内に建設し，その完成までは既存病院を継続利用することが計画条件であった。そのため，既存病院の建物が集中する敷地南西側を避け，敷地北東側のオープンスペースを新病院の建設位置とすることで，新病院建設による既存病院の外部動線や駐車スペースへの影響の最小化を図っている。

また，建設位置が敷地の北東側であることから，敷地への唯一のアクセス道路である南側道路から新病院までの距離が，新病院完成時に長くなりすぎることが懸念されたため，新病院の平面形状を南と西にウイングが伸びるL型平面とし，病院の主玄関を南に伸びるウイングに設定することで，道路から主玄関までの外部動線の短縮化を図っている。

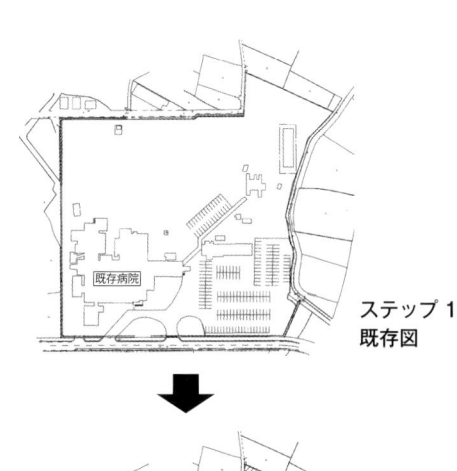

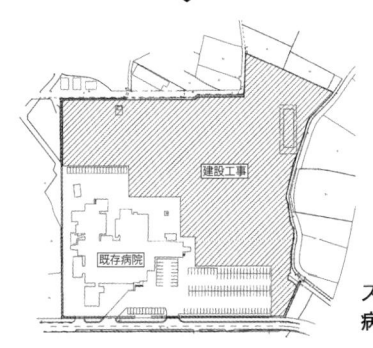

ステップ1 既存図

ステップ2 病院建設工事

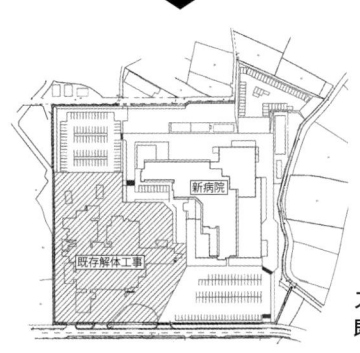

ステップ3 既存解体・外構工事

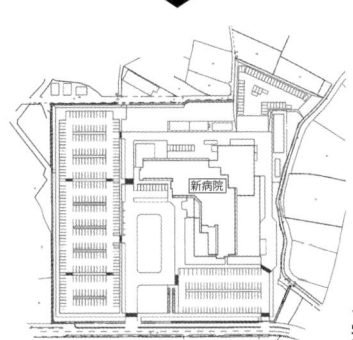

ステップ4 完成

合理的な施設構成による面積効率の向上

　計画条件として与えられた床面積約63㎡/床は，近年の急性期病院としてはかなり低い値である。そのため，施設構成の合理性を追求することで動線を最短化し，動線部分の全体面積に占める割合を縮減することで，与えられた床面積を最大限有効に活用することができるように計画した。特に，縦動線をL型平面のコーナー部分に集中的に配置した上で，エネルギー（1階），厨房（2階），手術部・中央滅菌材料室（3階）などの部門を各階のL型コーナー部分に集約配置することで，院内のエネルギー，物品や給食，搬送患者等の動線の最短化を図ったことが施設構成上の大きな特徴である。

研修・医師会・託児所の集約配置

　医師会病院として地域の開業医師や医療従事者への臨床研修や生涯教育の場を提供するため，研修施設（研修ホール・研修室等）と託児所，医師会事務所等を，L型平面の西に伸びるウイングの端部に集約している。これら診療機能以外の必要諸室を集約配置することで，病院全体の面積効率を高めるとともに，専用玄関を設けて，地域への開放なども含め，病院の運営時間に関わらず独立した運用が可能な計画としている。

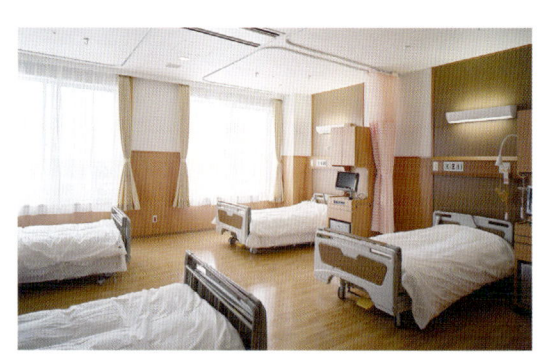

4床室

1床室

食堂・談話室

1階待合ホール

風除室

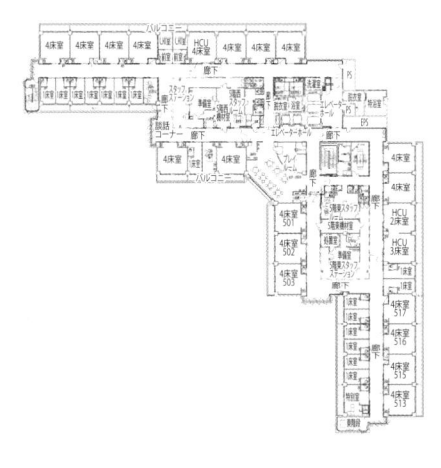

5階平面図　S=1/1500

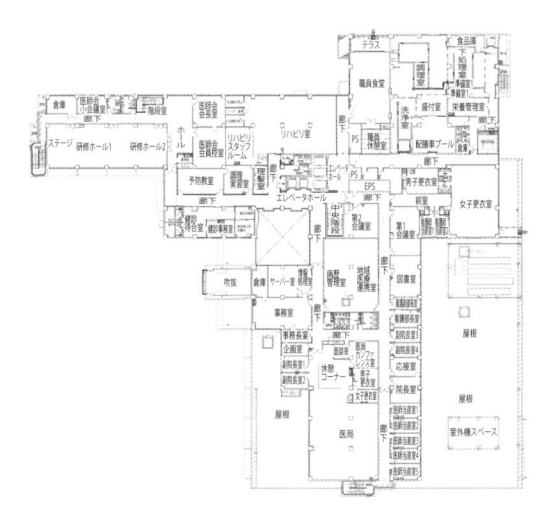

2階平面図　S=1/1500

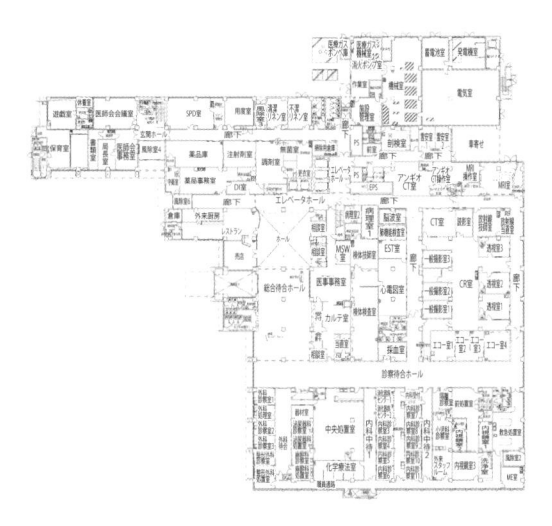

1階平面図　S=1/1500

09　コンパクトに機能を凝縮した個室的多床室

リハビリパークからの眺め

建築概要

名称	：村立東海病院
所在地	：茨城県那珂郡東海村村松 2081-2
建築主	：東海村
設計監理	：株式会社 伊藤喜三郎建築研究所
施工	：建築／戸田・日立土木・河野 JV
病床数	：80 床
敷地面積	：18,479 ㎡
建築面積	：3,605 ㎡
延床面積	：7,202 ㎡
構造	：RC 造 一部 SRC 造
階数	：地上 3 階，塔屋 1 階
工期	：2004 年 11 月〜2006 年 3 月
写真撮影	：東京 SSC

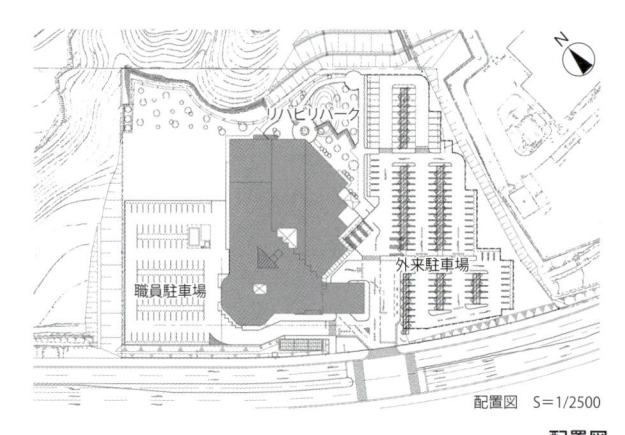

配置図　S=1/2500

配置図

村立東海病院

はじめに

村立東海病院は，茨城県東海村に2006年5月にオープンした公設民営方式の自治体病院で，公益社団法人 地域医療振興協会が指定管理者として運営を行っている。入院病床80床（一般40，療養40）の小規模病院ながら，救急の随時受入れや，健診・リハビリテーションなどの機能を充実し，多い日には300人を超す利用者がある。

2階屋根の屋上緑化

自然との調和

建物の外観は，レンガの荒積みをイメージした重厚な風合いとし，建物と周囲の自然が一体となるようなランドスケープデザインとした。また，療養病棟のある2階の屋上と，最上階の展望テラスには緑化ガーデンを設け，周囲の緑との調和を図り，入院患者や職員の目を楽しませている。

外来待合ホール

フローリングの外来，トップライトのある診察室

毎日の外来患者数が多いことから待合スペースを分散し，光庭は天窓・高窓から自然光を取り入れ，明るく開放的な屋内空間の創出に努めた。また，外来の床をフローリング張りとして，自然素材の温もりのある雰囲気作りをめざした。さらに「診察室にも自然採光を」という病院職員の要望に応え，診察室や処置室にもトップライトを設けた。これはあまり例のない試みであるが，待合室から入った瞬間，室内が非常に明るく，それに目を奪われて緊張を和らげるという利点もありそうである。

MRI室

扇形の個室的多床室

　病棟における形態上の特色は，放射状に配列した扇形の個室的多床室である。これは，病室の前の廊下を湾曲させてホール状にすることによって，看護動線を短縮するとともに各病室の見通しを良くし，ベッドや車いすの出入りを容易にしようと発想したものである。その結果，病室内の各ベッドの独立性が高まり，廊下側のベッドにも間口約80cmの窓を取ることができた。さらに，廊下と病室を合わせた面積が，従来の凸形の個室的多床室に比べて約18％小さくなり，病棟そのものの床面積を縮小することができた。

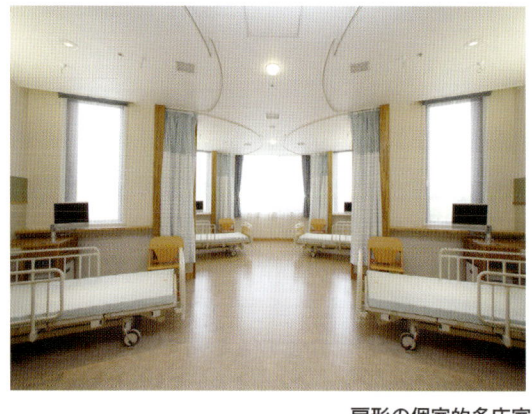

扇形の個室的多床室

1床室

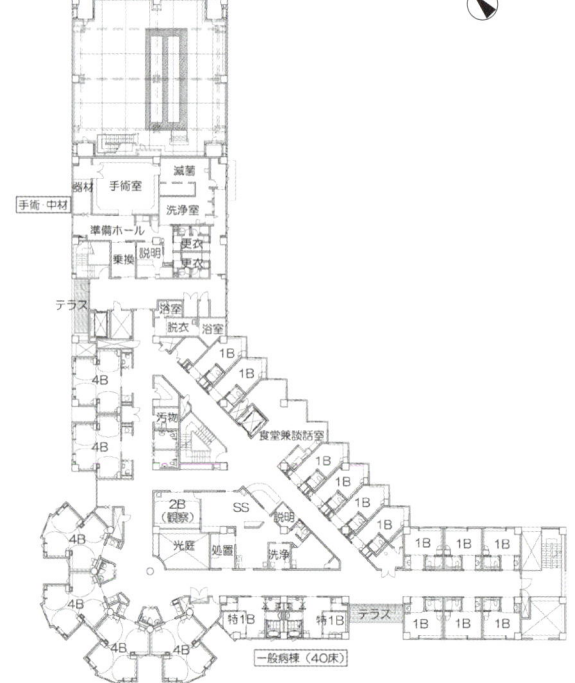

3階平面図

病棟廊下と階段室

オール電化と太陽光発電

東海村は，地球温暖化対策の推進や自然エネルギーの導入に力を入れている。そこで，クリーンで効率的なオール電化方式を採用し，夜間電力を利用した氷蓄熱式空調，躯体蓄熱式床暖房，ヒートポンプ式給湯などの電力平準化システムを併用している。さらに，駐車場の上部を太陽光発電プラントにするという発想で，最も発電効率の良い角度でソーラーパネルを設置している。発生した電力は病院の主電源に協調させて無駄なく消費するシステムで，最大出力の63kWは外来の照明全てをまかなうことができる。

西側鳥瞰　外来駐車場に太陽光発電

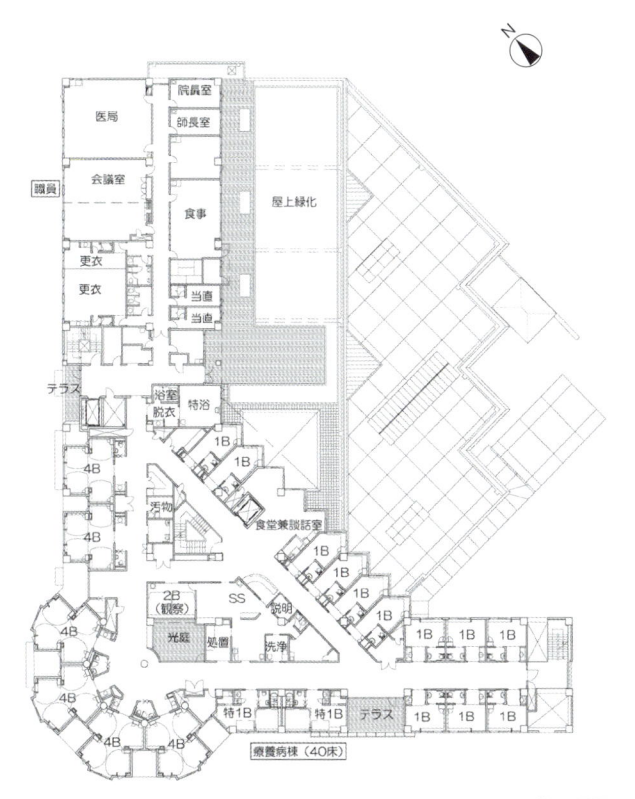

2階平面図

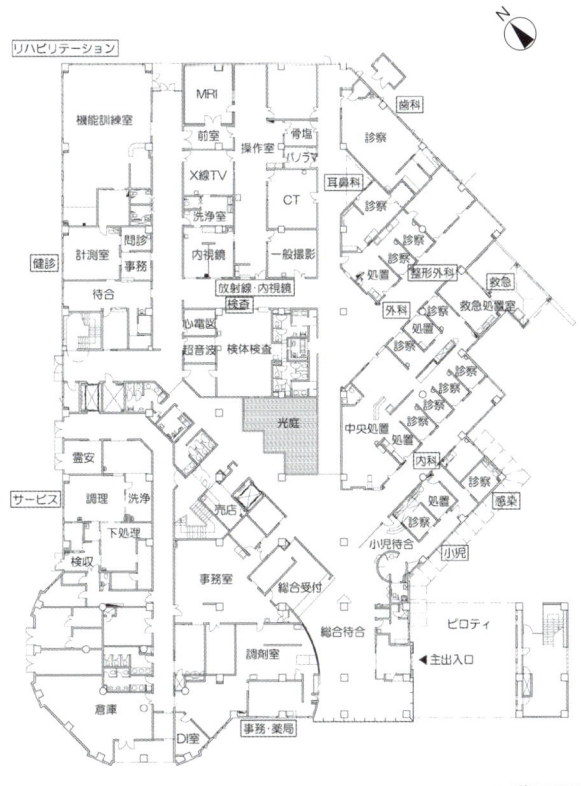

1階平面図

10　子供と家族の視点を重視した小児医療専門病院

　子供と大人の最も大きな違い，それは，子供達が"日々成長する存在である"ということにある。子供の健やかな成長を促す環境づくりは，治療や療養のための空間においても大切にされるべきものであり，その実現のためには，親や兄弟など家族との細やかなふれあいを促す空間づくりや，子供に家族の不安な気持ちを感じ取らせることのない環境づくりが不可欠である。このような考えに基づき，「宮城県立こども病院」の設計コンセプトを"家族が元気になることで子供も元気になる－「元気の出るファミリーホスピタル」"とした。

外観　"家のような"要素により構成し，こどもたちに安心感を与える。

建築概要
名称　　　：宮城県立こども病院
所在地　　：宮城県仙台市青葉区落合4-3
建築主　　：宮城県病院局
設計監理　：株式会社 山下設計
施工協力　：環境デザイン研究所，石井幹子
　　　　　　デザイン事務所，関口怜子，杉山 丞
施工　　　：(建築) 大成・日産・奥田JV
病床数　　：160床
敷地面積　：39,227㎡
建築面積　：8,504㎡
延床面積　：18,870㎡
構造　　　：鉄筋コンクリート造（免震構造）
階数　　　：地上4階，塔屋2階
工期　　　：2001年12月～2003年10月
写真撮影　：㈲菅野哲也写真事務所

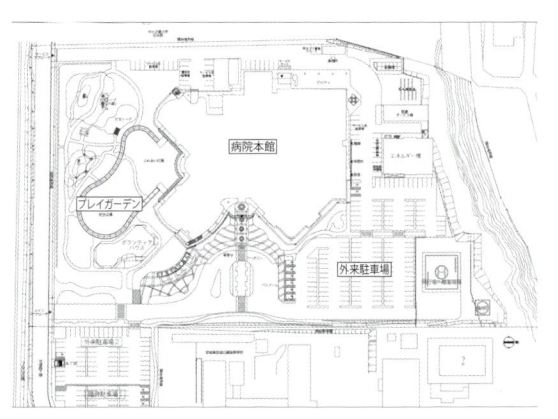

配置図　S=1/4000

宮城県立こども病院

子供と家族をサポートする空間づくり

「宮城県立こども病院」では，"おうち"を連想させる外観や"おとぎの国"のようなインテリアなど，ここで治療を受ける子供達に安心感を与えるデザインを随所に施すとともに，より手厚いケアを実現する小さな看護単位（18床）や，家族と一緒に過ごすことができる病室，ときに親が一人になれる部屋の設置など，"子供と家族の視点"から改めて捉え直した空間，環境づくりを行っている。

さらに，高度小児医療の実現のため，3階ワンフロアに手術，ICU，NICU，MFICU，産科等を集約し，高度な集学的医療や成育医療の実現を目指している。

また，空間構成上，治療空間と生活空間を厳密に区分することで子供の不安感を取り除くとともに，"遊び"や"学び"を通して子供達の成長を支える場"成育支援空間"を設定していることも特徴の一つである。

4層吹抜の中央待合「まほうの広場」 上下するお菓子の家や大きなポスト，不思議なカウンターなど，見ているだけでも楽しげな空間がこどもたちを迎える。

育成支援空間に設けた図書室

総合受付 楽しげな雰囲気のエントランスホール。

プレイルーム 遊びは成長に欠かせない重要な要素である。

子供の生活リズムを大切にした施設構成

入院によって学校から隔絶されることは子供達にとって大きなストレスとなる。「宮城県立こども病院」では，子供達は"いえ"である病室から"まち"にある学校へ登校することで，普段の生活リズムを入院中でも保つことができるよう，あえて病棟から離れた位置に教室を設けている。教室は，病院の中の"まち"としてデザインされた"成育支援空間（1階）"に設け，図書室やプレイルーム，リハビリテーション等と近接配置することで，各々と有機的に連携する"学びの場"となるように計画している。

また，"成育支援空間"とつながる南側のプレイガーデンには，屋根付回廊に沿って花壇や菜園，自然林，ビオトープ等を整備し，子供達の教育や家族の癒しの場として活用できるよう計画している。

多岐にわたる専門家とのコラボレーション

本計画の特徴の一つに，医療や看護，家族，癒しの環境，運営，建築などの多方面の専門家の，設計当初から施設完成までの各段階における計画への参画がある。特に施工段階においては，仙台在住の美術家や建築の学識経験者を交えた会議体により，色や形などのデザインの細かな検討，モデルルームを用いた病室のディテールの検証を繰り返し行なった。このような形で意見を集約し，それを施設計画にフィードバックしていくことに多くの労力が必要となったが，それにより小児医療専門病院に求められる空間や環境の質をより高めることができている。

病棟ホール 小さなユニットでの手厚いケアを実現するスタッフコーナー，円形は「病室＝いえ」の入り口となる。

1床室 自分の部屋のような病室内部，奥が家族のスペース。

プレイガーデンのビオトープと自然林 こどもたちの教育や癒し，イベントの場として活用されている。

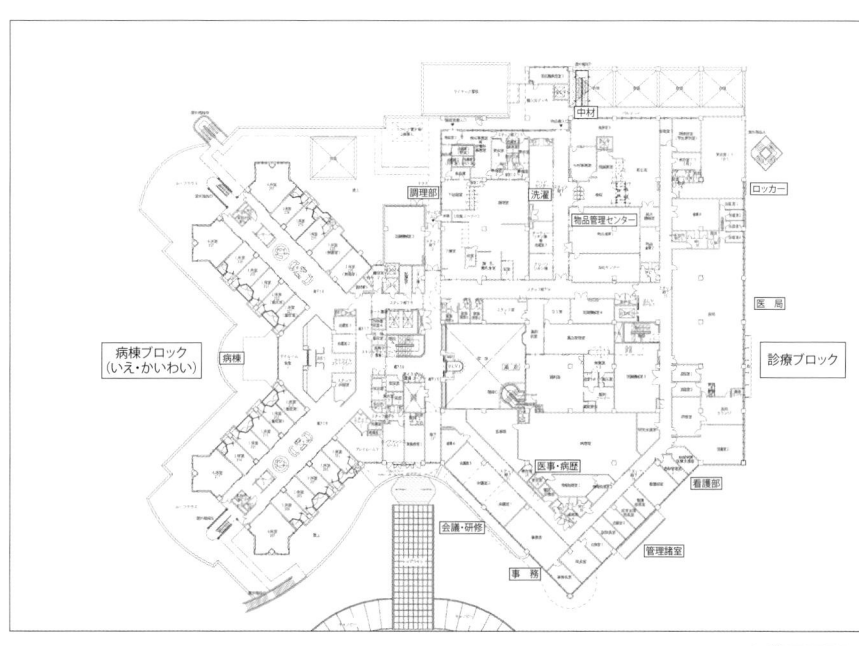

2階平面図　S=1/1200

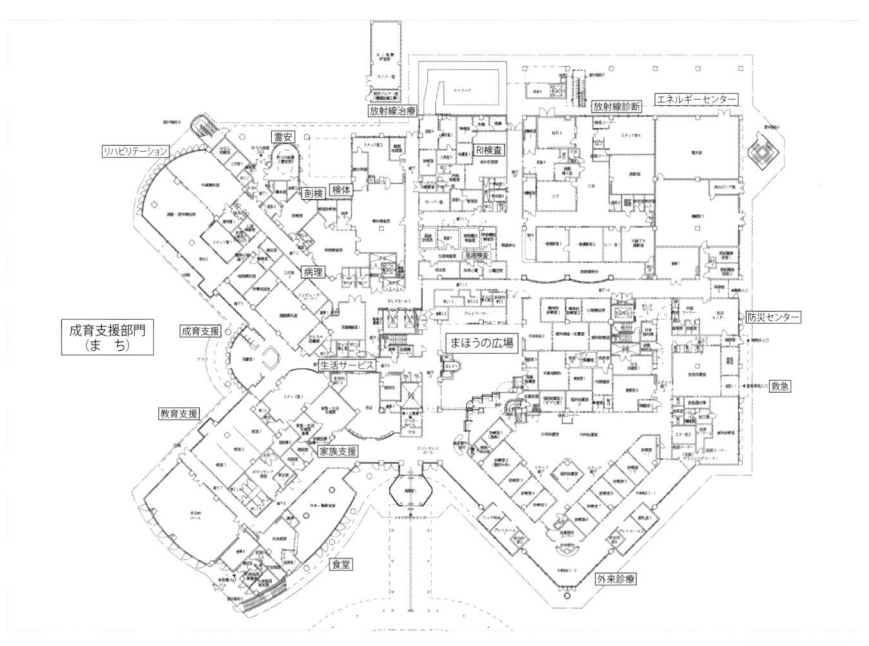

1階平面図　S=1/1200

11　超都心に「お産の家」をつくる

聖路加産科クリニックは，財団法人聖路加国際病院が新たに開設した自然分娩に特化した施設である。ここでは母子ともに健康な方を対象に，医療の介入をどうしても必要なものにとどめ，妊婦が本来もつ力を活かした分娩を主として助産師がサポートする。妊婦の「産む力」を最大限に活かすため，緊張や不安を和らげ，家族に見守られながらお産ができる「我が家」のような環境づくりが設計のテーマとなっている。

2階外来待合　窓際に木格子を設け，心安まる雰囲気を演出した。一緒に連れて来るお子さんのためにプレイコーナーを設けている。

建築概要

名称	：聖路加産科クリニック
所在地	：東京都中央区明石町1-24
建築主	：財団法人 聖路加国際病院
設計監理	：清水建設株式会社
施工	：清水建設株式会社
病床数	：19床
敷地面積	：424.88m²
建築面積	：294.06m²
延床面積	：1,724.29m²
構造	：鉄筋コンクリート造
階数	：地上7階
工期	：2009年7月～2010年5月
写真撮影	：エスエス東京　島尾　望

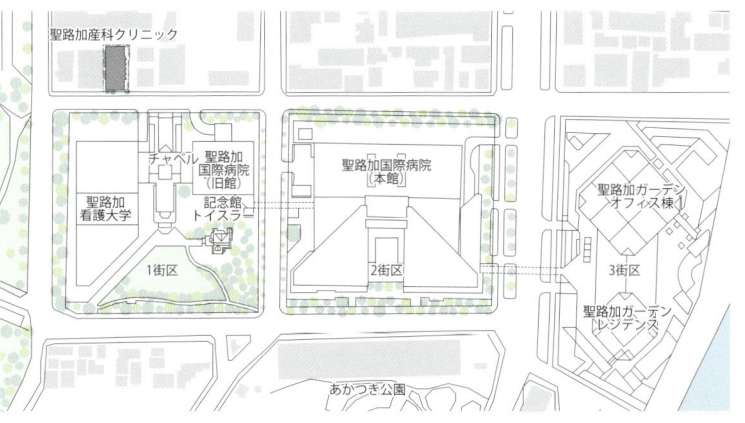

配置図

聖路加産科クリニック

超都心に「お産の家」をつくる

聖路加国際病院は，19年前の全面建替え以降も常に時代の先端をいく経営方針のもと増改修が行われ，今日に至る。産科クリニックもそのひとつである。本院の産科は，我国で初めて全室LDRとした分娩部で名高いが，お産は分娩台の上で医療的管理の基に行われている。それに対しこのクリニックは，母子ともに健康な方を対象とし，妊婦が本来もつ力を活かした自然分娩をサポートすることに特化している。一見，時代に逆行しているように思われるが，「自分と家族の力で産みたい」という考えをもつ女性は都会を中心に増えつつある。

そこで，妊婦がもつ「産む力」を最大限活かすため，緊張や不安を和らげ，家族に見守られながらお産ができる「わが家」のような環境を創り出すことを設計のテーマとした。具体的には，小さな庭付き二階建ての家をイメージした。敷地は，築地駅から5分の超都心に位置し，三方をオフィスビルやマンションに囲まれている。正面には病院の豊かな緑地を臨み，聖路加のシンボルであるチャペルの塔が間近に見える稀少な場所である。

「二階建ての家」を2つ重ねる

お産と産後を過ごす4層にまたがったエリアは，「庭付き二階建ての家」を2つ積み重ねた構成とした。下の階のリビングルームに面して緑を配した「庭」をしつらえた。「庭」の上は吹き抜けており，上の階からその様子が見えるようになっている。なお，この断面構成は助産師の助産システムと合致するように計画した。助産師は4チームに編成されており，同じチームで妊娠期の外来からお産，そして産後までを継続して担当する「チームプライマリー」と称するシステムを採っている。外来から継続してかかわることで，妊産婦・家族と助産師に信頼が築かれ，安心しの考えからである。下の「家」（3・4階）を2つのチームが利用し，上の「家」（5・6階）を他の2チー

建物外観 お産のフロア（3〜6階）は庭付き2階建ての家を二つ重ねた構成とし，わが家にいるように感じられる空間となっている。

廊下より外来待合を望む 格子は1枚おきに開けられるようになっており，日射や視線をコントロールする。

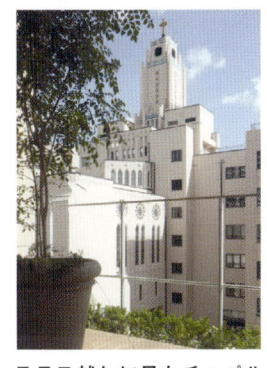

テラス越しに見たチャペル 木の格子戸を開けると「庭」（テラス）の縁越しに聖路加のシンボルであるチャペルが見える。

外来待合のプレイコーナー 格子は，ガラスの「衝突防止」の役割も担っている。

ムが使用する。

インテリアについても戸建感覚を重視し，木質系でまとめた。リビングルームや外来待合の大きな窓の内側に，木製の格子を設け，格子の隙間から洩れる陽の光がやわらかな雰囲気を室内に与えるようにしつらえた。夜には，格子越しに室内の明かりが街並みに浮かび上がり，夜間，お産にくる方を温かく迎える。お祝い礼拝の際に木格子から光が差し込み感極まって涙を流す方も少なくない。

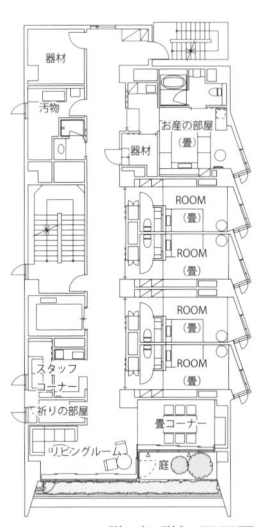

3階（5階）平面図 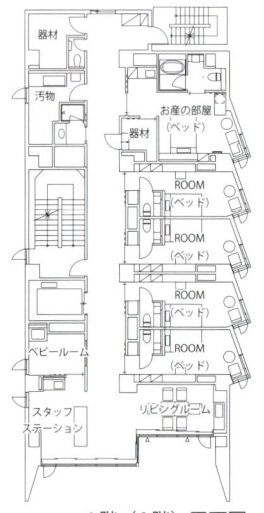　　4階（6階）平面図

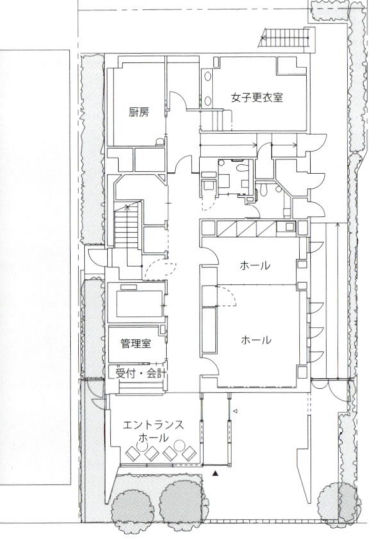

1階平面図 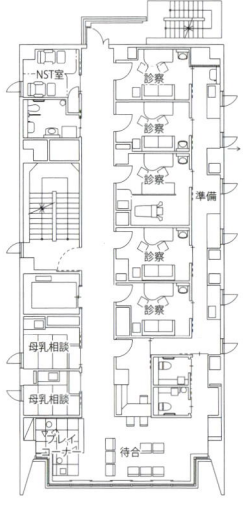　　2階平面図　S=1/400

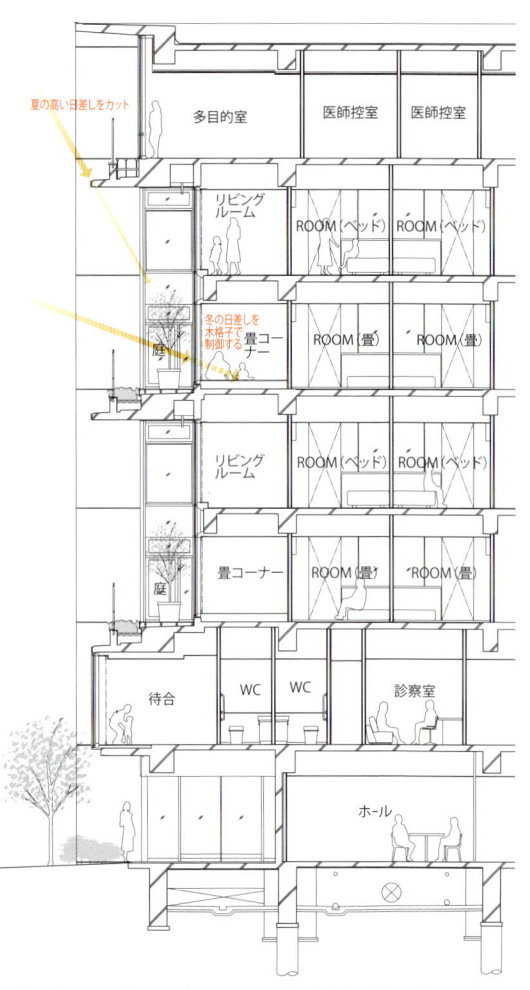

リビングルームのカーテンウォール内側に設けた木格子には，内外観の演出以外にさまざまな役割がある。ひとつは，「目隠し」としての機能。産後の若い女性が，外から見られないように，と考えた。もうひとつは，リビングルームへ差し込む陽射しを制御する機能である。リビングルームはほぼ真南に向いており，窓にはLow-eガラスを使用しているが，さらに，夏場の高度の高い日射はテラスでカットし，冬の低い日射は格子で適当な量に制御できるようにした。また，利用者は上の子どもを連れてくることが多いので，ガラスの「衝突防止」の役割も担っている。

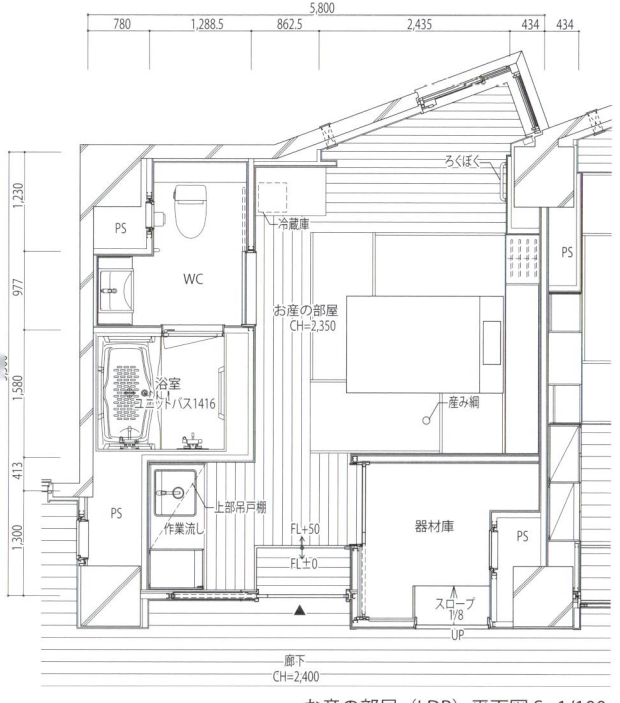

お産の部屋（LDR）平面図 S=1/100

お産の部屋　お産の部屋には「分娩台」がなく，「産み綱」や「肋木」など楽な姿勢で出産できる仕掛けを設けている。

お産のフロア　ラウンジ　生まれたばかりの赤ちゃんを囲んで家族が集うリビングスペース。3・5階は，たたみのこあがりを設けている。4・6階のラウンジには沐浴指導を行う家庭用の流しがある。

南側全景　オフィスやマンションに囲まれた都心の一角に建つ。南側には聖路加国際病院敷地の豊かな緑や，チャペルがある。

産後を過ごす部屋（ROOM）　洗面所に窓を設け，ベッドの新生児の様子が見えるようになっている。

12　住宅的なしつらえで構成されたリハビリ病院

気づきの医療

　本法人の中心的な理念である「気づきの医療」への理解からこのプロジェクトは始められた。生活（要求）と治療プログラムや空間装備との矛盾に気づくこと。その矛盾を解決するために，治療プログラムや空間装備を変えていくこと。いうまでもなくリハビリの最終的な目標は在宅復帰にあるため，この「気づくための装置」として，家庭や地域での生活で想定される場面を可能な限り用意する，場面としての選択肢を豊富に提供するという考え方である。

建築概要
名称　　：千里リハビリテーション病院
所在地　：大阪府箕面市
建築主　：医療法人社団　和風会
設計監理：株式会社　共同建築設計事務所
　　　　　株式会社　E-DESIGN／ランドスケープデザイン
施行　　：株式会社　大林組
病床数　：172床（うちI期工事91床）
敷地面積：3,722㎡
建築面積：2,033㎡
延床面積：7,254㎡
構造　　：鉄筋コンクリート造
階数　　：地下1階　地上3階
写真撮影：株式会社　仲和／野口兼史

千里リハビリテーション病院

12LDK の住居ユニット

　回復期リハ病棟（A・B ユニット：1～3 階）は，12LDK という大きめの住宅（ユニット）として計画されている。ユニットの玄関では，上下足のはきかえを行う（病棟以外はすべて下足）。玄関の正面には，LDK（リハビリスペース）を配置し，ここを中心に東西 6 室ずつに，居室群は 2 グループ化されている（トイレ付グループと共用トイレグループ）。居室の標準装備は，洗面台・デスク・クローゼット・冷蔵庫・ルームエアコン。（ユニット詳細図）

　本病院では，起床後と就寝前の時間帯を「リハビリのためのゴールデンタイム」と位置づけている。起床後に居室で洗面を行い，クローゼットから衣服を取り出して着替え身づくろいをする。LDK に出かけていって朝食を準備する，もしくは用意された朝食をとる。就寝前には，入浴後リビングでくつろぎ，寝巻きに着替えて洗面就寝，といった在宅で行われる一連の行為のプロセスすべてに，セラピストがかかわり機能改善の手助けをするというシステムである。

LDK（リハビリスペース）

居室

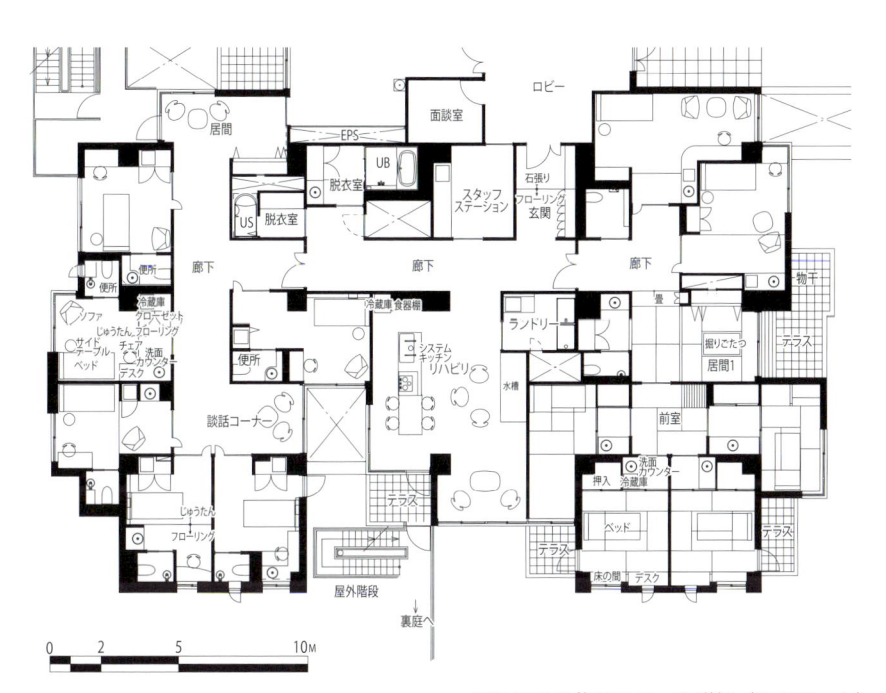

12LDK の住居ユニット詳細（B ユニット）　S＝1/300

和室ユニット

自宅のしつらえが和室中心である患者のために，Bユニット南東部に4室セットの和室ユニットを用意した。濡れ縁つきの小あがりの居間と，洗面・トイレを4室で共有した和室群である。洗面台・文机・床の間・押入れ・冷蔵庫を標準装備とし，患者の状態によりベッドか布団の選択も可能である。和室ユニットの入り口では，上足をぬいで畳廊下に1段（50mm）上がる。裸足の状態で畳の上を歩くという場面をつくり出すためである。

ちなみに，和室ユニット以外のメジャーな床材は天然木フローリングである。この仕上げを居室の廊下際（洗面エリア）まで持ち込み，ベッド廻りはやわらかめのじゅうたんとしている。ユニット玄関からロビー，外廊下にかけては天然石，テラスや中庭は南洋材デッキ，というように素材による歩行感にバリエーションをもたせている。

特室ユニット（3階）

3階のEユニットは，集合住宅（マンション）をイメージした特室ユニットとして計画した。1LDK（1戸のみ2LDK）の完結した住居としての装備を整えている。EVホールからは，一旦外部に出て路地を経由して各住戸にアクセスする。玄関前ポーチスペースのしつらえや玄関ドアに鍵がかかることなども，通常の集合住宅の装備と同じである。また，端部の3戸には専用庭も用意した。

食事スペース

食事はユニット内のキッチンで患者自ら調理することもできる（食材はレストラン・キッチンから提供）。特に女性の場合，発症前の生活での「日々献立を考える」という能力の回復を促すというリハビリ意図がある。また，2階のレストランでは，管理栄養士の指導のもと多彩なメニューから自ら組み合わせを選択できる。選択した献立に関しては，カロリーや各栄養素のデータがレシートで提供され，このデータを題材に栄養士と相談しながら翌日の食事メニューを話し合う，といった光景が展開されている。栄養摂取に関する自己管理能力の回復を図るという意図である。

レストランには，いったん外部に出て飛び石状の路地を経由してアプローチできる仕掛けも用意した。在宅復帰後の街中での一場面をイメージしてのことである。

和室ユニットの居室

レストラン

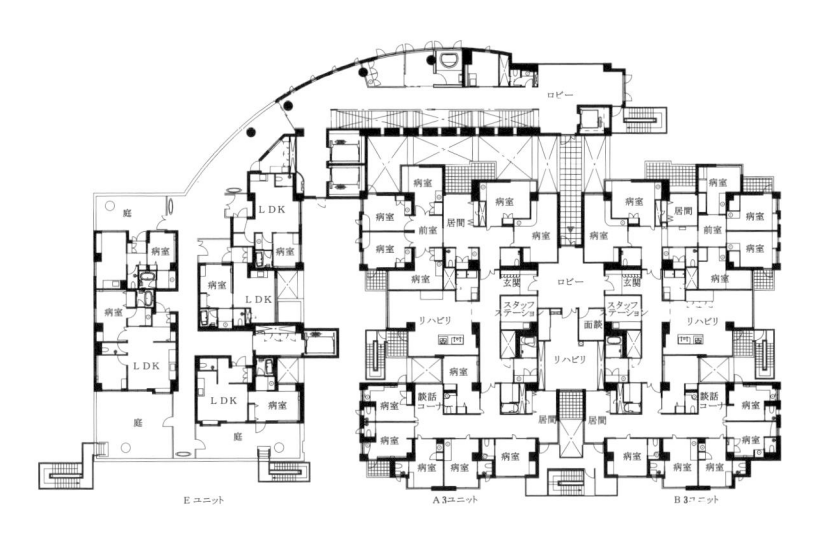

3 階平面図

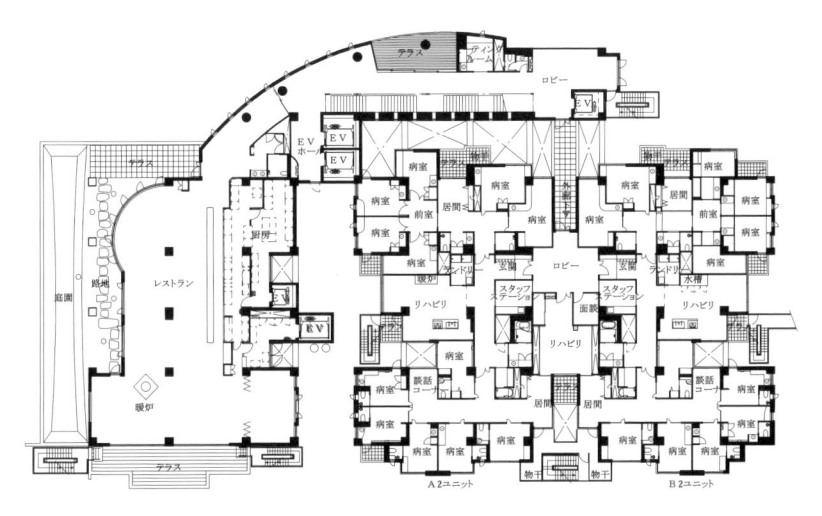

2 階平面図

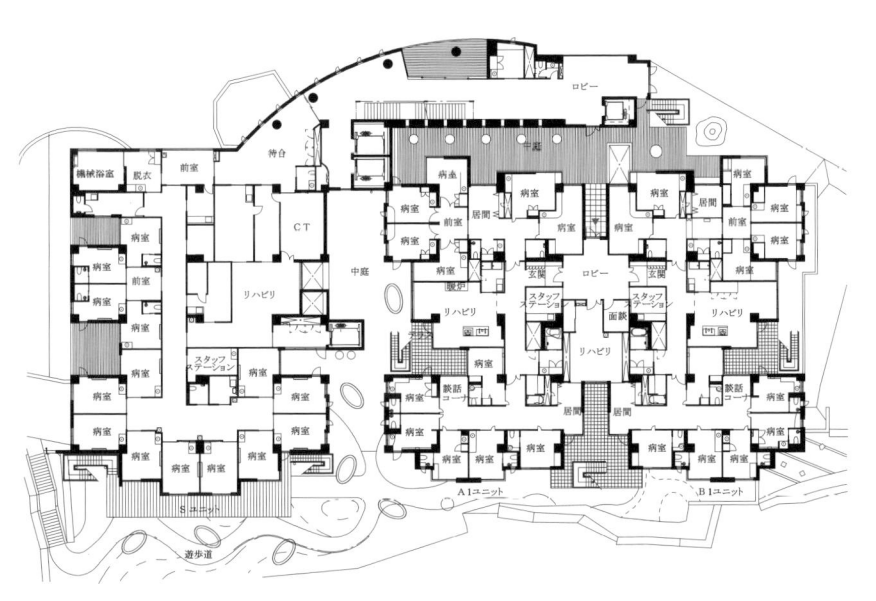

1 階平面図

13　田園風景になじむ「外剛内柔」型構造の病院

　小江戸川越と称され，伝統的町並みを残す中心市街から車で5分程の距離にある病院の新築・移転計画である。周囲はまだ水田を主とする田園風景が残る新しい敷地に147の病床と中央診療部門（手術，X線，CT，リハビリ，救急）と供給・管理事務部門を移転し，既存病院をクリニックとして改修・再生させるというのが，病院機能上のプログラムである。

南側外観

建築概要
名称　　　：康正会病院
所在地　　：埼玉県川越市大字山田字西町316番地他
建築主　　：医療法人康正会
設計監理　：株式会社　竹中工務店
施工　　　：株式会社　竹中工務店
病床数　　：147床
敷地面積　：5,933.07㎡
建築面積　：2,311.37㎡
延床面積　：6,112.80㎡
構造　　　：鉄筋コンクリート造
階数　　　：地上3階
工期　　　：2007年11月～2008年8月
写真撮影　：村井　修

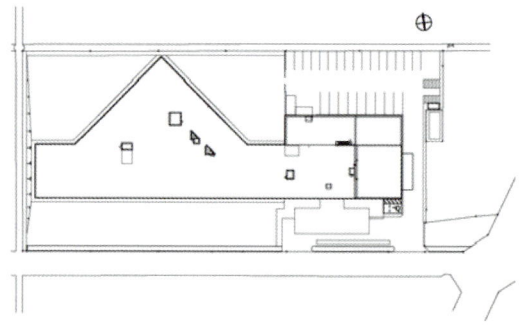

配置図　S=1/2000

康正会病院

設計コンセプト

新築建物は田園風景になじませるため3階建とし，日影規制をクリアするためほぼ全体を10m以下の低層建築とした。さらに病棟と診療・事務部門を平面図的に分離させることで，建物構造の合理化を図った。結果としてローコストも実現している。外観上は，建物構造がもつ特徴を生かしながら，白い壁が離散的に連続する形式をとり，ヴォリュームを水平方向に分節している。

平面図計画上の工夫

将来の増築可能性を考慮し，西側および北側敷地へ抜ける内部動線を確保した。

病棟部門では1窓／1患者を原則とし，プライバシー確保のため，1床室とサンデッキ型2床室のみの病室とした。病棟面積は30㎡／床を目安にしながら，真北向きの病室を排除し，看護動線の短縮化を図るため三角形平面を採用した。

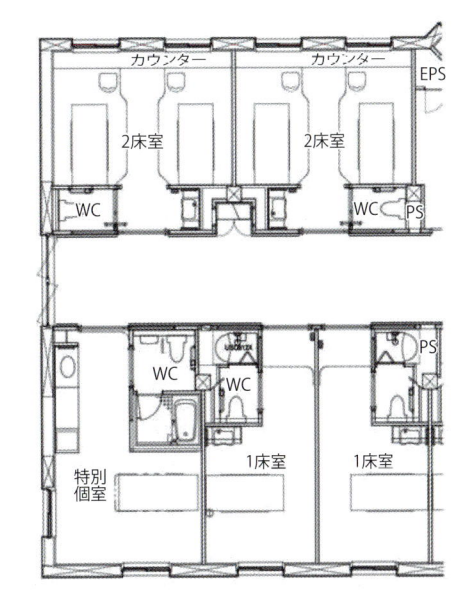

病室詳細図　S＝1/200

2床室

北側外観

構造・設備上の工夫

断面計画上階高を3,200mmに絞り込みながら天井高さは2,500mmを確保，かつ三角形平面となった病室部分とスタッフコアの柱割の整合性を図るため，廊下部分の床構造をフラットスラブとし，異なる柱割のブロック同士を接続した。

また柱頭どうしをつなぐ扁平梁の採用により，天井内設備の取り回しを容易にし，将来の設備改修にも備えている。水平力を負担させるため，外壁部分は壁柱と壁梁が一体となった「ウォールガーター」方式を採用。「外剛内柔」型の構造方式で平面計画上も将来にフレキシビリティを確保した。

建設工事時の環境配慮

廊下下部の地下ピットに設備主動線（水平方向）を集約し，建物外周のピットを省略（マットスラブ化）することで，土工事の低減を図り，場外搬出土を低減した。土中の生態系存置とともに残土搬出車両の排ガス削減にも大きく貢献している。

病床スタッフステーション

エントランスホール

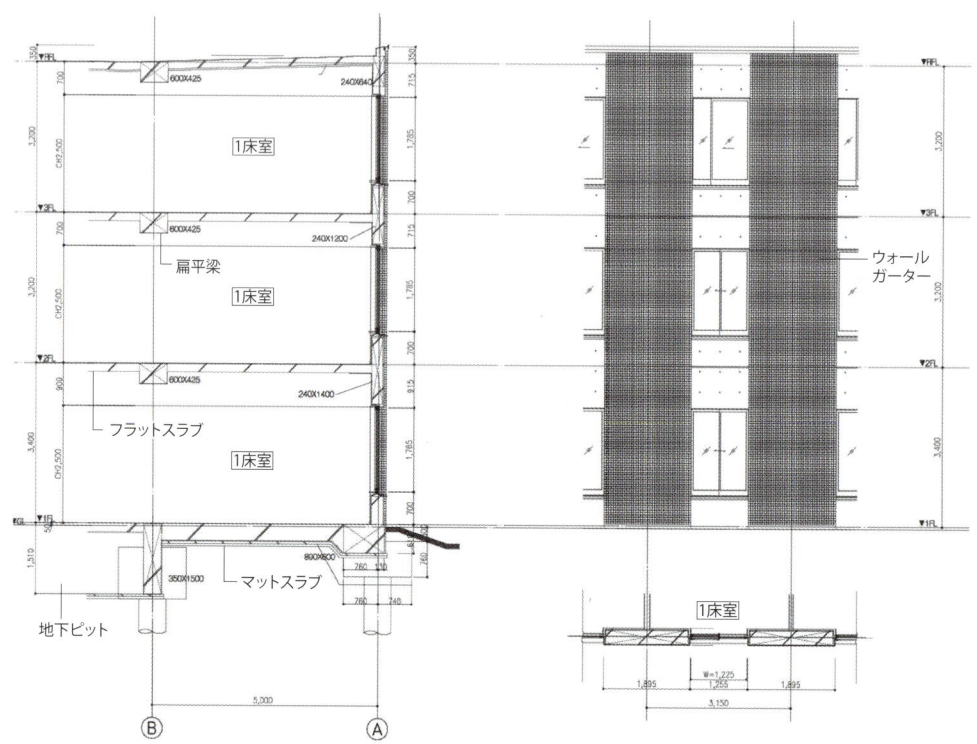

矩計図（平面図，断面図，詳細図）　S＝1/150

北庭より建物をのぞむ

1 階平面図　S=1/1000

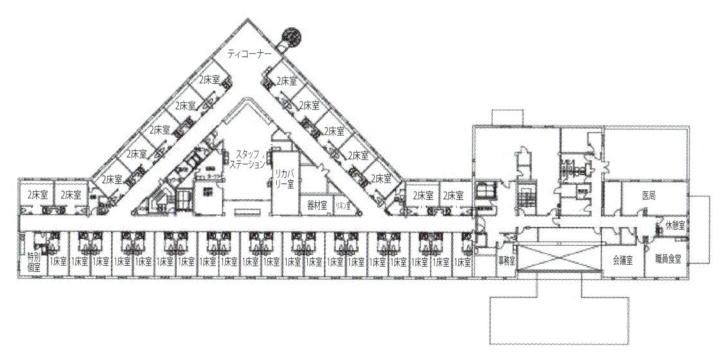

1 階平面図　S=1/1000

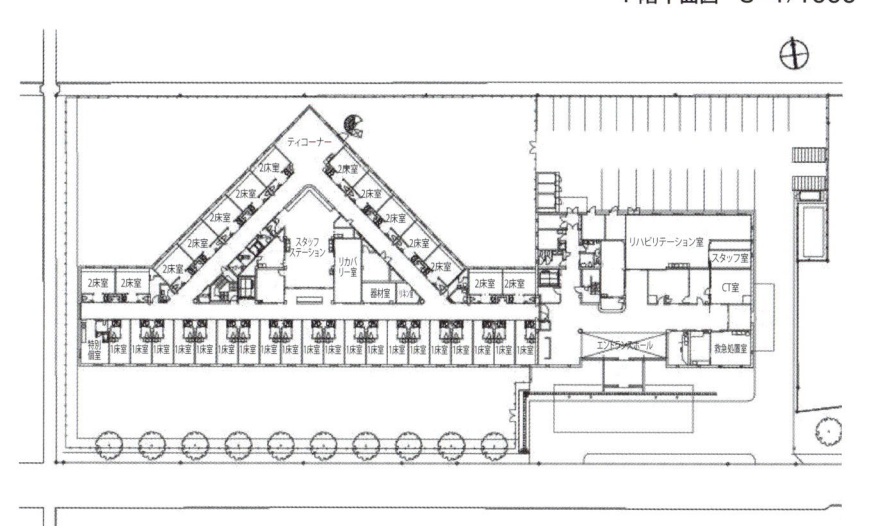

1 階平面図　S=1/1000

【監修・執筆】 長澤　泰　Yasushi Nagasawa
　　　　　　 1968年　東京大学工学部建築学科卒業
　　　　　　 1978年　北ロンドン工科大学大学院修了
　　　　　　 1994年　東京大学工学部建築学科 教授
　　　　　　 現　在　工学院大学副学長・建築学部長，東京大学名誉教授，工学博士

【編修主査】 小松正樹　Masaki Komatsu
　　　　　　 1972年　京都大学大学院修了，清水建設株式会社入社
　　　　　　 2012年　同 専務執行役員 設計・プロポーザル統括 兼 プロポーザル本部長
　　　　　　 2013年　同 常任顧問（〜 2014年）

【編修・執筆委員】
　　　山下哲郎・筧　淳夫（以上工学院大学 建築学部 教授）
　　　馬場祐輔，山谷雅史，新井　貴，木村敏夫，榎並和人，古井利和
　　　（以上 清水建設）

【執筆委員】 中山茂樹（千葉大学大学院 建築・都市科学 教授）
　　　柳　宇（工学院大学建築学部 教授）
　　　中田康将，板谷善晃，河原崎澄子，鳥山亜紀，堀　伸光，大石　茂
　　　中島仁志，後藤真吾，小倉賢人，有田康正，大塚照夫，小泉　拡
　　　（以上 清水建設）

【コラム執筆委員】
　　　石橋達勇（北海学園大学教授），宇田　淳（広島国際大学教授）
　　　岡本和彦（東洋大学准教授），　小菅瑠香（神戸芸術工科大学助手）
　　　小林健一（国立保健医療科学院上席主任研究官）
　　　竹宮健司（首都大学東京教授）

（肩書は初版発行時）

医療施設　IS建築設計テキスト

　　　　2014年10月14日　初版発行
　　　　2017年 3月14日　初版第2刷

　監修・執筆　長　澤　　　泰
　編修主査　　小　松　正　樹
　発 行 者　　澤　崎　明　治

　　企画・編修　澤崎　明治　　　DTP　丸山図芸社
　　編　　修　　佐藤　勝雄　　　印　刷　廣済堂
　　装　　幀　　加藤　三喜　　　製　本　ブロケード

　発 行 所　株式会社市ヶ谷出版社
　　　　　　東京都千代田区五番町5（〒102-0076）
　　　　　　電話　03-3265-3711（代）
　　　　　　FAX　03-3265-4008
　　　　　　Mail：desk@ichigayashuppan.co.jp

　©2014　　ISBN978-4-87071-277-5